José Roberto Simões-Moreira
Alberto Hernandez Neto

FUNDAMENTOS E APLICAÇÕES DA PSICROMETRIA

2ª edição

Fundamentos e aplicações da psicrometria, 2. ed.
© 2019 José Roberto Simões-Moreira e Alberto Hernandez Neto
Editora Edgard Blücher Ltda.

1ª reimpressão – 2020

Imagem da capa: iStockphoto

Blucher

Rua Pedroso Alvarenga, 1245, 4º andar
04531-934 – São Paulo – SP – Brasil
Tel.: 55 11 3078-5366
contato@blucher.com.br
www.blucher.com.br

Segundo o Novo Acordo Ortográfico, conforme 5. ed. do *Vocabulário Ortográfico da Língua Portuguesa*, Academia Brasileira de Letras, março de 2009.

É proibida a reprodução total ou parcial por quaisquer meios sem autorização escrita da editora.

Todos os direitos reservados pela Editora Edgard Blücher Ltda.

Dados Internacionais de Catalogação na Publicação (CIP)
Angélica Ilacqua CRB-8/7057

Simões-Moreira, José Roberto
  Fundamentos e aplicações da psicrometria / José Roberto Simões-Moreira, Alberto Hernandez Neto. – 2. ed. – São Paulo : Blucher, 2019.
  280 p. ; il.

  Bibliografia
  ISBN 978-85-212-1839-5 (impresso)
  ISBN 978-85-212-1840-1 (e-book)

  1. Higrometria 2. Termodinâmica 3. Engenharia térmica I. Título. II. Hernandez Neto, Alberto.

19-1091   CDD 621.402

Índice para catálogo sistemático:
1. Psicometria

Os autores dedicam esta obra às suas esposas e aos seus filhos, que continuamente apoiam todo o trabalho desenvolvido, mesmo, muitas vezes, sendo privados de mais atenção.

AGRADECIMENTOS

Os autores agradecem à sra. Adrienne Perilo pelos trabalhos de digitação. Agradecem também aos srs. Beethoven N. Romo, José E. Prata e Adenilson C. Belizário pelas valiosas sugestões.

*Eis que eu porei um velo de lã na eira; se o orvalho estiver somente no velo,
e toda a terra ficar seca, então conhecerei que hás de livrar a Israel por minha mão,
como disseste. E assim sucedeu; porque no outro dia se levantou de madrugada, e
apertou o velo; e do orvalho que espremeu do velo, encheu uma taça de água.
E disse Gideão a Deus: Não se acenda contra mim a tua ira,
se ainda falar só esta vez; rogo-te que só esta vez faça a prova com o velo;
rogo-te que só o velo fique seco, e em toda a terra haja o orvalho.
E Deus assim fez naquela noite; pois só o velo ficou seco,
e sobre toda a terra havia orvalho.*
Juízes 6:37-40

PREFÁCIO À 2ª EDIÇÃO (2019)

O ar atmosférico é constituído por vários componentes, sendo dominado pelos gases nitrogênio e oxigênio, bem como pelo vapor de água. Com exceção do vapor de água, todos os componentes do ar têm a característica única de estar em condições supercríticas na faixa de temperaturas ambientais, o que lhes confere sempre estarem na fase gasosa. Com isso, esses gases praticamente se comportam como se fossem um único gás, que chamamos de ar seco. Por outro lado, cerca de 70% da superfície do nosso planeta é dominada pela água no estado líquido. Essa característica do nosso planeta, associada às propriedades termodinâmicas peculiares da água, permite que grandes quantidades de água evaporem dos oceanos e de outros corpos de água mediante a incidência da radiação solar. Por ser uma molécula menos densa que as demais moléculas constituintes do ar, o vapor sobe e envolve as águas em suas nuvens, que não se rompem sob o peso delas. Os ventos impulsionam as nuvens para o interior dos continentes, levando também água a essas regiões por meio da precipitação em forma de chuva e, em lugares muito frios, de neve. Com isso, não só ocorre o abastecimento da água nessas regiões, como também se confere umidade ao ar seco, que, agora, passa a se chamar ar úmido ou, simplesmente, ar atmosférico.

Por questões de equilíbrio termodinâmico, a umidade do ar atmosférico pode também se condensar ou congelar de acordo com as variações de temperatura. Água e ar úmido são condições essenciais para sustentar a vida no planeta, haja vista que os seres vivos são constituídos em grande parte por água. Tal relevância têm os processos que envolvem a evaporação, a condensação e o congelamento da água que a ciência e a engenharia dedicam um capítulo à parte para o estudo desses processos, que chamamos de psicrometria. Os engenheiros desenvolveram máquinas e processos que manipulam o ar úmido a fim de obter resultados de interesse para aplicações de conforto ambiental e de processos industriais. Assim, diversos são os usos dos conceitos de psicrometria nas indústrias de papel, de alimentos e têxtil, bem como no armazenamento e no beneficiamento de produtos agrícolas, na meteorologia, em sistemas de climatização, apenas para citar algumas aplicações. Não obstante as inúmeras aplicações da teoria da psicrometria, esta segunda edição foi concebida tendo em mente o profissional que atua nas áreas de refrigeração, ventilação, climatização e aquecimento. À primeira edição de 1999, já esgotada, foram acrescentados assuntos específicos de aplicações nas referidas áreas, além de ter sido ampliado o número de problemas propostos e resolvidos, bem como incluído um novo programa de cálculos psicrométricos.

O livro é dividido em oito capítulos. No primeiro capítulo, os conceitos fundamentais de termodinâmica são revistos, bem como os de propriedades e os das leis de conservação. Já no Capítulo 2 são apresentados os parâmetros psicrométricos com suas definições e suas equações de trabalho e uma descrição dos métodos de solução ou obtenção de parâmetros psicrométricos com as rotinas computacionais usadas nos programas PSIDEAL, PSIDELAF e PSREAL. O Capítulo 2 é finalizado com a apresentação da equação de estado virial do ar úmido com precisão suficiente para condições de altas pressões e temperaturas.

No Capítulo 3, discutimos a construção de diagramas psicrométricos do tipo Mollier e apresentamos exemplos da construção precisa de diagramas. Ao final do capítulo, os processos básicos envolvendo ar úmido são analisados utilizando cartas ou diagramas psicrométricos. O Capítulo 4 foca em aplicações para sistemas de climatização inicialmente relacionando aspectos de psicrometria e conforto térmico. Em seguida, são analisadas diversas situações e configurações encontradas em sistemas de climatização, além de como os parâmetros psicrométricos afetam o comportamento e o desempenho dos sistemas de climatização.

No Capítulo 5, aspectos de transferência simultânea de calor e massa em parede molhada são apresentados, de modo a introduzir o conceito de potencial de entalpia. Esse conceito é fundamental para a análise de equipamentos evaporativos (torres de resfriamento e condensadores evaporativos), que são estudados em detalhe no Capítulo 6, bem como resfriadores evaporativos.

No Capítulo 7, diversos instrumentos utilizados na medição de parâmetros psicrométricos são descritos e aspectos de calibração e sistemas de medição a distância e automatizados são comentados. Finalmente, o Capítulo 8 explora alguns tópicos adicionais de psicrometria. Entre eles, analisamos a mistura de um gás não condensável e vapor de água e apresentamos um breve estudo de psicrometria de alta temperatura e psicrometria de combustão.

Junto a esta obra, os autores disponibilizam, na página do livro no site da editora (www.blucher.com.br), uma planilha eletrônica programada denominada PSICRO, que permite o cálculo dos principais parâmetros psicrométricos. O uso dessa planilha é explicado e ela é usada em diversos exemplos ao longo do livro.

Os autores têm o prazer de apresentar uma obra revista e ampliada ao público especializado, cujo objetivo é se tornar um livro-texto para os diversos cursos de engenharia, de tecnologia e de aplicações que demandam o conhecimento das propriedades do ar úmido e de suas transformações por meio de processos em equipamentos. Os profissionais da área têm também uma referência diária do trabalho com um *software* de aplicação. Os autores entendem que todo texto é passível de correções e ajustes, e agradecem antecipadamente por quaisquer sugestões e comentários para aperfeiçoamento e melhoria do livro, os quais podem ser enviados para os e-mails jrsimoes@usp.br e ahneto@usp.br.

José Roberto Simões-Moreira
Alberto Hernandez Neto

PREFÁCIO À 1ª EDIÇÃO (1999)[1]

O estudo da psicrometria é um dos pilares de sustentação da análise e do entendimento dos processos de manipulação do ar úmido. O conhecimento dos processos de condensação e evaporação da água e no ar atmosférico é de fundamental importância em diversos campos tecnológicos e científicos. As indústrias de papel, alimentícia e têxtil são alguns dos poucos exemplos de aplicação industrial. Armazenamento e beneficiamento de produtos agrícolas, meteorologia e sistemas de controle ambiental são outros campos nos quais a psicrometria se faz presente. Não obstante as infindáveis aplicações da teoria da psicrometria, este livro foi concebido tendo em mente o profissional atuante nas áreas de refrigeração, ventilação, ar-condicionado e aquecimento.

Conforme testemunho e narrativas bíblicas e fontes literárias do antigo oriente, o homem de então já se aproveitava de alguns processos elementares da psicrometria, mesmo sem conhecê-los. Muros e tetos de edificações eram construídos de forma inclinada em direção a sistemas de coleta e armazenamento da água que se condensava sobre suas superfícies frias durante as noites. A perda de calor por radiação térmica para o espaço mantinha a temperatura das superfícies abaixo da temperatura de orvalho, permitindo, assim, a condensação do vapor de água contido no ar atmosférico.

O livro é dividido em sete capítulos. No primeiro capítulo, são revistos os conceitos fundamentais de termodinâmica, incluindo o de propriedades e uma apresentação

---

[1] Este prefácio foi mantido a título de ilustração e memória. Lembramos que os programas mencionados não estão mais atualizados.

das leis de conservação. Os parâmetros psicrométricos, suas definições e suas equações de trabalho são abordados no capítulo seguinte. O Capítulo 2 também descreve métodos de solução ou obtenção dos parâmetros psicrométricos usando rotinas computacionais. Os programas PSIDEAL, PSIDEALF e PSREAL são descritos. O capítulo se encerra com a apresentação da equação de estado virial do ar úmido, precisa o suficiente para altas pressões e temperaturas.

No Capítulo 3, discute-se a construção de diagramas psicrométricos do tipo de Mollier. Exemplos ilustrativos mostram como construir diagramas de forma precisa. O capítulo se encerra com a apresentação dos processos básicos envolvendo o ar úmido, vistos no diagrama.

O Capítulo 4 apresenta o tópico de transferência simultânea de calor e massa em parede molhada, o que culmina com a apresentação do conceito de potencial de entalpia. O potencial de entalpia é fundamental para a análise de equipamentos evaporativos, como as torres de resfriamento e os condensadores evaporativos. Tais equipamentos, com ênfase nas torres, são abordados no Capítulo 5. No Capítulo 6, são revistos brevemente os diversos instrumentos usados para medir a umidade do ar. Finalmente, o último capítulo apresenta alguns tópicos adicionais de psicrometria. A generalização da formulação da mistura de um gás não condensável e vapor de água é apresentada, bem como um breve estudo da psicrometria de alta temperatura e da psicrometria da combustão.

O presente trabalho é o resultado de notas de aula e experiência acumulada pelo autor em pesquisa, cursos e palestras ministrados sobre o assunto, sendo que o primeiro desses cursos foi realizado em 1988. O autor grandemente agradece a motivação e o interesse do prof. dr. José M. Saiz Jabardo, que foi quem primeiro apresentou o assunto ao autor quando ele ainda era aluno de graduação.

Finalmente, é desejo expresso do autor que o público especializado possa usar esse material como referência e ferramenta diária de trabalho. Entretanto, sabe-se que esta primeira edição não é nem tem a ambição de ser exaustiva sobre o assunto. Assim, o autor agradece muito quaisquer sugestões e comentários e pede que sejam enviados para o e-mail: jrsimoes@usp.br.

José Roberto Simões-Moreira

CONTEÚDO

1. CONCEITOS FUNDAMENTAIS   **21**

    1.1   Propriedades termodinâmicas   21
    1.2   Temperatura e escalas de temperatura   22
    1.3   Pressão   23
    1.4   Volume específico e densidade   25
    1.5   Substância pura   26
    1.6   Propriedades e tabelas termodinâmicas da água   26
    1.7   Ar atmosférico, ar seco e ar úmido   29
    1.8   Sistema e volume de controle   29
    1.9   Equação de estado – gás perfeito   30
    1.10   Mistura de gases perfeitos   31
    1.11   Fator de compressibilidade   32
    1.12   Mistura de gases reais   33
    1.13   Energia interna e entalpia   33
    1.14   Trabalho e calor   34

1.15	Calores específicos	34
1.16	Lei da conservação de massa ou da continuidade	36
1.17	Lei da conservação da energia	39
	Problemas propostos	43

2. PARÂMETROS E PROPRIEDADES PSICROMÉTRICOS 47

2.1	Umidade absoluta	47
2.2	Umidade relativa	48
2.3	Grau de saturação	49
2.4	Nota sobre as propriedades específicas	50
2.5	Volume específico	50
2.6	Entalpia e entalpia específica	51
2.7	Calor específico a pressão constante – expressão para cálculo da entalpia a partir de C_p	52
2.8	Temperatura de bulbo seco	53
2.9	Temperatura de orvalho	53
2.10	Processo de saturação adiabática – psicrômetro adiabático	55
2.11	Psicrômetro e temperatura de bulbo úmido	58
2.12	*TBU* × temperatura de bulbo úmido termodinâmica	59
2.13	Correlações úteis	60
2.14	Algoritmos psicrométricos	63
2.15	Programas de psicrometria	70
2.16	Ar úmido – uma abordagem mais realista usando o fator de intensificação	74
2.17	Equação de estado do ar úmido e seus componentes – volume específico	81
2.18	Entalpia específica do ar úmido saturado	86
2.19	Tabelas de ar úmido saturado e seu uso	88
2.20	Recomendações finais	88
	Problemas propostos	89

3. DIAGRAMA PSICROMÉTRICO E PROCESSOS BÁSICOS — 91

- 3.1 Apresentação — 91
- 3.2 Construção — 94
- 3.3 Processos básicos — 106
- 3.4 Calor sensível, calor latente, calor total e fator de calor sensível — 120
- Problemas propostos — 121

4. APLICAÇÃO EM SISTEMAS DE CLIMATIZAÇÃO — 125

- 4.1 Conforto térmico e psicrometria — 125
- 4.2 Sistemas de climatização — 127
- 4.3 Controle de condições psicrométricas em sistemas de climatização — 138
- Problemas propostos — 145

5. PSICROMETRIA E TRANSFERÊNCIA DE CALOR EM PAREDE MOLHADA — 147

- 5.1 Coeficientes de transferência de calor e massa — 147
- 5.2 Transferência simultânea de calor e massa — 155
- 5.3 Psicrômetro — 162
- 5.4 Mais sobre *TBU* e *TBU* termodinâmica — 168

6. EQUIPAMENTOS DE TRANSFERÊNCIA DE CALOR E MASSA DE AR ÚMIDO — 173

- 6.1 Torres de resfriamento — 173
- 6.2 Resfriamento evaporativo — 195
- Problemas propostos — 199

7. INSTRUMENTAÇÃO   **201**

    7.1   Temperatura   201

    7.2   Psicrômetro   210

    7.3   Higrômetros de umidade relativa   215

    7.4   Higrômetro de temperatura de orvalho   217

    7.5   Outros tipos de higrômetros   218

    7.6   Nota sobre calibração   218

    7.7   Sistemas de medição a distância e automatizados   220

8. TÓPICOS ADICIONAIS   **223**

    8.1   Mistura de gases não condensáveis e vapor de água   223

    8.2   Psicrometria de alta temperatura   230

    8.3   Psicrometria da combustão   233

    8.4   Recuperação de água de produtos de combustão   236

    8.5   Neblina   237

REFERÊNCIAS   **239**

APÊNDICE A – CONVERSÃO DE UNIDADES   **243**

APÊNDICE B – TABELAS DE VAPOR DE ÁGUA   **247**

APÊNDICE C – PROPRIEDADES DO AR ÚMIDO SATURADO PARA CÁLCULOS REAIS   **251**

APÊNDICE D – DIAGRAMAS PSICROMÉTRICOS   **263**

APÊNDICE E – INSTALAÇÃO E USO DO APLICATIVO PSICRO   **273**

APÊNDICE F – RESPOSTAS DOS PROBLEMAS PROPOSTOS   **277**

CAPÍTULO 1
Conceitos fundamentais

1.1 PROPRIEDADES TERMODINÂMICAS

Para iniciar os estudos em *psicrometria*, é conveniente que algumas definições sejam apresentadas com o objetivo de se estabelecer uma linguagem técnica comum que permita precisar os termos utilizados. Isso também permite conduzir um estudo mais apropriado da mistura de gases e vapor de água que forma o ar atmosférico, bem como fundamentar as limitações e a faixa de uso do modelo elementar de mistura de gases perfeitos, que é o modelo normalmente utilizado para descrever o comportamento do ar. Para isso, o presente capítulo inicialmente apresenta alguns conceitos úteis de termodinâmica, a começar pela relação entre estado e propriedade. O rigor é abandonado em função de uma clareza para o entendimento dos conceitos e dos princípios relevantes.

Uma *propriedade termodinâmica* de uma substância ou sistema se refere a qualquer característica observável ou mensurável que depende do estado termodinâmico. O *estado termodinâmico*, por sua vez, é estabelecido a partir de um certo conjunto de propriedades. Portanto, há uma relação funcional única entre o estado termodinâmico de uma substância ou sistema e as suas propriedades termodinâmicas. Essas duas definições são interdependentes, e o entendimento de uma depende do conhecimento da outra. Talvez seja mais fácil recorrer às noções de propriedades com as quais todo leitor certamente está familiarizado. Propriedades familiares são pressão, temperatura e densidade (ou massa específica). O estado da substância ou do sistema decorre do estabelecimento de um certo número de propriedades, e vice-versa, isto é, sabendo-se que uma substância ou sistema tem seu estado determinado, então também suas propriedades termodinâmicas estão definidas. Exemplificando: quando se diz que a pressão e a temperatura de um gás são conhecidas, então o estado termodinâmico daquele gás está determinado. Assim, todas as demais propriedades também estão fixadas, como a densidade, por exemplo. Essa informação é útil, pois basta definirmos um certo número de propriedades, nesse caso apenas duas, para fixarmos o estado termodinâmico e podermos afirmar que todas as demais propriedades também são fixas para aquelas pressão e temperatura.

1.2 TEMPERATURA E ESCALAS DE TEMPERATURA

A *temperatura* é o tipo do conceito que é difícil de se definir com rigor, pois está intimamente ligada ao movimento e à agitação molecular da substância. Porém, todos possuem um conceito primitivo do seu significado, e as noções elementares de "quente" e "frio" podem auxiliar no seu entendimento. A quantificação da temperatura é realizada com o emprego de *escalas*, das quais as utilizadas com maior frequência são a escala Fahrenheit, °F, e a escala Celsius, °C. Originalmente, a escala Celsius foi concebida associando valores de temperatura a dois pontos de mudança de fase da água, quais sejam, 0 °C para o ponto de solidificação da água a pressão normal (101,325 kPa = 1 atm) e 100 °C para a vaporização da água, também a pressão normal. Numa reforma posterior (1954), a escala Celsius foi modificada em termos de definir apenas um ponto fixo correspondente ao estado em que as três fases da água (líquido, vapor e sólido) coexistem em equilíbrio, conhecido por ponto triplo, cujo valor é de 0,01 °C. Nessa reforma, o valor de 100 °C foi mantido para a vaporização da água a pressão normal. No sistema inglês, 0 °C vale 32 °F e 100 °C vale 212 °F. Os fatores de conversão de uma escala para outra são

$$°C = \frac{5}{9}\left(°F - 32\right) \quad (1.1)$$

e

$$°F = \frac{9}{5}°C + 32 \quad (1.2)$$

Essas duas escalas de temperatura são relativas, pois dependem de valores de temperatura de referência (ponto triplo da água). É também possível que se defina uma *escala absoluta* de temperatura, para a qual um zero absoluto existe. A escala absoluta de temperatura associada com a escala Farenheit é a Rankine, enquanto a escala absoluta associada com a Celsius é a Kelvin. Os fatores de conversão são

$$°R = °F + 459{,}69 \quad (1.3)$$

e

$$K = °C + 273{,}15 \quad (1.4)$$

Note que na escala Kelvin o símbolo de grau (°) é dispensado.

1.3 PRESSÃO

Pressão é a componente normal da força por unidade de área que age em um fluido em repouso e é igual em todas as direções em torno de um ponto do meio fluido. O esquema da Figura 1.1 ilustra as diversas formas de se apresentar a pressão de um sistema, as quais podem ser uma pressão absoluta ou relativa. Os adjetivos *absoluta* ou *relativa* que acompanham o termo pressão dependem do instrumento que foi utilizado para medir o seu valor. Os nomes desses instrumentos estão indicados na Figura 1.1. A pressão atmosférica local é medida pelo *barômetro*. A pressão de um sistema é geralmente medida por um *manômetro*, o qual indicará um valor positivo se o sistema apresentar uma pressão maior que a atmosférica ou indicará um valor negativo se a pressão do sistema for menor que a atmosférica. Nesse último caso, o manômetro também é chamado de *manômetro de vácuo* ou *vacuômetro*. Em qualquer caso, a referência, ou valor zero, é a pressão atmosférica. Caso se deseje a pressão absoluta do sistema, deve--se somar ou subtrair a pressão atmosférica, conforme a situação.

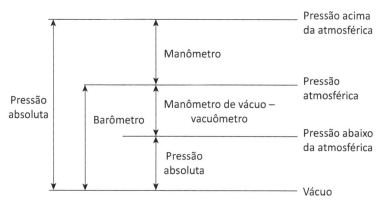

Figura 1.1 Esquema ilustrativo para indicar as várias formas de apresentar a propriedade pressão.

Um método simples geralmente empregado para medir baixos desníveis de pressão é baseado no *manômetro de coluna de líquido*. A pressão de um sistema, cujo valor é desconhecido, pode ser medida usando um arranjo semelhante ao que está ilustrado na Figura 1.2. Utilizando a bem conhecida equação da carga hidrostática para a diferença de pressão entre dois níveis de uma coluna de líquido, tem-se que

$$\Delta P = P_B - P_A = \rho g h \tag{1.5}$$

em que ρ é densidade do líquido, h é o desnível e g é a aceleração da gravidade local ($\cong 9{,}81$ m/s^2).

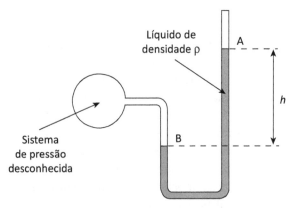

Figura 1.2 Método do desnível da coluna de líquido para a medida da pressão.

Embora os manômetros de coluna de mercúrio ainda sejam utilizados, graças à elevada densidade desse metal líquido, bem como à sua baixa pressão de vaporização, essa substância deve ser evitada por seus efeitos nocivos aos seres humanos e ao meio ambiente. Outros líquidos empregados são óleo, água e álcool. A seleção de um líquido depende da faixa de pressão medida. Instrumentos desse tipo têm custo reduzido e são largamente empregados na área de medidas de pressão em tubulações de ventilação e de ar-condicionado. Às vezes, simples tubos de vidro ou mangueiras de plástico transparentes dotados de uma régua com escala são suficientes para se obterem boas leituras. Porém, para baixos valores de pressão, a coluna de líquido é normalmente inclinada em um ângulo α em relação à horizontal, a fim de melhorar a resolução de leitura de pequenas diferenças de altura manométrica (de alguns poucos milímetros de coluna de água).

Uma *atmosfera padrão* equivale a um desnível de 760 mm se o líquido for mercúrio (a 0 °C). Em outras unidades, ela vale:

1 atmosfera padrão = 760 mmHg (*milímetros de coluna de mercúrio – a 0 °C*)

= 29,92 inHg (*polegadas de coluna de mercúrio – a 0 °C*)

= 1,01325 × 10^5 N/m² (*newton por metro quadrado*)

= 101,325 kPa (*quilopascal*)

= 1,01325 bar (*bar*)

= 14,696 lbf/in² ou psi (*libra-força por polegada quadrada*)

= 760 Torr (*torricelli*)

No sistema internacional, 1 bar vale 10^5 N/m², sendo que a unidade N/m² recebe também o nome de pascal, ou, abreviadamente, Pa. Neste texto, será usado preferencialmente um múltiplo da unidade pascal, qual seja, o quilopascal, ou kPa (10^3 N/m² = 1 kPa). Muitas vezes a unidade de pressão vem acompanhada da letra "a" ou "g". Por exemplo, *psia* ou *psig*, ou mesmo *bara* ou *barg*. Essas formas alternativas são muito empregadas na literatura inglesa para expressar a pressão absoluta (*absolute*) e a pressão manométrica (*gauge*).

Exemplo 1.1 Conversão de unidades

Um manômetro está instalado na linha do condensador de um ciclo de refrigeração. A leitura do instrumento indica 250 lbf/in^2, enquanto um termômetro registra a temperatura de 130 °F. A pressão atmosférica local vale 27,4 inHg, cujo valor foi obtido de um barômetro. Pede-se calcular:

a) A pressão atmosférica em kPa.

b) A pressão manométrica em kPa.

c) A pressão absoluta em kPa.

d) A temperatura em °C.

Solução

Usando as constantes de conversão indicadas, tem-se:

a) $P_{atm} = \dfrac{27,4}{29,92} \times 101,325 = 92,8 \text{ kPa}$

b) $P_{atm} = \dfrac{250}{14,697} \times 101,325 = 1723,7 \text{ kPa} = 1,7237 \text{ MPa}$

c) $P_{abs} = P_{atm} + P_{man} = 92,8 + 1723,7 = 1816,5 \text{ kPa} = 1,8165 \text{ MPa}$

d) $T = \dfrac{5}{9} \times (130 - 32) \cong 54,4 \text{ °C}$

No Apêndice A, que se encontra ao final deste livro, estão indicados diversos fatores de conversão de unidades.

Note que MPa (megapascal) é um múltiplo de pascal e vale 10^6 pascal ou 10^3 kPa.

1.4 VOLUME ESPECÍFICO E DENSIDADE

O *volume específico* é a razão entre o volume, *V*, ocupado por uma dada substância e sua massa, *m*. A *densidade* é o inverso do volume específico. Às vezes, o que este texto chama de densidade em outros lugares é conhecido por *massa específica*. Entretanto, diante da grande difusão e do uso corrente do termo densidade, ele será adotado. Os símbolos gregos v e ρ são adotados para designar o volume específico e a densidade, nessa ordem. No sistema internacional, a unidade do volume específico é m^3/kg e a unidade da densidade é o recíproco, isto é, kg/m^3. Daí, tem-se que

$$v = \frac{V}{m} = \frac{1}{\rho} \tag{1.6}$$

1.5 SUBSTÂNCIA PURA

Uma *substância pura* é definida como aquela que tem composição química invariável e homogênea. Essa noção é autoexplicativa, pois, por exemplo, quando se diz que uma determinada substância é formada por água, espera-se que se esteja referindo apenas à substância composta de moléculas de H_2O. No entanto, é amplamente sabido que, na forma em que a água se encontra para fins de utilização doméstica e industrial, diversos outros componentes químicos estão presentes, como sais minerais, gases dissolvidos e outros compostos químicos e, eventualmente, orgânicos. Para ser mais preciso, nas futuras citações da substância pura água, será subentendido que ela é constituída apenas das moléculas H_2O. Note que uma substância pura pode estar presente em uma de suas fases isoladamente ou em suas combinações.

O *ar atmosférico*, por sua vez, não é uma substância pura, pois ele é o resultado de uma mistura de vários gases, incluindo o vapor de água, e pode sofrer variações de composição de acordo com localização geográfica, estação do ano, poluição e outros fatores. Contudo, dentro das faixas usuais de temperatura e pressão com que se trabalha no campo da psicrometria, o ar atmosférico sem umidade (*ar seco*) exibe características de substância pura e a aproximação é válida.

1.6 PROPRIEDADES E TABELAS TERMODINÂMICAS DA ÁGUA

A água, como as demais substâncias puras, pode existir e coexistir nas três fases, sólida, líquida e vapor, ou em suas combinações, como mistura líquido-vapor. Uma projeção da região de equilíbrio entre as fases líquida e vapor está ilustrada no diagrama temperatura-volume específico da Figura 1.3. A fase líquida da água compreende o ramo esquerdo e toda a região à sua esquerda, enquanto no ramo direito da curva e para a direita a água encontra-se na fase vapor. Os dois ramos se encontram em um ponto singular chamado de *ponto crítico*, a partir do qual não se faz mais distinção entre fases. A região interna em formato de "sino" representa a região bifásica onde as fases líquida e vapor coexistem em equilíbrio térmico, mecânico e químico. Alguns estados notáveis estão assinalados e representam fisicamente os estados da água ilustrados nos esquemas cilindro-êmbolo que se encontram ao lado do diagrama.

A análise a seguir usará como referência o arranjo cilindro-êmbolo da Figura 1.3. Se a uma quantia de água, inicialmente em fase líquida e estado 1, for fornecido calor e a pressão for mantida constante (imposta pelo êmbolo), a massa de líquido vai se aquecer até que o estado 2 seja atingido. Ao estado 2 dá-se o nome de *líquido saturado*, e os demais estados do processo de aquecimento da água líquida à esquerda do estado 2 recebem o nome de *líquido comprimido* (como é o caso do estado inicial). Esse processo de aquecimento é ilustrado pelo arranjo cilindro-êmbolo 1→2. À medida que o fornecimento de calor continua, um processo de mudança de fase terá curso; trata-se da *vaporização*. Nesse processo de mudança de fase, ilustrado pelo pela mistura de líquido e vapor no arranjo cilindro-êmbolo 2→3, a temperatura da água vai parar de aumentar e estacionará em um valor que depende da pressão imposta. Enquanto houver líquido no sistema, todo o calor fornecido será usado para vaporizá-lo, e nenhuma variação de temperatura será observada. Quando toda a massa de líquido vaporizar, o estado 3 terá sido atingido, o qual recebe o nome de *vapor saturado*. Qualquer adição futura de calor implicará um aquecimento do vapor e, por isso, o estado 4 é chamado de *vapor superaquecido*. No esquema cilindro-êmbolo, isso é mostrado pelo processo 3→4, e apenas vapor existe dentro do arranjo.

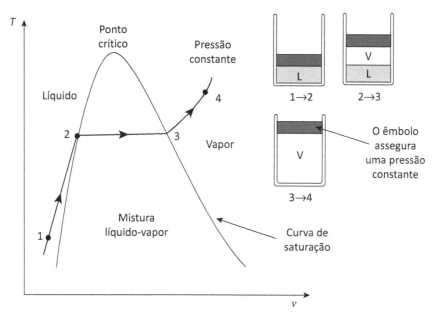

Figura 1.3 Diagrama temperatura-volume específico para a água. Os processos 1→4 estão ilustrados no esquema ao lado, e sua explicação encontra-se no texto.

Ainda com relação aos processos ilustrados na Figura 1.3, note que, durante todo o processo de aquecimento 1→4, a pressão permaneceu constante e, por isso, a curva ilustrada no diagrama, que passa pelos quatro pontos indicados, também é uma curva de pressão constante ou, simplesmente, uma *isobárica*. Uma linha horizontal nesse diagrama, que representa um processo de temperatura constante, é chamada de *isotérmica*, enquanto uma linha vertical é uma *isocórica* ou *isovolumétrica* e indica um processo de volume constante.

Não é demais ressaltar que, durante o processo de vaporização (2→3), a temperatura do sistema permanece inalterada e, mais importante, seu valor vai depender da pressão, para uma dada substância. Assim, existe uma relação funcional entre a pressão e a temperatura que recebe o nome de *curva de pressão de vapor*. A curva de pressão de vapor pode ser fornecida nas formas gráfica, analítica ou tabelada. A Tabela B.1 do Apêndice B indica a curva de pressão de vapor para a água para misturas líquido-vapor, tendo como dado de entrada a temperatura. Os mesmos dados são apresentados na Tabela B.2 no Apêndice B para a pressão como dado de entrada. A Figura 1.4 ilustra a curva de pressão de vapor da água no diagrama pressão-temperatura e os casos estudados no sistema cilíndro-êmbolo da Figura 1.3. O *ponto triplo* também está indicado, bem como a região da fase sólida.

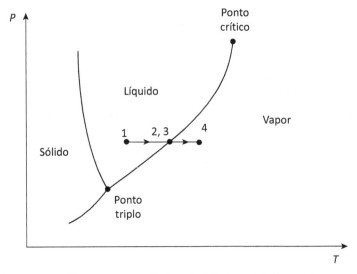

Figura 1.4 Diagrama pressão-temperatura da água incluindo as três fases. Os processos do arranjo cilindro-êmbolo da Figura 1.3 estão também indicados.

Exemplo 1.2 Estados termodinâmicos da água

Usando a tabela do Apêndice B, determine os estados (líquido, vapor ou mistura líquido-vapor) da água para as seguintes condições:

a) $T = 25$ °C e $P = 101,325$ kPa (*pressão normal*).

b) $T = 120$ °C e $P = 101,325$ kPa.

c) $T = 124$ °C e $P = 225$ kPa.

Solução

a) Da Tabela B.1 para $T = 25$ °C, obtém-se $P_{sat} = 3,169$ kPa. Como $P = 101,325$ kPa $> P_{sat}$ ⇒ estado líquido (*comprimido*).

b) Da Tabela B.1 para $T = 120$ °C, obtém-se $P_{sat} = 195,53$ kPa. Como $P = 101,325$ kPa $< P_{sat}$ ⇒ estado vapor (*superaquecido*).

c) O valor de pressão de saturação não pode ser encontrado diretamente na Tabela B.1 para $T = 124$ °C, mas pode ser obtido por interpolação entre $T_1 = 120$ °C e $T_2 = 125$ °C, o que resulta em 225 kPa. Daí, pode-se afirmar que se trata de uma mistura de líquido e vapor.

1.7 AR ATMOSFÉRICO, AR SECO E AR ÚMIDO

Ar atmosférico, ou simplesmente ar, é o resultado de um grande número de constituintes gasosos, bem como vapor de água. Define-se *ar seco* como o ar atmosférico de cuja composição se exclui o vapor de água. Quando ocorre a mistura de ar seco e vapor de água tem-se o chamado *ar úmido*. Em conformidade com essa definição, o ar atmosférico que nos circunda é ar úmido. A composição do ar seco é relativamente constante, sofrendo pequenas variações em função de tempo, posição geográfica e altitude, além de contaminantes. Os componentes principais do ar seco estão indicados na Tabela 1.1, classificados de acordo com sua participação volumétrica, sendo dominantes os gases nitrogênio e oxigênio. A tabela também indica a massa molecular de cada gás.

Para efeito do estudo dos processos normalmente encontrados no campo da psicrometria, o ar seco é tratado como se se comportasse como um único gás, caracterizado por uma massa molecular média igual a 28,9645. Esse valor é resultado da ponderação volumétrica dos seus constituintes. Assim, para os estudos desenvolvidos neste livro, o ar úmido é formado pela mistura de dois gases: o vapor de água e o pseudogás chamado *ar seco*. Essa aproximação é válida em ampla faixa de temperatura, considerando que as condições ambientes estão bastante longe das propriedades críticas dos componentes do ar seco, o que faz com que essa mistura de gases seja como um único gás *não condensável*.

Tabela 1.1 Principais constituintes do ar seco

Constituinte	Volume (%)	Massa molecular (kg/kmol)
Nitrogênio	78,08	28,0134
Oxigênio	20,95	31,9988
Argônio	0,93	39,943
Dióxido de carbono	0,03	20,183
Outros gases	0,01	–

1.8 SISTEMA E VOLUME DE CONTROLE

Um *sistema* termodinâmico é definido como uma quantidade fixa de massa. Tudo externo ao sistema é o *meio ambiente*, e a região de separação entre o meio e o sistema é chamada de *fronteira*. Um conceito mais útil em análises de engenharia e equipamentos é o *volume de controle*, VC. O volume de controle é um volume hipotético ou real que engloba uma determinada região do espaço ou equipamento que nos interessa para conduzirmos uma determinada análise ou estudo. Normalmente, o volume de controle engloba uma máquina ou partes de uma instalação qualquer que são separadas do meio por uma superfície que as envolve, chamada de *superfície de controle*, SC. O conceito de volume de controle será mais bem esclarecido quando as leis de conservação (Seções 1.16 e 1.17) forem estudadas.

1.9 EQUAÇÃO DE ESTADO – GÁS PERFEITO

Na seção introdutória deste capítulo, mostrou-se que existe uma relação funcional entre as propriedades de uma substância pura e o seu estado termodinâmico. Tal relação de estado pode ser obtida por meios experimentais ou analíticos e se encontra na forma de tabelas, gráficos ou equações. A análise é sobremodo facilitada quando se trabalha com equações, e as propriedades podem ser obtidas a partir de uma *equação de estado*. As equações de estado mais comuns são relações matemáticas que envolvem três propriedades, quais sejam, a pressão, a temperatura e o volume específico. São equações do tipo *P-v-T* e podem ser escritas de uma forma genérica como:

$$f(P,v,T) = 0 \tag{1.7}$$

Uma equação de estado pode ser apresentada de uma forma muito complexa (Seções 1.11, 1.12 e 2.17), contendo dezenas de coeficientes e termos. Contudo, uma característica comum é que todas elas tendem a um mesmo limite para valores baixos de pressão. Esse limite de baixa pressão é dado pela seguinte expressão elementar:

$$Pv = RT, \tag{1.8}$$

em que R é a constante particular do gás ou vapor em questão e se relaciona com a chamada *constante universal dos gases perfeitos*, $\Re$, por meio da seguinte relação:

$$R = \Re/M, \tag{1.9}$$

em que M é a massa molecular. Alguns valores de $\Re$ são

$\Re$ = 8,314 kJ/kgmol.K

= 1,987 kcal/kgmol.K

= 847,7 kgf.m/kgmol.K

A Eq. (1.8) é a chamada *lei dos gases ideais* ou *perfeitos*. Existe uma pequena diferença de conceitos[1] entre os termos gás ideal e gás perfeito, a qual não interessa para o propósito deste livro, e o último termo será usado preferencialmente. Todos os gases e vapores tendem ao comportamento de gás perfeito em baixas pressões, independentemente da sua temperatura. Uma regra prática para saber se o comportamento ideal

---

[1] Gás ideal é aquele que obedece à Eq. (1.8). Gás perfeito é aquele que obedece a essa equação e possui calores específicos constantes.

Conceitos fundamentais 31

é válido ou não numa dada situação consiste em comparar a pressão a que o gás está submetido com sua pressão crítica. Se a pressão for muito menor que sua pressão crítica, isto é, menor que cerca de 1% da pressão crítica, então é razoável o uso da Eq. (1.8). Outra situação em que o comportamento ideal ocorre se dá quando as temperaturas absolutas de trabalho giram em torno do dobro da temperatura crítica. É bastante afortunado o fato de tanto o ar seco como o vapor de água estarem em baixa pressão nas condições ambientes, permitindo o uso da equação dos gases perfeitos e possibilitando, assim, obter relações analíticas simplificadas dos parâmetros psicrométricos, que funcionam bastante bem. Isso será abordado no Capítulo 2. Uma equação de estado mais precisa que a dos gases perfeitos é discutida nas Seções 1.11 e 1.12.

1.10 MISTURA DE GASES PERFEITOS

A *lei da mistura de gases perfeitos*, observada por John Dalton, informa que a pressão total de uma mistura, P, é igual à soma das pressões, P_i, que cada i-ésimo gás que forma a mistura exerceria se ocupasse isoladamente o volume do reservatório, V, que contém a mistura e estivesse à temperatura, T, da mistura. Para a mistura de ar seco e vapor de água tem-se que

$$P = P_a + P_v, \tag{1.10}$$

em que os índices a e v indicam ar seco e vapor de água, respectivamente. O enunciado de Dalton é equivalente a dizer que um gás ou vapor se comporta independentemente da presença do outro. P_a é a chamada *pressão parcial do ar seco*, e P_v é a *pressão parcial do vapor de água* na mistura.

Exemplo 1.3 Mistura de gases perfeitos – Lei de Dalton para o ar úmido

Considere o ar úmido a uma pressão total de 101,325 kPa (pressão normal). O ar está a 40 °C e saturado de vapor de água, isto é, o ar possui a máxima quantidade de vapor em equilíbrio admissível a essa dada temperatura. Para tal situação, obtenha a pressão parcial do ar seco, P_a, e a do vapor de água, P_v, na mistura.

Solução

Sabendo-se que o ar úmido está saturado, então a pressão parcial do vapor de água é a própria pressão de saturação do vapor a 40 °C, cujo valor pode ser obtido da Tabela B.1 e vale P_v = 7,384 kPa. Fazendo uso da Eq. (1.10), pode-se facilmente obter a pressão parcial do ar seco, ou seja, $P_a = P - P_v$ = 101,325 – 7,384 = 93,941 kPa.

1.11 FATOR DE COMPRESSIBILIDADE

Define-se o fator de compressibilidade, Z, de acordo com

$$Z = \frac{Pv}{RT}. \tag{1.11}$$

Verifica-se que, em condições de baixa pressão (ou densidade), o fator de compressibilidade é uma função bem comportada do volume específico a uma dada temperatura, e a seguinte expansão em série pode ser obtida:

$$Z = \frac{Pv}{RT} = 1 + \frac{B}{v} + \frac{C}{v^2} + \frac{D}{v^3} + \ldots \tag{1.12}$$

Naturalmente, essa equação de estado é mais precisa que a equação dos gases perfeitos e traduz melhor o comportamento real do gás, considerando o número de coeficientes que podem ser ajustados. Ela recebe o nome de *expansão virial no volume específico* (pode-se também haver uma expansão virial em termos de pressão). As constantes B, C, D etc. são chamadas de *coeficientes viriais* e dependem exclusivamente da temperatura. Se os coeficientes viriais forem nulos, então o fator de compressibilidade será unitário e a equação dos gases perfeitos será restabelecida. Visto assim, o fator de compressibilidade pode servir de indicador do afastamento do vapor ou gás da condição idealizada, dado por $Z = 1$.

A Figura 1.5 ilustra o comportamento do fator de compressibilidade do ar seco para diversas pressões em função da temperatura. A figura indica que, para pressões da ordem de 1 atmosfera na faixa de temperatura indicada, o fator de compressibilidade do ar seco permanece essencialmente unitário. Para tais situações, a equação simplificada dos gases perfeitos pode ser usada para prever as propriedades do ar seco com bastante sucesso e precisão. O outro componente importante do ar atmosférico é o vapor de água. Para essa substância, o comportamento do fator de compressibilidade já não é tão bom quanto o do ar seco para aquelas faixas de temperatura e pressão. Entretanto, em se tratando do vapor de água, não é necessário se preocupar com uma gama muito ampla de pressões, já que o vapor de água está presente no ar em quantidades bastante reduzidas para as condições usuais. Assim, sua influência sobre a pressão final do ar é diminuta, e ele exerce uma pequena pressão parcial na mistura. Mesmo assim, observa-se que o fator de compressibilidade do vapor de água saturado é maior que 0,995 para pressões de até 2 atmosferas, que é uma ampla faixa de pressões e suficiente para a maioria das aplicações envolvendo ar úmido em condições normais.

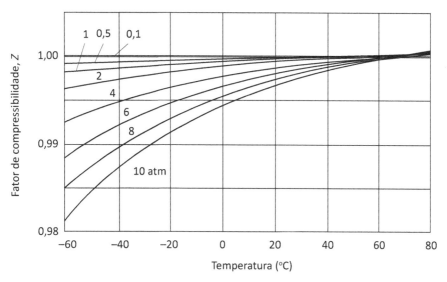

Figura 1.5 Fator de compressibilidade do ar seco para diversas pressões em função da temperatura.

1.12 MISTURA DE GASES REAIS

A lei de mistura de dois gases perfeitos apresentada na Seção 1.10 é a forma mais simples de estimar as propriedades da mistura de dois gases. Entretanto, em se desejando obter uma equação de estado mais realista para uma faixa maior de temperatura e pressão, deve-se utilizar, por exemplo, a equação de estado virial do fator de compressibilidade. Note que os coeficientes viriais do ar seco e do vapor de água devem ser conhecidos, além de outros termos viriais de interação molecular. A regra normalmente utilizada para o segundo coeficiente virial de uma mistura de dois gases é dada por

$$B_m = x_1^2 B_{11} + 2x_1 x_2 B_{12} + x_2^2 B_{22}, \tag{1.13}$$

em que os índices 1 e 2 referem-se aos dois componentes da mistura; B_{11} e B_{22} são os dois segundos coeficientes viriais dos componentes isoladamente (obtidos de tabelas); B_{12} é o segundo coeficiente virial de interação cruzada; e x_1 e x_2 são as frações molares dos dois componentes (note que $x_1 + x_2 = 1$). O problema de uma abordagem mais realista para o ar úmido será retomado na Seção 2.17, no Capítulo 2.

1.13 ENERGIA INTERNA E ENTALPIA

A *energia interna*, U, é a forma de energia acumulada pela substância em virtude do movimento ou agitação molecular e das forças de interação moleculares. A *energia interna específica*, u, é definida como a energia interna de uma substância por unidade de massa. As unidades da energia interna e da energia interna específica no sistema internacional de unidades, SI, são J (joule) e J/kg (joule por quilograma), respectivamente.

A *entalpia*, H, é a propriedade que combina as propriedades energia interna, pressão e volume. Essa propriedade aparece em associação com análises que envolvem volume de controle e fluxos mássicos. Analogamente à energia interna, pode-se definir a *entalpia específica*, h, ou seja, a entalpia por unidade de massa da substância.[2] A definição da entalpia específica é dada por

$$h = u + Pv. \tag{1.14}$$

A entalpia da mistura de dois gases perfeitos é simplesmente dada pela soma ponderada em massa das entalpias individuais de cada componente. Já no caso da mistura de gases reais, a entalpia da mistura é obtida de uma forma mais elaborada, que foge ao interesse deste livro. Contudo, o leitor mais interessado pode olhar o assunto sobre propriedades reduzidas em um livro-texto de termodinâmica química. As unidades de entalpia e entalpia específica no SI são J e J/kg, respectivamente.

1.14 TRABALHO E CALOR

O *trabalho*, W, é a forma de interação de energia que um sistema ou volume de controle realiza ou sofre em relação ao meio que o circunda e pode ser traduzido pela ação de uma força agindo sobre uma distância. A *potência*, $\dot{W}$, é a taxa temporal na qual o trabalho é realizado.

Calor, Q, é a forma de energia que é transferida através da fronteira do sistema ou superfície do volume de controle para ou do meio ambiente em virtude, exclusivamente, de uma diferença de temperatura entre a fronteira ou superfície de controle e o meio ambiente. O *fluxo de calor*, $\dot{Q}$, é a taxa temporal na qual o calor é transferido. A unidade de trabalho e calor é J no SI, enquanto a potência e o fluxo de calor recebem a unidade W (watts). Veja no Apêndice A outras unidades e seus respectivos fatores de conversão.

1.15 CALORES ESPECÍFICOS

O calor específico de uma substância é uma propriedade termodinâmica muito importante, que permite obter as demais propriedades térmicas como energia interna e entalpia. Distinguem-se, pelo menos, dois tipos de calores específicos. O *calor específico a pressão constante*, C_p, é dado por

$$C_p = \frac{\partial h}{\partial T}\bigg)_P. \tag{1.15}$$

---

[2] No próximo capítulo, as propriedades específicas serão mais detalhadas. Nas análises realizadas em psicrometria, as propriedades específicas normalmente referem-se à massa de ar seco.

Já o *calor específico a volume constante*, C_v, é dado por

$$C_v = \frac{\partial u}{\partial T}\bigg)_v. \tag{1.16}$$

Como se vê, as definições dos calores específicos envolvem derivadas parciais. Contudo, verifica-se que, para gases perfeitos, tanto a energia interna como a entalpia são funções exclusivas da temperatura. Nesse sentido, as derivadas parciais mencionadas transformam-se em derivadas comuns ou ordinárias. Dos dois calores específicos, o calor específico a pressão constante é o que mais interessa para as análises subsequentes. Verifica-se que normalmente o valor de C_p (e também C_v) permanece constante para uma razoável faixa de temperatura (para um gás perfeito, C_p e C_v são constantes por definição). Sob tais circunstâncias, a propriedade entalpia específica pode ser rapidamente calculada a partir da integração da Eq. (1.15), o que resulta em:

$$h = h_0 + C_P(T - T_0), \tag{1.17}$$

em que o índice "0" indica uma condição de referência para a qual a propriedade é conhecida. Arbitrariamente, pode-se estabelecer que a entalpia h_0 vale 0 J/kg para $T_0 = 0$ °C e então obtém-se a bem conhecida forma $h = C_p T$, o que deve permanecer válido desde que não haja mudança de fase e que a temperatura seja dada em °C. Se uma substância mudar de fase durante um processo (como pode ocorrer com a água nos processos psicrométricos), então deve-se levar em consideração o valor correspondente da entalpia associada com o processo de condensação ou vaporização, conforme o caso. A unidade dos calores específicos no SI é J/kg °C. Fatores de conversão para outros sistemas de unidades podem ser obtidos no Apêndice A.

Para gases perfeitos existe uma relação muito útil entre os calores específicos e a constante do gás, dada por:

$$C_P - C_v = R. \tag{1.18}$$

Exemplo 1.4 Calor específico

O calor específico de muitos gases pode ser aproximado por um polinômio para ampla faixa de temperatura. No caso do ar seco, uma simples regressão linear é suficiente. Para a faixa de temperaturas entre –40 e 150 °C, a seguinte expressão pode ser utilizada:

$$C_p = 3,196 \times 10^{-5} T + 1,006,$$

em que T é dada em °C, e C_p, em kJ/kg °C. Pede-se calcular o valor do calor específico do ar a $T = 0$ °C e a 50 °C.

Solução

Para $T = 0$ °C $\Rightarrow C_p = 1,006$ kJ/kg °C, e para $T = 50$ °C $\Rightarrow C_p = 1,0076$ kJ/kg °C.[3]

1.16 LEI DA CONSERVAÇÃO DE MASSA OU DA CONTINUIDADE

A maioria dos processos de interesse deste livro envolvem fluxos mássicos para dentro ou fora de um equipamento ou instalação, como fluxos de ar e água através de uma torre de resfriamento. Dessa forma, deve-se estabelecer um procedimento de análise para considerar e contabilizar tais fluxos de fluido. Considerando um volume de controle em torno do equipamento (Figura 1.6), a seguinte expressão do balanço de massa ou material pode ser escrita para um dado instante de tempo t e para uma dada substância ou espécie química (por exemplo, para a água ou para o ar seco). A formulação matemática do balanço material instantâneo representado pela Eq. (1.19) é dada por:

$$\begin{pmatrix} \text{variação da massa} \\ \text{contida no volume} \\ \text{de controle} \end{pmatrix}_t = \begin{pmatrix} \text{soma dos fluxos de} \\ \text{massa que entram no} \\ \text{volume de controle} \end{pmatrix}_t - \begin{pmatrix} \text{soma dos fluxos de} \\ \text{massa que deixam o} \\ \text{volume de controle} \end{pmatrix}_t. \quad (1.19)$$

$$\left(\frac{dm}{dt} \right)_{VC} = \sum \dot{m}_e - \sum \dot{m}_s, \quad (1.20)$$

---

[3] Esses valores são ligeiramente superiores aos reais em função de a regressão do exemplo cobrir uma ampla faixa de temperatura. Melhores valores são apresentados na Seção 2.7.

em que:

$\left(\dfrac{dm}{dt}\right)_{VC}$ = variação instantânea da massa contida no VC;

$\sum \dot{m}_e$ = somatória de todos os fluxos mássicos instantâneos que entram no VC; e

$\sum \dot{m}_s$ = somatória de todos os fluxos mássicos instantâneos que deixam o VC.

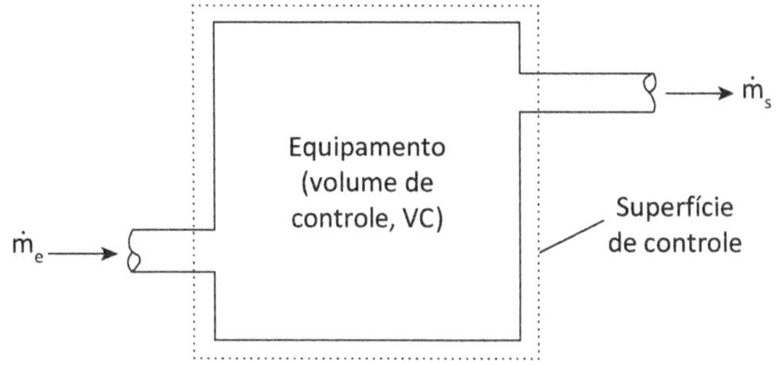

Figura 1.6 Esquema de um volume de controle envolvendo um equipamento e os fluxos mássicos que o cruzam através da superfície de controle.

Uma importante simplificação pode ser feita quando a massa contida no volume de controle permanece inalterada com o tempo, o que significa que a sua derivada com o tempo é nula. Quando isso acontece, diz-se que o processo se encontra em *regime permanente* ou *regime estacionário*. Os processos analisados neste livro serão em regime permanente, a menos que seja especificado de outra forma. Com a hipótese de regime permanente, a formulação da Eq. (1.20) se reduz a

$$\sum \dot{m}_e = \sum \dot{m}_s. \tag{1.21}$$

Exemplo 1.5 Lei da conservação de massa

Numa determinada torre de resfriamento, água quente proveniente de um condensador deve ser resfriada a uma vazão mássica de 1.000 kg/h. Água de reposição é fornecida a uma taxa de 40 kg/h. Pede-se calcular a vazão mássica de água evaporada pela corrente de ar.

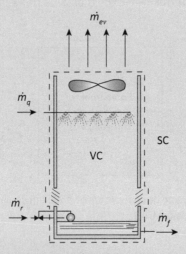

Figura E1.5 Esquema do volume de controle envolvendo a torre de resfriamento e os fluxos mássicos de água que cruzam a superfície de controle.

Solução

Este problema é uma simples aplicação da lei de conservação de massa em regime permanente (Eq. 1.21). Assim,

$\sum \dot{m}_e = \sum \dot{m}_s$, ou

$\dot{m}_q + \dot{m}_r = \dot{m}_{ev} + \dot{m}_f$, mas como $\dot{m}_q = \dot{m}_f \Rightarrow \dot{m}_{ev} = \dot{m}_r$

em que:

m_{ev} = fluxo mássico de água evaporada;

m_f = fluxo mássico de água fria;

m_q = fluxo mássico de água quente; e

m_r = fluxo mássico de água de reposição.

Evidentemente, o fluxo mássico de água evaporada é igual ao fluxo mássico da água de reposição (40 kg/h). Esse era um resultado previsível, já que esta é a função da água de reposição: repor a água evaporada. Embora elementar, o problema indica o método correto de resolver a questão.

Conceitos fundamentais **39**

1.17 LEI DA CONSERVAÇÃO DA ENERGIA

A *lei da conservação da energia* é também conhecida como *primeira lei da termodinâmica*. De forma análoga ao caso anterior, essa lei se preocupa em contabilizar um determinado balanço instantâneo, com a exceção de que agora não se trata de um balanço de massa, e sim de um balanço de energia. A lei estabelece que a energia não pode ser criada nem destruída, mas permanece constante. Formas de energia que interessam são energia interna, energia potencial gravitacional, energia cinética, calor e trabalho. Outras formas (energias elétrica e química, por exemplo) podem também ser incluídas no balanço, mas são desnecessárias para os fins deste livro. Refira-se a um texto básico de termodinâmica para ver uma análise mais abrangente, que inclua outras formas de energia. Utilizando um esquema de balanço semelhante ao de balanço de massa, a lei da conservação da energia, para o volume de controle da Figura 1.7, pode ser escrita como:

$$\begin{pmatrix} \text{variação da energia} \\ \text{total contida no} \\ \text{volume de controle} \end{pmatrix}_t = \begin{pmatrix} \text{energia que entra no} \\ \text{volume de controle} \\ \text{associada com os} \\ \text{fluxos mássicos} \end{pmatrix}_t - \begin{pmatrix} \text{energia que deixa o} \\ \text{volume de controle} \\ \text{associada com os} \\ \text{fluxos mássicos} \end{pmatrix}_t . \quad (1.22)$$

O balanço instantâneo de energia expresso pela Eq. (1.22) é traduzido em termos matemáticos pela seguinte equação:

$$\left(\frac{dE}{dt}\right)_{VC} = \sum \dot{m}_e \left(h_e + \frac{V_e^2}{2} + Z_e\right) - \sum \dot{m}_s \left(h_s + \frac{V_s^2}{2} + Z_s\right) + \dot{Q} - \dot{W}. \quad (1.23)$$

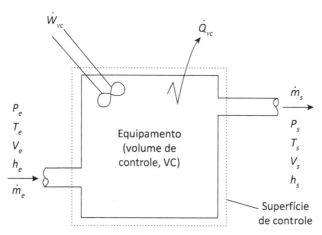

Figura 1.7 Esquema de um volume de controle envolvendo um equipamento que ilustra os fluxos de energia associados com os fluxos mássicos e as interações de calor e trabalho com o meio.

A energia total, E, do volume de controle é a soma das formas de energias interna, cinética e potencial gravitacional. Os dois primeiros termos do lado direito representam os fluxos específicos de entalpia, h, energia cinética, $V^2/2$, e potencial gravitacional, Z, associados com cada fluxo mássico de entrada ou saída para o volume de controle, conforme o caso. $\dot{Q}$ é o fluxo de calor que o volume de controle troca com o meio ambiente, e $\dot{W}$ é a potência das forças que realizam trabalho na unidade de tempo sobre ou pelo volume de controle. Os sinais de $\dot{Q}$ e $\dot{W}$ decorrem da seguinte convenção: são positivos o fluxo de calor para o volume de controle e o trabalho realizado pelo volume de controle.

Para processos em *regime permanente*, o termo da derivada temporal da energia total é nulo, portanto, a Eq. (1.23) fica:

$$\sum \dot{m}_e \left(h_e + \frac{V_e^2}{2} + Z_e \right) + \dot{Q} = \sum \dot{m}_s \left(h_s + \frac{V_s^2}{2} + Z_s \right) + \dot{W}. \tag{1.24}$$

Um caso particular da Eq. (1.24) ocorre quando existe somente um fluxo mássico através do equipamento. Da equação da conservação de massa, Eq. (1.21), tem-se que $\dot{m}_e = \dot{m}_s = \dot{m}$, e dividindo-se a Eq. (1.24) por $\dot{m}$, resulta que:

$$h_e + \frac{V_e^2}{2} + Z_e + q = h_s + \frac{V_s^2}{2} + Z_s + w \tag{1.25}$$

em que q e w são os fluxos de calor específico e trabalho específico, isto é, por unidade de massa, expressos em J/kg.

Exemplo 1.6 Conservação de energia em regime permanente – Exemplo 1

Refrigerante R 134a entra num condensador a 40 °C no estado de vapor saturado e a uma vazão de 25 kg/h. O fluido deixa o equipamento à mesma temperatura, porém no estado de líquido saturado, o que indica que houve uma completa condensação do vapor. Pede-se:

a) Calcule o fluxo de calor trocado durante o processo de condensação.

b) Sabendo que o calor perdido pelo fluido é retirado pelo ar que circula através do condensador do lado externo dos tubos, que a temperatura do ar na entrada vale 25 °C e que na saída vale 35 °C, determine o fluxo mássico de ar necessário para manter essas condições de operação.

c) Calcule as vazões volumétricas de ar referentes às condições de entrada e de saída. São iguais? Comente sua resposta.

Conceitos fundamentais

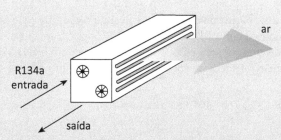

Figura E1.6a Ilustração de um condensador.

Fluido	Propriedade	Entrada	Saída
Ar	h (kJ/kg)	25	35
	v (m³/kg)	0,86	0,90
R 134a	h (kJ/kg)	419,6	256,4

Solução

Deve-se definir um volume de controle imaginário em torno dos tubos de refrigerante. Aplica-se a lei de conservação de energia para o refrigerante, observando que não há fluxo de trabalho e as energias cinética e potencial são desprezíveis. Assim, a Eq. (1.24) pode ser particularizada para o problema como

$$\dot{m}_R h_e + \dot{Q} = \dot{m}_R h_s \Rightarrow \dot{Q} = \dot{m}_R (h_s - h_e)$$

ou

$$\dot{Q} = \frac{25}{3600}(419,6 - 256,4) = -1,133 \text{ kW}$$

O sinal de menos (−) indica que o refrigerante perde calor (lembre-se da convenção de sinais adotada).

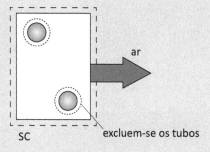

Figura E1.6b Volume de controle envolvendo o aparelho excluindo os tubos de refrigerante.

Agora, suponha um volume de controle envolvendo o aparelho que exclua os tubos de refrigerante, como na Figura E1.6b. Esse novo VC engloba apenas o fluxo de ar. Da lei de conservação de energia para esse VC, tem-se que, como o fluxo de calor recebido pelo ar é cedido pelo refrigerante com sinal trocado, então:

$$\dot{m}_a = \frac{1{,}133}{35-25} = 0{,}1133 \text{ kg/s} = 407{,}88 \text{ kg/h}.$$

A vazão volumétrica do ar, $\dot{V}_a$, é dada por $\dot{V}_a = \dot{m}v$. Assim, as vazões do ar são:

referente à condição de entrada: $\dot{V}_{ae} = 407{,}88 \times 0{,}86 = 350{,}78 \text{ m}^3/\text{h}$; e

referente à condição de saída: $\dot{V}_{as} = 407{,}88 \times 0{,}90 = 367{,}09 \text{ m}^3/\text{h}$.

Evidentemente, a vazão volumétrica em geral "não se conserva" ao longo do equipamento. Isso se deve ao fato de que o volume específico do ar depende da temperatura. Contudo, a vazão ou fluxo mássico do ar permanece constante e inalterada. Os autores sugerem que vazões mássicas sejam usadas preferencialmente às vazões volumétricas para designar as capacidades e as especificações dos equipamentos.

Exemplo 1.7 Conservação de energia em regime permanente – Exemplo 2

Num pequeno sistema de refrigeração operando com propano, R 290, o vapor entra a –10 °C e 180 kPa no compressor e deixa o equipamento a 80 °C e 900 kPa. Nessa situação, a vazão mássica do fluido refrigerante é de 0,009 kg/s, enquanto a potência total fornecida ao compressor é de 1,5 kW. Calcule a taxa de calor total perdido pelo compressor, bem como o calor perdido por unidade de massa (específico).

Entalpias do vapor de propano:

entrada: $h_1 = 471{,}7$ kJ/kg;

saída: $h_2 = 616{,}4$ kJ/kg.

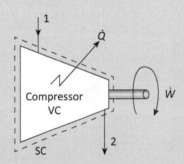

Figura E1.7   Ilustração do compressor.

Solução

Admitindo o volume de controle em torno do compressor, utiliza-se a Eq. (1.24), de forma que

$$\dot{m}_1 h_1 + \dot{Q} = \dot{m}_2 h_2 + \dot{W}.$$

Agora, substituindo os valores conhecidos (tomando precauções com relação aos sinais), tem-se:

$$\dot{Q} = \dot{m}(h_2 - h_1) + \dot{W} = 0,009(616,4 - 471,7) - 1,5, \text{ ou}$$
$$\dot{Q} = 0,198 \text{ kW}.$$

Por unidade de massa, obtém-se:

$$q = \frac{\dot{Q}}{\dot{m}} = -\frac{0,198}{0,009} = -22,0 \text{ kJ/kg}.$$

Na solução deste problema, ficou implícita a lei da conservação de massa. O sinal negativo de calor e trabalho decorre da convenção adotada.

PROBLEMAS PROPOSTOS

1. Usando as tabelas de vapor, determine os estados (líquido, sólido, vapor ou mistura líquido-vapor ou sólido-vapor) da água para as seguintes condições:

a) $T = 25\,°C$ e $P = 14,7 \text{ lbf/in}^2$.

b) $T = 40\,°C$ e $P = 1,1 \text{ bar}$.

c) $T = 15\,°C$ e $P = 0,9 \text{ kPa}$.

d) $T = 40\,°C$ e $P = 1,2 \text{ MPa}$.

2. A pressão absoluta de um tanque fechado vale 110 kPa. Usando-se um manômetro para medir a pressão, qual seria o valor de leitura se a medição ocorresse no litoral (pressão normal de 760 mmHg)? E se fosse em São Paulo (700 mmHg)?

3. É comum ouvir dizer que a "água ferve a 100 °C", o que do ponto de vista termodinâmico é apenas parcialmente correto. A frase correta seria dizer que a água entra em ebulição a 100 °C na pressão de 1 atm. Se a pressão da água for superior a 1 atm, a temperatura de ebulição também será superior a 100 °C e, evidentemente, se a pressão for inferior à pressão atmosférica normal (1 atm), a temperatura de ebulição da água também será menor. Então, pergunta-se: qual a temperatura de "fervura" (ebulição) da água no interior de uma panela de pressão cuja pressão absoluta é de 2 atm?

4. Qual a massa de ar contida numa sala de 6 m × 10 m × 4 m se a pressão e a temperatura forem iguais a 100 kPa e 25 °C, respectivamente? Admita que o ar se comporta como um gás perfeito.

5. O ar confinado num pneu está inicialmente a –10 °C e 190 kPa. Após o automóvel percorrer um determinado percurso, a temperatura do ar foi novamente medida e revelou um valor de 10 °C. Calcule a pressão do ar nessa condição. Detalhe as hipóteses necessárias para a solução do problema.

6. Considere uma grande sala de aula em pleno verão a pressão normal do ar com 150 alunos, cada um dissipando 60 W de taxa de calor sensível (só aquecimento, sem evaporação da água – veja a Seção 3.4). Todas as luzes, com 6,0 kW de potência nominal total, são mantidas acesas. A sala não tem paredes externas, e admite-se que o ganho de calor através das paredes e do teto seja desprezível. Ar-condicionado está disponível a 15 °C, e a temperatura do ar de retorno não deve exceder 25 °C. Determine o fluxo de massa de ar, em kg/s, que precisa ser fornecido para a sala a fim de manter constante sua temperatura média. Qual a vazão volumétrica de ar nas condições de insuflamento?

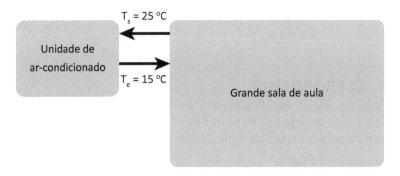

7. Uma turbina é alimentada com 2 kg/s de água a 1 MPa, 350 °C e com velocidade de 15 m/s. O vapor é descarregado da turbina saturado a 100 kPa. A velocidade na seção de descarga é pequena. Determine o trabalho específico e a potência de eixo gerados pela turbina. Pode-se desprezar a energia cinética?

8. Um trocador de calor recebe ar exterior a 32 °C e 100 kPa. A mistura de ar-vapor de água é resfriada até a temperatura de 12 °C para uma vazão da mistura de 0,4 m³/min. Qual a taxa de calor retirada pelo trocador de calor?

9. Duas correntes de ar são misturadas em um tanque isolado, conforme mostra a figura abaixo. Nessas condições, determine a temperatura, as vazões mássica e volumétrica de saída da mistura. Admita as propriedades do ar seco a pressão atmosférica normal.

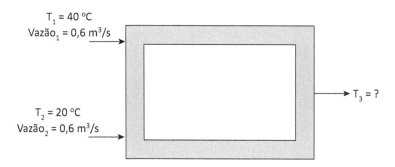

10. Para o resfriamento de componentes eletrônicos é utilizado um fluxo de ar sobre eles insuflado a 20 °C e com uma vazão de 0,1 m³/s. Sabendo que se transfere uma taxa de calor de 300 W para o fluxo de ar, qual é a temperatura de saída do ar? A pressão é normal.

11. Um aquecedor elétrico industrial fornece 500 kW de potência térmica para um fluxo de água cuja temperatura de entrada é 25 °C com uma vazão mássica de 5 kg/s. Nessas condições, qual é a temperatura de saída da água?

12. O aquecedor do exemplo anterior é agora empregado para aquecer ar atmosférico às mesmas vazão mássica de 5 kg/s e temperatura de 25 °C. Nessas condições, qual é a temperatura de saída do ar? E se as mesmas condições forem mantidas, exceto pelo fato de que agora o fluido é óleo lubrificante (dado o calor específico C_p = 1,67 kJ/kg °C)?

CAPÍTULO 2
Parâmetros e propriedades psicrométricos

As definições dos parâmetros e das propriedades psicrométricos são apresentadas neste capítulo. Expressões de trabalho são obtidas a partir do comportamento idealizado do ar úmido nas condições ambientes. Correlações e curvas de ajuste das propriedades termodinâmicas da água e do ar seco também são apresentadas e discutidas, bem como suas faixas de validade. Além disso, muitas equações, procedimentos e rotinas de cálculo são discutidos, a fim de subsidiar aquele interessado no desenvolvimento de rotinas computacionais e aplicativos. Para isso, a lógica e a sequência de construção de algoritmos de cálculo são descritas. Rotinas desenvolvidas na linguagem FORTRAN, hoje em desuso, são apresentadas, sendo que a Seção 2.15 descreve algumas ferramentas computacionais mais atuais, como a PSICRO, baseada em equações implementadas em planilhas eletrônicas. Na parte final, o capítulo se dedica a apresentar o método de cálculo das propriedades do ar úmido usando uma abordagem mais realista, útil para aplicação em ar comprimido, bem como em temperaturas de trabalho mais estendidas.

2.1 UMIDADE ABSOLUTA

Define-se *umidade absoluta*, ω, como a razão entre as massas de vapor de água, m_v, e de ar seco, m_a, presentes na mistura. Em alguns textos, essa propriedade também é conhecida como *umidade específica*, em tradução direta do termo em inglês *specific humidity*. Os índices *a* e *v* designam ar seco e vapor de água, nessa ordem. Assim,

$$\omega = \frac{m_v}{m_a} \quad \left[\frac{\text{kg}_{\text{vapor}}}{\text{kg}_{\text{ar seco}}}\right]. \tag{2.1a}$$

Uma importante simplificação pode ser feita quando o ar é tido como a mistura de dois gases perfeitos. Da Eq. (1.8) e considerando a lei de mistura de Dalton (Seção 1.10), tem-se:

$$m_a = \frac{P_a V}{R_a T} \quad e \quad m_v = \frac{P_v V}{R_v T}, \tag{2.1b}$$

em que V é o volume da mistura, T é a temperatura, R_i são as constantes particulares dos gases e P_i são suas pressões parciais. Então, substituindo essas equações na Eq. (2.1a), chega-se a:

$$\omega = \frac{R_a}{R_v} \frac{P_v}{P_a}. \tag{2.1c}$$

Porém, da Eq. (1.9), tem-se que a razão entre as constantes particulares dos gases vale $\frac{R_a}{R_v} = \frac{M_v}{M_a}$. Por outro lado, as massas moleculares do vapor e do ar seco valem $M_v = 18{,}01534$ e $M_a = 28{,}9645$. Então, obtém-se:

$$\omega = 0{,}62198 \frac{P_v}{P_a} \tag{2.1d}$$

Uma vez que a pressão total de mistura, P, é dada pela soma das pressões parciais dos constituintes da mistura, P_a e P_v (Eq. 1.10), tem-se que:

$$\omega = 0{,}62198 \frac{P_v}{P - P_v} \quad \left[\frac{\text{kg}_{\text{vapor}}}{\text{kg}_{\text{ar seco}}}\right]. \tag{2.1}$$

Essa é a forma mais conhecida da expressão da umidade absoluta e frequentemente é apresentada como a sua própria definição. Note que ela decorre da hipótese da validade do comportamento ideal e que sua validade fica comprometida quando a pressão parcial do vapor, P_v, se aproxima da pressão total da mistura, P.

2.2 UMIDADE RELATIVA

É a razão entre a *fração molar do vapor de água* presente na mistura, x_v, e a fração molar que o vapor de água teria se a mistura estivesse saturada, x_{vs}, às mesmas temperatura e pressão total, ou seja,

$$\phi = \frac{x_v}{x_{vs}} \tag{2.2a}$$

Considerando a equação dos gases perfeitos e a definição das frações molares do vapor de água, que são $x_v = n_v/n$ e $x_{vs} = n_{vs}/n$, em que n é o número total de moles, tem-se que:

$$\phi = \frac{n_v}{n_{vs}} = \frac{P_v}{P_{vs}} \tag{2.2}$$

Essa simplificação mostra que a *umidade relativa de uma mistura do ar úmido* é dada pela razão entre a pressão parcial do vapor de água na mistura, P_v, e a pressão parcial que o vapor de água teria, P_{vs}, se a mistura fosse saturada às mesmas temperatura e pressão total. Naturalmente, a umidade relativa varia entre 0 e 1, e, por isso, é hábito fornecer o valor de ϕ em termos de porcentagem. Assim, $\phi = 0\%$ está reservado para o ar seco, enquanto $\phi = 100\%$ indica que o ar úmido está saturado.

2.3 GRAU DE SATURAÇÃO

O *grau de saturação*, μ, é a razão entre a umidade absoluta do ar e a umidade absoluta do ar saturado, mantidas pressão e temperatura de mistura constantes.

$$\mu = \frac{\omega}{\omega_s}. \tag{2.3a}$$

Substituindo as expressões simplificadas da umidade absoluta e da umidade relativa (Eqs. 2.1 e 2.2), tem-se:

$$\mu = \phi \frac{P - P_{vs}}{P - P_v}, \tag{2.3b}$$

ou, ainda,

$$\mu = \phi \frac{P - P_{vs}}{P - \phi P_{vs}}. \tag{2.3}$$

Observe que se a umidade relativa for alta ou a pressão parcial do vapor for baixa em relação à pressão da mistura (o que ocorre para uma temperatura de até cerca de 35 °C e pressão normal), o valor do grau de saturação será aproximadamente o mesmo da umidade relativa.

Exemplo 2.1 Cálculo da umidade absoluta e do grau de saturação

A umidade relativa do ar em um dado ambiente é mantida em 60% e a temperatura vale 40 °C. Sabendo-se que a pressão é normal (101,325 kPa), calcule a umidade absoluta do ambiente e o grau de saturação.

Solução

A pressão parcial do vapor de água saturado, P_{vs}, à temperatura de 40 °C vale 7,384 kPa (ver Tabela B.1). Da Eq. (2.2), tem-se que a pressão parcial do vapor de água na mistura é:

$$P_v = \phi P_{vs} = 0{,}6 \times 7{,}384 = 4{,}430 \text{ kPa.}$$

Como ω é dado pela Eq. (2.1), obtém-se:

$$\omega = 0{,}62198 \times \frac{4{,}430}{101{,}325 - 4{,}430} = 0{,}0284 \frac{\text{kg}_{vapor}}{\text{kg}_{ar\,seco}}.$$

O grau de saturação é dado pela Eq. (2.3), então:

$$\mu = 0{,}60 \times \frac{101{,}325 - 7{,}384}{101{,}325 - 4{,}430} = 0{,}5817 = 58{,}17\%$$

2.4 NOTA SOBRE AS PROPRIEDADES ESPECÍFICAS

Propriedades específicas, como volume e entalpia específicos, referem-se às propriedades por unidade de massa da substância de interesse. No estudo dos processos psicrométricos existe uma convenção utilizada com maior frequência para se referenciar as propriedades específicas. Trata-se de definir as *propriedades específicas da mistura* relativas à massa de ar seco, e não à massa de mistura (que no caso seria a massa de ar úmido). A razão dessa convenção é que, nos processos psicrométricos, geralmente o fluxo de ar seco é mantido constante, enquanto o vapor de água é adicionado ou retirado do ar úmido mediante os processos de evaporação ou condensação. Assim, as propriedades volume específico, entalpia específica e calor específico são reapresentadas em conformidade com esse novo procedimento de referenciá-los à base de ar seco.

2.5 VOLUME ESPECÍFICO

O *volume específico* relativo à massa de ar seco é dado pela razão entre o volume ocupado pela mistura e a massa de ar seco presente:

$$v = \frac{V}{m_a}. \tag{2.4a}$$

Utilizando a simplificação de gases perfeitos, $m_a = \dfrac{P_a V}{R_a T}$, e lembrando que $R_a = \Re / M_a$, tem-se:

$$v = 0{,}2870 \frac{T}{P - P_v} \qquad \left[\frac{\text{m}^3}{\text{kg ar seco}}\right]. \tag{2.4b}$$

Essa equação pode ainda ser modificada pela Eq. (2.1), de definição da umidade absoluta, o que resulta em:

$$v = 0{,}2870 \frac{T}{P}(1 + 1{,}6078\,\omega) \qquad \left[\frac{\text{m}^3}{\text{kg ar seco}}\right], \tag{2.4}$$

em que T deve ser fornecida em K e P em kPa. É interessante notar que quanto maior for a umidade absoluta, maior será o volume específico do ar úmido (ou menor sua densidade). Isso significa que o ar úmido é mais "leve" que o ar seco, o que também implica a facilidade com que o ar úmido se dispersa na atmosfera em torno dos equipamentos evaporativos (na verdade, isso se aplica ao vapor de água no ar), o que inclui o próprio processo do ciclo da água na atmosfera.

Note que o volume específico da mistura relativo à massa de ar úmido, v_m, é, em geral, ligeiramente menor que o volume específico referente à massa de ar seco. Com efeito,

$$v_m = \frac{v}{1 + \omega} \qquad \left[\frac{\text{m}^3}{\text{kg ar úmido}}\right]. \tag{2.5}$$

Portanto, os dois volumes específicos diferem entre si pelo fator $(1 + \omega)$.

O volume específico da mistura para a situação em que o ar não pode ser considerado uma mistura de gases perfeitos é estudado mais adiante neste capítulo.

2.6 ENTALPIA E ENTALPIA ESPECÍFICA

A *entalpia total da mistura*, H, é dada pela contribuição isolada das entalpias totais do ar seco e do vapor de água. Assim,

$$H = H_a + H_v. \tag{2.6a}$$

A *entalpia específica da mistura*, h, é obtida dividindo-se a Eq. (2.6a) pela massa de ar seco, ou:

$$h = \frac{H}{m_a} = \frac{m_a h_a}{m_a} + \frac{m_v h_v}{m_a}. \tag{2.6b}$$

Considerando que a umidade absoluta (Eq. 2.1) é a razão entre as massas de vapor e de ar seco, tem-se a seguinte expressão final:

$$h = h_a + \omega\, h_v \qquad \left[\frac{kJ}{kg\ ar\ seco}\right]. \tag{2.6}$$

Note que ω surge para "corrigir" a entalpia específica do vapor de água, para que esse termo se refira à massa de ar seco.

Como ocorre com o volume específico, a entalpia da mistura relativa à massa de ar úmido, h_m, é ligeiramente menor que a entalpia referente à base de ar seco. A relação entre as duas definições é:

$$h_m = \frac{h}{1+\omega} \qquad \left[\frac{kJ}{kg\ ar\ úmido}\right] \tag{2.6c}$$

Uma abordagem mais realista para a situação em que a hipótese de mistura de gases perfeitos não é válida é apresentada ao final do capítulo.

2.7 CALOR ESPECÍFICO A PRESSÃO CONSTANTE – EXPRESSÃO PARA CÁLCULO DA ENTALPIA A PARTIR DE C_p

O calor específico a pressão constante relativo à massa de ar seco é dado pela combinação dos calores específicos do ar seco, C_{pa}, e do vapor de água, C_{pv}, de acordo com:

$$C_p = C_{pa} + \omega\, C_{pv} \qquad \left[\frac{kJ}{kg\ ar\ seco\ °C}\right]. \tag{2.7}$$

Essa equação é obtida de forma semelhante ao método utilizado para obter a entalpia. Os seguintes valores de calores específicos do ar seco e do vapor de água se aplicam às condições ambientes:

C_{pa} = 1,006 kJ/kg °C e C_{pv} = 1,805 kJ/kg °C.

A Eq. (1.17) pode ser utilizada para calcular a entalpia da mistura, bastando utilizar o calor específico dado pela Eq. (2.7). Naturalmente, em se utilizando a Eq. (1.17), é mais conveniente adotar uma mesma temperatura de referência, T_0, para as entalpias de referência do vapor de água, h_{v0}, e do ar seco, h_{a0}, cujo valor normalmente utilizado é T_0 = 0 °C. Os valores das entalpias de referência são 0 kJ/kg para o ar e 0 kJ/kg para o líquido saturado (note que, na verdade, a água a 0 °C está na fase sólida, porém é hábito admitir que ela ainda está na fase líquida numa condição chamada de metaestabilidade). Como o que interessa é a entalpia da água na fase vapor, deve-se somar à entalpia de referência a entalpia de vaporização da água, naquela temperatura de 0 °C, a qual vale h_{lv} = 2501,3 kJ/kg. Assim, a entalpia da mistura é dada por:

$$h = 2501,3\,\omega + (1,006 + 1,805\omega)T \quad [\text{kJ/kg ar seco}], \tag{2.9}$$

sendo que T é dada em °C.

2.8 TEMPERATURA DE BULBO SECO

A *temperatura de bulbo seco*, *TBS*, é simplesmente a temperatura da mistura indicada por um termômetro comum. O termo "bulbo seco" é adicionado ao termo temperatura para diferenciá-la da temperatura de bulbo úmido, definida mais adiante, na Seção 2.11.

2.9 TEMPERATURA DE ORVALHO

Temperatura de orvalho, T_O, é a temperatura correspondente ao ponto de início da condensação do vapor de água contido no ar úmido, quando o processo de resfriamento se dá a pressão constante. Essa propriedade pode ser entendida mais facilmente com a ajuda do diagrama temperatura-volume específico da água, ilustrado na Figura 2.1. Inicialmente o vapor de água contido no ar úmido está no estado 1, como indicado no diagrama. À medida que o ar é resfriado, os estados do vapor de água percorrem no sentido descendente a linha isobárica indicada, a qual representa a pressão parcial do vapor de água na mistura. Em se continuando o processo de resfriamento, finalmente o estado 2 será alcançado, para o qual qualquer tentativa de resfriamento adicional implicará condensação do vapor, pois o estado de vapor saturado foi atingido. Dá-se o nome de temperatura de orvalho exatamente a essa temperatura do processo de condensação (ponto 2). Essa temperatura pode ser também entendida como a temperatura de saturação correspondente à pressão parcial do vapor de água na mistura.

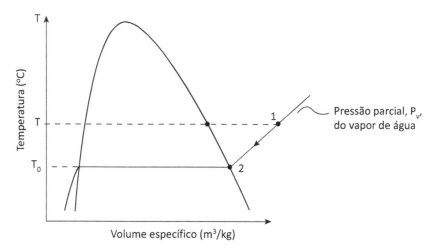

Figura 2.1 Ilustração da propriedade temperatura de orvalho no diagrama temperatura-volume específico.

Exemplo 2.2 Temperatura de orvalho

Ar úmido se encontra a 70 °C, 50% de umidade relativa e a pressão normal (101,325 kPa). O ar, então, passa por um processo de resfriamento até atingir 40 °C. Se houver condensação do vapor, a água líquida é retirada. Em seguida, o ar é aquecido novamente até atingir a temperatura de 70 °C. Pede-se:

a) A umidade absoluta e a temperatura de orvalho para a condição inicial.

b) As umidades relativa e absoluta e a temperatura de orvalho para o estado final.

Solução

Da Tabela B.1, a pressão de saturação do vapor de água a 70 °C vale P_{vs} = 31,19 kPa, portanto,

$$P_v = \phi P_{vs} = 0,50 \times 31,19 = 15,595 \text{ kPa, então,}$$

$$\omega = 0,62198 \times \frac{15,595}{101,325 - 15,595} = 0,1131 \frac{\text{kg vapor}}{\text{kg ar seco}}.$$

A temperatura de orvalho é obtida da Tabela B.2 (Apêndice B) para a pressão de vapor de P_v = 15,595 kPa, o que resulta em $T_o \cong$ 55 °C. Como o ar foi resfriado (40 °C) para um valor abaixo daquela temperatura de orvalho inicial, conclui-se que houve condensação de parte do vapor (veja processo ilustrado no diagrama da Figura E2.2). A pressão parcial do vapor no estado final, P_D, é igual à do vapor no estado C, que, da Tabela B.1 para T = 40 °C, vale P_C = 7,384 kPa. Assim,

$$\phi = \frac{7,384}{31,19} \times 100\% = 23,7\%, \text{ e a nova umidade absoluta será}$$

$$\omega = 0,62198 \times \frac{7,384}{101,325 - 7,384} = 0,0489 \frac{\text{kg vapor}}{\text{kg ar seco}}$$

A temperatura de orvalho final é a própria temperatura final do processo de condensação, como ilustrado no diagrama da Figura E2.2, ou seja, 40 °C.

Os processos sofridos pelo vapor de água estão indicados no diagrama temperatura--volume específico da Figura E2.2. No lado esquerdo da figura encontram-se indicados os pontos principais referentes aos estados importantes. Na figura também são ilustrados os processos de resfriamento e aquecimento em consideração.

Parâmetros e propriedades psicrométricos

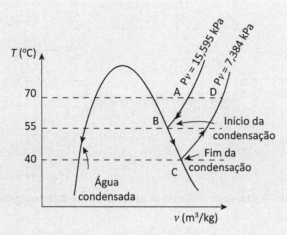

Figura E2.2 Diagrama *T-v* ilustrando os diversos estados do ar úmido. Legenda: A, estado inicial; A→B, processo de resfriamento; B, início da condensação; B→C, processo de condensação com formação de líquido; C, fim do processo de resfriamento e da condensação; C→D, processo de aquecimento; e D, estado final.

2.10 PROCESSO DE SATURAÇÃO ADIABÁTICA – PSICRÔMETRO ADIABÁTICO

Considere o arranjo ilustrado na Figura 2.2, em que ar é movimentado para o seu interior e entra em contato com água numa câmara perfeitamente isolada termicamente (adiabática). À saída do dispositivo, o ar está na condição de saturação e em equilíbrio termodinâmico com a água no interior do dispositivo. A parcela da água evaporada, que sai na corrente de ar em 2, é reposta no reservatório de forma que as hipóteses de regime permanente sejam válidas. A temperatura de saída do ar úmido saturado vale T^*.[1] O processo ocorre a pressão constante, e o dispositivo é chamado de *saturador adiabático* ou *psicrômetro adiabático*.

Os fluxos mássicos são:

- ar úmido na seção 1: $\dot{m}_{ar1} = \dot{m}_a + \dot{m}_{v1}$;
- ar úmido na seção 2: $\dot{m}_{ar2} = \dot{m}_a + \dot{m}_{v2}$; e
- água de reposição: $\dot{m}_L = \dot{m}_{v2} - \dot{m}_{v1}$.

A lei da conservação de energia, Eq. (1.24), em regime permanente para um volume de controle que engloba o saturador adiabático resulta em:

$$\underbrace{\dot{m}_a h_{a1} + \dot{m}_{v1} h_{v1}}_{H_1} + \underbrace{(\dot{m}_{v2} - \dot{m}_{v1}) h_L^*}_{H_{\text{água reposição}}} = \underbrace{\dot{m}_a h_{a2}^* + \dot{m}_{v2} h_{v2}^*}_{H_2} \tag{2.9a}$$

---

[1] O asterisco (*) foi incluído para lembrar que a água de reposição está à mesma temperatura T^* que o fluxo de ar que deixa o arranjo. Isso se aplica às próximas ocorrências.

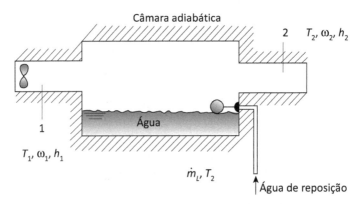

Figura 2.2 Dispositivo ilustrativo do processo de saturação adiabática de uma corrente de ar – psicrômetro adiabático.

No segundo termo do lado esquerdo da Eq. (2.9a), considerou-se a lei de conservação de massa para a água. Uma vez que o fluxo mássico de ar seco, $\dot{m}_a$, através do dispositivo é o mesmo, então essa equação pode ser dividida por $\dot{m}_a$ e, tendo em mente a definição de umidade absoluta, obtém-se:

$$h_{a1} + \omega_1 h_{v1} + \left(\omega_2^* - \omega_1\right) h_L^* = h_{a2}^* + \omega_2^* h_{v2}^* \tag{2.9b}$$

Note que as entalpias ainda se referem à massa de fluido correspondente, mas, utilizando as entalpias relativas à massa de ar seco (conforme discutido na Seção 2.6 e traduzido pela Eq. 2.6c), tem-se:

$$h_1 + \left(\omega_2^* - \omega_1\right) h_L^* = h_2^* \tag{2.9c}$$

Uma interessante análise da *equação do saturador adiabático* acima pode agora ser feita. Mantida a pressão constante, as propriedades ω_2^*, h_L^* e h_2^* são funções apenas da temperatura T^*, já que o vapor de água se encontra saturado. Dessa forma, por meio da Eq. (2.9), verifica-se que a temperatura T^* é função apenas da entalpia, h_1, e da umidade absoluta, ω_1, do fluxo de ar que chega ao equipamento. Assim, conclui-se que a temperatura T^* depende tão somente do estado termodinâmico do ar que entra no saturador adiabático e recebe o nome de *temperatura de bulbo úmido termodinâmica*.

Note que a temperatura da água de reposição deve ser igual à temperatura de bulbo úmido termodinâmica do ar, a qual não é conhecida a princípio. Assim, o saturador adiabático deve ser compreendido apenas como uma idealização útil e didática, porque serve para introduzir o conceito dessa nova temperatura. A saturação do ar ocorre numa câmara adiabática, onde apenas a corrente de ar e a água trocam calor e massa entre si, e daí decorre outra designação para essa temperatura de equilíbrio, qual seja: *temperatura de saturação adiabática*.

Como nota final, se a água do dispositivo estiver no estado sólido em vez de líquido, o mesmo raciocínio de análise é válido, bastando tão somente substituir a entalpia do líquido, h_L^*, pela entalpia da água sólida, h_s^*, na Eq. (2.9).

Exemplo 2.3 Temperatura de bulbo úmido termodinâmica

Calcule a temperatura de bulbo úmido termodinâmica para os estados inicial e final do problema do Exemplo 2.2.

Solução

Partindo da Eq. (2.9), tem-se

$$h_1 + \left(\omega^* - \omega_1\right) h_L^* = h^*, \text{ mas}$$

$$h_1 = h_{a1} + \omega_1 h_{v1}, \text{ e}$$

$$h^* = h_a^* + \omega^* h_v^*,$$

em que o índice "2" foi abandonado, lembrando que tanto o ar como o vapor de água saem à mesma temperatura T^*. Substituindo essas duas últimas relações na primeira expressão (que é a do saturador adiabático), e após certa manipulação algébrica, obtém-se

$$h_a^* - h_{a1} + \omega_1 \left(h_v^* - h_{v1}\right) + \left(\omega^* - \omega_1\right) \left(h_v^* - h_L^*\right) = 0.$$

Considerando ainda que, para um gás perfeito, $\Delta h = C_p \Delta T$, Eq. (1.17), então:

ar seco: $h_a^* - h_{a1} = C_{pa}\left(T^* - T_1\right)$

vapor de água: $h_v^* - h_{v1} = C_{pv}\left(T^* - T_1\right)$.

Substituindo essas expressões para a entalpia e tendo em consideração que a entalpia de vaporização, h_{LV}, é a diferença entre a entalpia do vapor e a do líquido, tem-se a seguinte expressão final:

$$C_{pu1}\left(T^* - T_1\right) + \left(\omega^* - \omega_1\right) h_{LV}^* = 0,$$

em que

$$C_{pu1} = C_{pa} + \omega_1 C_{pv}$$

Nessas expressões, os calores específicos são conhecidos, bem como as propriedades de índice "1", as quais se referem ao ar na entrada do dispositivo. As demais propriedades indicadas pelo asterisco são funções apenas da temperatura T^*, já que a pressão de mistura é constante, de sorte que a única incógnita da equação é a temperatura de bulbo úmido termodinâmica. De uma forma genérica, a equação anterior é do tipo $f(T^*) = 0$ e sua solução exige método numérico. Os valores conhecidos são:

$C_{pa} = 1,006$ kJ/kg °C;

$C_{pv} = 1,805$ kJ/kg °C;

$T_1 = 70$ °C; e

$\omega_1 = 0,1131$ kg vapor/kg ar seco.

Substituindo esses valores na expressão, obtém-se

$$f(T^*) = 1,2103 \times (T^* - 70) + (\omega^* - 0,1131) \times h_{LV}^* = 0.$$

A Tabela E2.3 indica as várias tentativas até a convergência final. As propriedades de pressão parcial do vapor saturado e entalpia de vaporização foram obtidas da Tabela B.1 (Apêndice B). A umidade absoluta foi calculada usando a expressão dada pela Eq. (2.1). Partindo de uma temperatura de $T^* = 65$ °C e decrementando de 5 °C em 5 °C, a função $f(T^*)$ foi calculada até que houvesse uma convergência satisfatória (valor muito próximo de zero).

Tabela E2.3 Cálculo numérico do valor de *TBU* para o Exemplo 2.2

T^* (°C)	P_v^* (kPa) (Tab. B.1)	ω^* (Eq. 2.1)	h_{LV}^* (kJ/kg) (Tab. B.1)	$f(T^*)$
65	25,03	0,2040	2346,2	207,2
60	19,94	0,1524	2358,5	80,6
55	15,76	0,1145	2370,7	−14,8
56	16,59	0,1218	2368,3	3,7

A temperatura de bulbo úmido termodinâmica real está entre 55 °C e 56 °C, já que houve uma inversão de sinais de $f(T^*)$ (o leitor mais exigente encontrará $T^* \cong 55,9$ °C).

A mesma marcha de cálculo para o estado final indicará uma T^* no valor aproximado de 44 °C, e a solução numérica fica como exercício.

2.11 PSICRÔMETRO E TEMPERATURA DE BULBO ÚMIDO

Psicrômetro é o instrumento utilizado em larga escala para medições que permitem a obtenção das propriedades do ar úmido. Ele fornece duas temperaturas: a temperatura de bulbo seco, *TBS*, e a chamada *temperatura de bulbo úmido*, *TBU*. Os elementos construtivos primários de um psicrômetro estão indicados na Figura 2.3.

Parâmetros e propriedades psicrométricos

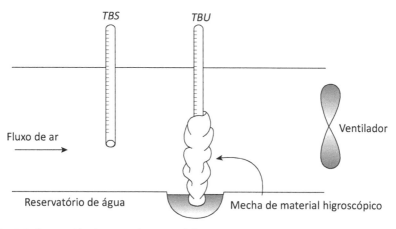

Figura 2.3 Psicrômetro ideal e seus elementos básicos.

Dois termômetros formam o psicrômetro. O termômetro cujo bulbo está envolvido por uma mecha (algodão ou outro material higroscópico similar), embebida em água destilada, constitui o *termômetro de bulbo úmido* do psicrômetro. O outro termômetro simples acusa a temperatura do fluxo de ar, que é a TBS. O ventilador funciona como elemento motriz de movimentação do ar através do instrumento e no entorno dos bulbos dos termômetros.

Quando uma corrente de ar úmido circula pelo dispositivo, um processo simultâneo de transferência de calor e massa tem curso na mecha de algodão umedecida. Parte da água da mecha começará a se evaporar, causando uma redução da temperatura do bulbo do termômetro envolto por ela. Em virtude dessa diferença de temperaturas, a da mecha e a da corrente de ar, calor será cedido do ar para a mecha sustentando o processo de evaporação. Assim, estabelece-se um equilíbrio dinâmico, por meio do qual o calor cedido pela corrente de ar para a mecha destina-se a evaporar a água contida na mecha. Após um certo intervalo de tempo, um processo em regime permanente é estabelecido, sendo que o termômetro indicará aquela temperatura de equilíbrio, a qual é conhecida por temperatura de bulbo úmido, ou *TBU*. A velocidade mínima da corrente de ar deve ser da ordem de 3 m/s a 5 m/s. Mais será dito sobre este instrumento no Capítulo 5, com uma discussão mais teórica.

2.12 *TBU* × TEMPERATURA DE BULBO ÚMIDO TERMODINÂMICA

Em termos práticos, a *temperatura de bulbo úmido termodinâmica* e a *temperatura de bulbo úmido* são próximas para a mistura ar seco e vapor de água nas condições ambientes. A primeira decorre de uma condição de equilíbrio termodinâmico por meio do processo de saturação adiabática e, portanto, é uma propriedade termodinâmica do ar. A segunda temperatura resulta de um processo de equilíbrio dinâmico de transferência simultânea de calor e massa e depende de vários fatores, como velocidade do ar que circula pelo psicrômetro, geometria do bulbo, entre outros. É justamente essa proximidade dos valores que permite a utilização do psicrômetro para medir a propriedade temperatura de bulbo úmido termodinâmica. Entretanto, erros significativos podem ocorrer se não forem tomados cuidados de uso e operação. Um estudo mais detalhado do processo evaporativo no bulbo úmido é apresentado no Capítulo 5.

2.13 CORRELAÇÕES ÚTEIS

A esta altura, o leitor já deve ter percebido que a solução dos problemas envolvendo ar úmido exige diversas consultas às tabelas de vapor. Tal sistemática de solução é útil quando os cálculos são desenvolvidos manualmente. Entretanto, soluções numéricas via computador são grandemente facilitadas se as propriedades forem apresentadas na forma de equações e correlações. Nesta seção apresenta-se uma coletânea de algumas dessas expressões de trabalho. Valores numéricos dos calores específicos do vapor de água e do ar seco já foram apresentados na Seção 2.7.

2.13.1 PRESSÃO DO VAPOR DE ÁGUA

A pressão do vapor de água é uma das propriedades mais utilizadas. As seguintes expressões são aproximações ajustadas a partir de dados experimentais. Há muitas equações disponíveis, e o leitor poderá até mesmo ajustar por si próprio os dados tabelados para a faixa de temperatura desejada. Para saturação sólido-vapor sugere-se a correlação de Goff e Gratch (1945), e para a saturação líquido-vapor apresenta-se a correlação de Keenan et al. (1969):

Saturação sólido-vapor (validade: –100 °C < T < 0,01 °C)

$$\ln(P_{vs}) = -20{,}946469(\theta-1) - 3{,}56654\ \ln\theta + 2{,}018946(1-1/\theta) - 049222, \qquad (2.10a)$$

em que:

$\theta = 273{,}16/T$;

P_{vs} = pressão de saturação do vapor (kPa); e

T = temperatura de saturação do vapor (K).

Saturação líquido-vapor (validade: 0,01 °C < T < 370 °C)

$$\ln\left(\frac{P_{vs}}{22087{,}87}\right) = \frac{0{,}01}{T+273{,}15}(374{,}136-T) \times \sum_{i=1}^{8} F_i\left(0{,}65-0{,}01\ T\right)^{i-1}, \qquad (2.10b)$$

em que:

P_{vs} = pressão de saturação do vapor (kPa);

T = temperatura de saturação do vapor (°C);

$F_1 = -741,9242$;

$F_2 = -29,72100$;

$F_3 = -11,55286$;

$F_4 = -0,8685635$;

$F_5 = 0,1094098$;

$F_6 = 0,439993$;

$F_7 = 0,2520658$; e

$F_8 = 0,05218684$.

A curva ajustada de Keenan et al. (1969) reproduz com bastante fidelidade os dados de pressão do vapor de água e tem sido usada amplamente, mas apresenta um problema de utilização do operador de exponenciação para $T = 65\ °C$.

Essas duas correlações são explícitas na pressão e são úteis quando a temperatura de saturação é conhecida. Entretanto, em muitas situações, pode-se desejar obter a função inversa, ou seja, a temperatura de saturação para uma dada pressão de vapor e, nessas situações, uma solução numérica é necessária. Contudo, um dos problemas das soluções numéricas é lançar mão de uma aproximação inicial que permita a convergência para o resultado. Sugere-se que um polinômio simples do segundo grau explícito na temperatura seja utilizado, como dado pela Eq. (2.10c). Não use essa expressão para obter diretamente a temperatura de saturação devido à sua baixa precisão – ela deve ser utilizada apenas para começar um método numérico para resolver a equação de Keenan et al. Para outras faixas de pressão, o leitor poderá construir sua própria parábola de T em função de $\ln P_v$ ou apenas P_v, conforme o caso. A validade da Eq. (2.10c) é para pressão de vapor entre 0,6 kPa e 25 kPa e a temperatura é dada em °C.

$$T = 1,05 \left(\ln P_v\right)^2 + 14,424\ \ln P_v + 6,982 \qquad (2.10c)$$

2.13.2 ENTALPIA DA ÁGUA

Uma forma de se calcular a entalpia do vapor de água foi apresentada na Seção 1.15 utilizando o calor específico. Embora apenas o calor específico do vapor tenha sido fornecido, o método é válido para as demais fases da água, bastando usar o calor específico correspondente. Entretanto, se o leitor exigir uma aproximação mais acurada, ele poderá ajustar os pontos da tabela da água referentes à entalpia específica como função da temperatura. A seguir apresentam-se regressões de dados tabelados realizadas pelo método dos mínimos quadrados. A entalpia de referência foi estabelecida como nula para a temperatura de 0 °C no caso hipotético de líquido saturado. Os erros referem-se a erros relativos em porcentagem e as unidades são kJ/kg para entalpia específica e °C para temperatura.

Fase sólida (validade: –40 °C < T < 0,01 °C). *Erro máximo:* 0,02%

$$h_s = 3{,}70 \times 10^{-3} T^2 + 2{,}103\ T - 333{,}43 \tag{2.11a}$$

Fase líquida (validade: 0,01 °C < T < 150 °C). *Erro máximo:* 0,3%

$$h_L = 9{,}635 \times 10^{-5} T^2 + 4{,}187\ T \tag{2.11b}$$

Fase vapor (saturado) (validade: –40 °C < T < 150 °C). *Erro máximo:* 0,05%

$$h_v = -8{,}0 \times 10^{-6} T^3 - 2{,}0 \times 10^{-4} T^2 + 1{,}851\ T + 2.501{,}2 \tag{2.11c}$$

2.13.3 ENTALPIA DO AR SECO

Uma forma de se calcular a entalpia do ar seco foi apresentada na Seção 1.15, utilizando o calor específico. Entretanto, da mesma forma que foi feito com a entalpia da água, pode-se ajustar os pontos tabelados da entalpia do ar para obter uma expressão que melhor traduza o comportamento da propriedade. Admitindo-se uma dependência linear do calor específico com a temperatura, o ajuste dos pontos tabelados pelo método dos mínimos quadrados fornece a seguinte expressão:

$$h_a = 1{,}598 \times 10^{-5} T^2 + 1{,}006\ T, \tag{2.12}$$

sendo que a temperatura é dada em °C e a entalpia específica é dada em kJ/kg. A entalpia específica de referência ocorre para $T = 0$ °C. O erro relativo máximo é de 0,06% na faixa de temperatura de –40 °C a 150 °C.

2.13.4 VARIAÇÃO DA PRESSÃO BAROMÉTRICA COM A ALTITUDE

A pressão barométrica ao nível do mar, chamada de pressão normal, vale 101,325 kPa. Para outras altitudes, a pressão local varia de acordo com a seguinte expressão (ASHRAE, 1996):

$$P = 101{,}325 \times \left(1 - \left(2{,}2557 \times 10^{-5} \times L\right)^{5{,}2561}\right), \tag{2.13}$$

em que L é a altitude em metros e P é a pressão local em kPa. Essa expressão vale para altitudes entre –500 m e 11.000 m.

2.14 ALGORITMOS PSICROMÉTRICOS

A teoria nos informa que a determinação do estado termodinâmico de uma mistura de dois gases, como o ar úmido, exige o conhecimento de três das suas propriedades. Essa informação é o suporte da construção do diagrama psicrométrico (como será visto no próximo capítulo) e também dos métodos de determinação das propriedades psicrométricas do ar.

Embora de construção extremamente simples, o *psicrômetro* tem sido um importante aliado nas medições do ar úmido porque fornece duas grandezas importantes do ar, quais sejam, a TBS e a TBU. Essas duas informações em conjunto com a pressão barométrica local formam o tripé clássico que permite conhecer o estado do ar úmido. Entretanto, pensando de uma forma mais ampla, qualquer outro conjunto de três propriedades psicrométricas pode ser utilizado para determinar o estado da mistura, como ocorre com a medição do ar úmido via outros instrumentos como higrômetros e transdutores de umidades absoluta e relativa. Ao todo, são oito as propriedades psicrométricas de maior interesse (TBS, TBU, T_o, P, ϕ, ω, h e v), o que permite definir 56 subconjuntos independentes de três propriedades cada um. Normalmente, a pressão de mistura é sempre conhecida e constante na maioria dos processos de interesse, o que restringe o conjunto para sete propriedades e o número de subconjuntos a 21 combinações. Dentre todas as combinações possíveis de pressão constante, selecionaram-se as cinco combinações de dados de entrada indicadas a seguir. Os roteiros de cálculo usando as definições, as correlações e as equações dadas neste capítulo são apresentados nas Tabelas 2.1 a 2.5. As propriedades conhecidas para cada caso são as seguintes:

- **Caso 1:** P, TBS e TBU (Tabela 2.1);
- **Caso 2:** P, TBS e ϕ (Tabela 2.2);
- **Caso 3:** P, TBS e ω (Tabela 2.3);
- **Caso 4:** P, TBS e h (Tabela 2.4);
- **Caso 5:** P, ω e h (Tabela 2.5).

Os três primeiros dados de entrada decorrem da leitura de instrumentos como psicrômetro (caso 1), transdutor ou sensor de umidade relativa (caso 2) e higrômetro ou transdutor de umidade absoluta (caso 3). Além disso, os casos 1 e 2 são também úteis para as situações de cálculo de sistemas de refrigeração, ar-condicionado e ventilação (RAVC) em que os dados de projeto são dados por TBS e TBU, ou TBS e ϕ. O caso 4 também é importante em processos de sistemas de RACV – envolvendo cálculos de carga térmica, por exemplo. O último caso é muito útil para determinar o estado final de uma mistura de duas correntes de ar úmido. Nas tabelas seguintes, o asterisco (*) indica a propriedade à temperatura de bulbo úmido termodinâmica, aproximada pela TBU.

As propriedades indicadas na coluna "Propriedade desejada" são calculadas mediante o emprego das equações e das correlações indicadas na coluna "Equação a ser usada". As propriedades da coluna "Intermediária" são apenas grandezas auxiliares para o cálculo das propriedades psicrométricas que de fato interessam, as quais constam na coluna "Final". Os casos que exigem solução numérica estão indicados, e uma breve explicação de como resolvê-los encontra-se nas notas após as tabelas.

A temperatura de bulbo úmido termodinâmica deve ser obtida pela solução numérica da equação do saturador adiabático (Eq. 2.9), como já descrito e ilustrado no Exemplo 2.3. Essa forma implícita de definir essa propriedade requer um processo de cálculo iterativo. Um método numérico é apresentado no diagrama de blocos da Figura 2.4 e pode ser implementado como parte de uma rotina computacional. A rotina pressupõe que as propriedades P, TBS, h e ω já tenham sido previamente obtidas.

Tabela 2.1 Algoritmo para obtenção das propriedades do ar a partir de P, TBS e TBU

Propriedade desejada		Equação a ser utilizada	Comentário
Final	Intermediária		
–	$P_{vs}^*(TBU)$	(2.10a) ou (2.10b)	
–	$\omega^*(P_{vs}^*, P)$	(2.1)	
–	$h_a(TBS)$	(2.11d)	
–	$h_L^*(TBU)$ ou $h_s^*(TBU)$	(2.11a) ou (2.11b)	
–	$h_v^*(TBU)$	(2.11c)	
–	$h_v(TBS)$	(2.11c)	
$\omega(h_L^*$ ou $h_s^*, h_v^*, \omega^*, h_a, h_v)$	–	(2.9)	Solução do saturador adiabático para obter a umidade absoluta
–	$P_v(P, \omega)$	(2.1)	
–	$P_{vs}(TBS)$	(2.10a) ou (2.10b)	
$\phi(P_v, P_{vs})$	–	(2.2)	Umidade relativa
$T_o(P_v)^1$	–	(2.10c) e (2.10a) ou (2.10b)	Temperatura de orvalho
$h(h_a, h_v, \omega)$	–	(2.6)	Entalpia específica
$v(TBS, P, P_v)$	–	(2.3b)	Volume específico

[1] A obtenção da temperatura de orvalho requer solução numérica. Primeiramente, estime seu valor por intermédio da expressão explícita da temperatura dada pela Eq. (2.10c) (ou outra similar) e depois refine a solução resolvendo numericamente a Eq. (2.10a) ou (2.10b), conforme o caso.

Tabela 2.2 Algoritmo para obtenção das propriedades do ar a partir de P, TBS e ϕ

Propriedade desejada		Equação a ser utilizada	Comentário
Final	**Intermediária**		
–	$P_{vs}(TBS)$	(2.10a) ou (2.10b)	
–	$P_v(P_{vs}, \phi)$	(2.2)	
$\omega(P_v, P)$	–	(2.1)	Umidade absoluta
$v(TBS, P, P_v)$	–	(2.3b)	Volume específico
$T_o(P_v)^1$	–	(2.10c) e (2.10a) ou (2.10b)	Temperatura de orvalho
–	$h_a(TBS)$	(2.11d)	
–	$h_v(TBS)$	(2.11c)	
$h(h_a, h_v, \omega)$	–	(2.6)	Entalpia específica
$T^*(\omega, \omega^*, h_v, h_v^*, h_a, h_L^*$ ou $h_s^*)^2$	–	(2.1), (2.9), (2.11c), (2.11a) ou (2.11b) e (2.11d)	Solução do saturador adiabático para obter a temperatura de bulbo úmido termodinâmica

[1] A obtenção da temperatura de orvalho requer solução numérica. Primeiramente, estime seu valor por intermédio da expressão explícita da temperatura dada pela Eq. (2.10c) (ou outra similar) e depois refine a solução resolvendo numericamente a Eq. (2.10a) ou (2.10b), conforme o caso.

[2] A obtenção da temperatura de bulbo úmido termodinâmica requer solução numérica, e um diagrama de blocos para resolvê-la é apresentado na Figura 2.4.

Tabela 2.3 Algoritmo para obtenção das propriedades do ar a partir de P, TBS e ω

Propriedade desejada		Equação a ser utilizada	Comentário
Final	Intermediária		
–	$P_{vs}(TBS)$	(2.10a) ou (2.10b)	
–	$P_v(P, \omega)$	(2.1)	
$\phi(P_v, P_{vs})$	–	(2.2)	Umidade relativa
$v(TBS, P, P_v)$	–	(2.3b)	Volume específico
$T_o(P_v)^1$	–	(2.10c) e (2.10a) ou (2.10b)	Temperatura de orvalho
–	$h_a(TBS)$	(2.11d)	
–	$h_v(TBS)$	(2.11c)	
$h(h_a, h_v, \omega)$	–	(2.6)	Entalpia específica
$T^*(\omega, \omega^*, h_v, h_v^*, h_a, h_L^*$ ou $h_s^*)^2$	–	(2.1), (2.9), (2.11c), (2.11a) ou (2.11b) e (2.11d)	Solução do saturador adiabático para obter a temperatura de bulbo úmido termodinâmica

[1] A obtenção da temperatura de orvalho requer solução numérica. Primeiramente, estime seu valor por intermédio da expressão explícita da temperatura dada pela Eq. (2.10c) (ou outra similar) e depois refine a solução resolvendo numericamente a Eq. (2.10a) ou (2.10b), conforme o caso.

[2] A obtenção da temperatura de bulbo úmido termodinâmica requer solução numérica, e um diagrama de blocos para resolvê-la é apresentado na Figura 2.4.

Parâmetros e propriedades psicrométricos

Tabela 2.4 Algoritmo para obtenção das propriedades do ar a partir de *P*, *TBS* e *h*

Propriedade desejada		Equação a ser utilizada	Comentário
Final	Intermediária		
–	$h_a(TBS)$	(2.12)	
–	$h_v(TBS)$	(2.11c)	
$\omega(h_a, h_v, h)$	–	(2.6b)	Umidade absoluta
–	$P_v(P, \omega)$	(2.1)	
–	$P_{vs}(TBS)$	(2.10a) ou (2.10b)	
$\phi(P_v, P_{vs})$	–	(2.2)	Umidade relativa
$v(TBS, P, P_v)$	–	(2.3b)	Volume específico
$T_o(P_v)^1$	–	(2.10c) e (2.10a) ou (2.10b)	Temperatura de orvalho
$T^*(\omega, \omega^*, h_v, h_v^*, h_a, h_L^*$ ou $h_s^*)^2$	–	(2.1), (2.9), (2.11c), (2.11a) ou (2.11b) e (2.12)	Solução do saturador adiabático para obter a temperatura de bulbo úmido termodinâmica

[1] A obtenção da temperatura de orvalho requer solução numérica. Primeiramente, estime seu valor por intermédio da expressão explícita da temperatura dada pela Eq. (2.10c) (ou outra similar) e depois refine a solução resolvendo numericamente a Eq. (2.10a) ou (2.10b), conforme o caso.

[2] A obtenção da temperatura de bulbo úmido termodinâmica requer solução numérica, e um diagrama de blocos para resolvê-la é apresentado na Figura 2.4.

Tabela 2.5 Algoritmo para obtenção das propriedades do ar a partir de P, ω e h

Propriedade desejada		Equação a ser utilizada	Comentário
Final	Intermediária		
$TBS(\omega, h, h_a, h_v)^1$	–	(2.1), (2.6b), (2.11c) e (2.12)	Temperatura de bulbo seco
–	$P_v(P_{vs}, \omega)$	(2.1)	
–	$P_{vs}(TBS)$	(2.10a) ou (2.10b)	
$\phi(P_v, P_{vs})$	–	(2.2)	Umidade relativa
$v(TBS, P, P_v)$	–	(2.3b)	Volume específico
$T_o(P_v)^2$	–	(2.10c) e (2.10a) ou (2.10b)	Temperatura de orvalho
$T^*(\omega, \omega^*, h_v, h_v^*, h_a, h_L^*$ ou $h_s^*)^3$	–	(2.1), (2.9), (2.11c), (2.11a) ou (2.11b) e (2.12)	Solução do saturador adiabático para obter a temperatura de bulbo úmido termodinâmica

[1] A obtenção da temperatura de orvalho requer solução numérica. Primeiramente, estime seu valor por intermédio da expressão explícita da temperatura dada pela Eq. (2.10c) (ou outra similar) e depois refine a solução resolvendo numericamente a Eq. (2.10a) ou (2.10b), conforme o caso.

[2] A obtenção da temperatura de bulbo úmido termodinâmica requer solução numérica, e um diagrama de blocos para resolvê-la é apresentado na Figura 2.4.

[3] É preciso resolver a expressão da entalpia numericamente para obter a *TBS* da mistura. Perceba que as expressões para entalpia do ar seco e do vapor de água devem ser resolvidas simultaneamente.

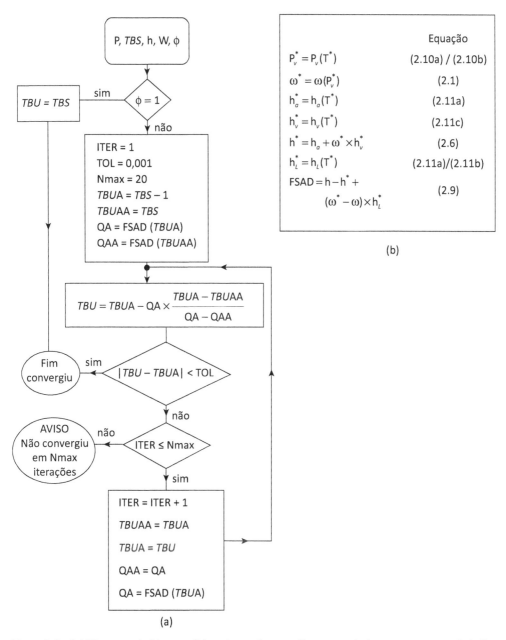

Figura 2.4 (a) Diagrama de blocos e (b) conjunto de equações para calcular a temperatura de bulbo úmido termodinâmica.

Os desvios relativos de algumas propriedades do ar úmido saturado em relação a valores mais precisos estão apresentados nas curvas do gráfico da Figura 2.5. Como se depreende da figura, os desvios estão em torno de 1% para ampla faixa de temperatura de trabalho, o que justifica a abordagem clássica ideal usada. A mudança da tendência do desvio da entalpia específica está associada com o comportamento das curvas ajustadas de entalpia específica (Eq. 2.11). Note que, à medida que a temperatura de saturação correspondente à pressão de mistura é aproximada, os desvios tornam-se mais significativos. Espera-se que desvios maiores ocorram para altas pressões de trabalho (ar comprimido) e muito baixas temperaturas (criogenia). Para esses casos, o leitor deve consultar a Seção 2.16.

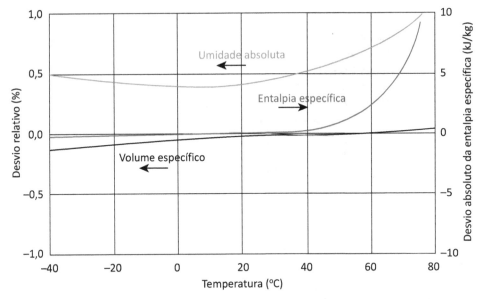

Figura 2.5 Desvios de algumas propriedades do ar úmido saturado calculadas pela aproximação de mistura de gases perfeitos em relação a valores mais precisos para pressão normal.

2.15 PROGRAMAS DE PSICROMETRIA

Dadas as equações e as correlações das seções anteriores, a construção de rotinas de solução de propriedades psicrométricas é imediata. Simões-Moreira (1999b) construiu uma série de sub-rotinas na linguagem FORTRAN. As sub-rotinas aceitam as cinco combinações de dados de entrada discutidas na seção anterior. A faixa de operação abrange temperaturas entre –40 °C e 80 °C para pressão normal, sendo que o limite superior de temperatura pode ser estendido para pressões de mistura mais elevadas. Caso o leitor tenha interesse, sugere-se consultar a primeira edição deste livro.

Alternativamente às rotinas aqui apresentadas, podem-se utilizar aplicativos que estão disponíveis na internet, os quais permitem que se avalie a maioria das propriedades psicrométricas. Os autores sugerem uma consulta às seguintes páginas da internet para obter programas de psicrometria de livre acesso (não há qualquer interesse dos autores nos aspectos comerciais desses *softwares*, bem como não os recomendamos para uso em projetos de responsabilidade técnica):

- http://www.agais.com/toolbox/psicrometria3.php: nesse aplicativo calculam-se todas as propriedades psicrométricas, mas deve-se fornecer a altitude do local, não havendo a possibilidade de fazer esses cálculos com a pressão atmosférica local;

- http://www.sugartech.co.za/psychro/: esse aplicativo fornece todas as propriedades psicrométricas, mas é necessário fornecer a altitude do local. Contudo, ele fornece como variável de saída a pressão local.

Este livro apresenta um aplicativo denominado PSICRO, que foi desenvolvido em planilha eletrônica com base nas equações desenvolvidas por Bell et al. (2014), e sua instalação e seu uso são apresentados no Apêndice E.

Exemplo 2.4 Cálculo de propriedades usando aplicativo – propriedades psicrométricas do ar úmido

Numa torre de resfriamento circula uma vazão volumétrica de 13 m³/s de ar úmido a $TBS = 35$ °C, $TBU = 24$ °C e $P = 92,6$ kPa (São Paulo), deixando o equipamento na condição de saturação a 30 °C. A temperatura da água de reposição é de 25 °C. Pede-se:

a) Qual o fluxo necessário de água de reposição para repor as perdas de evaporação? A potência do ventilador vale 3 kW.

b) Qual a temperatura da água de saída da torre (retorno)? Sua vazão mássica é 20 kg/s e é aspergida a 40 °C.

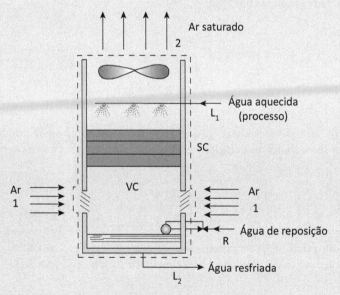

Figura E2.4a Ilustração da torre de resfriamento e do volume de controle.

Solução

Este é um problema que usa as leis da conservação de energia e de massa e faz uso das propriedades psicrométricas. Da Eq. (1.24) com as hipóteses de torre adiabática, sendo desprezíveis variações de energia cinética e potencial para o volume de controle ilustrado, tem-se:

$$\sum_{i=1}^{4} \dot{m}_{ei}h_{ei} = \sum_{i=1}^{2} \dot{m}_{si}h_{si} + \dot{W},$$

ou, usando a nomenclatura da figura,

fluxos de entrada: $\dot{m}_{a1}h_{a1} + \dot{m}_{v1}h_{v1} + \dot{m}_{L1}h_{L1} + \dot{m}_{R}h_{LR}$;

fluxos de saída: $\dot{m}_{a2}h_{a2} + \dot{m}_{v2}h_{v2} + \dot{m}_{L2}h_{L2}$;

potência do ventilador: $(-\dot{W})$.

Da lei de conservação de massa, tem-se ainda:

para o ar seco: $\dot{m}_{a1} = \dot{m}_{a2} = \dot{m}_{a}$;

para o vapor de água: $\dot{m}_{L1} \cong \dot{m}_{L2} = \dot{m}_{L}$, e $\dot{m}_{R} \cong \dot{m}_{v2} - \dot{m}_{v1}$.

Introduzindo esses resultados na equação da energia, tem-se:

$$\dot{m}_{a}h_{a1} + \dot{m}_{v1}h_{v1} + \dot{m}_{L}\left(h_{L1} - h_{L2}\right) + \left(\dot{m}_{v2} - \dot{m}_{v1}\right)h_{LR} = \dot{m}_{a}h_{a2} + \dot{m}_{v2}h_{v2} - \dot{W}$$

Em seguida, divide-se a expressão pelo fluxo mássico de ar seco e faz-se uso da definição de umidade absoluta (Eq. 2.1a):

$$h_1 = h_{a1} + \omega_1 h_{v1}$$

$$h_2 = h_{a2} + \omega_2 h_{v2}$$

$$\underbrace{h_{a1} + \omega_1 h_{v1}}_{} + \frac{\dot{m}_L}{\dot{m}_a}\left(h_{L1} - h_{L2}\right) + \left(\omega_2 - \omega_1\right)h_{LR} = \underbrace{h_{a2} + \omega_2 h_{v2}}_{} - \frac{\dot{W}}{\dot{m}_a}$$

Note que os valores entre chaves são as entalpias específicas do ar úmido relativo à massa de ar seco, conforme definido pela Eq. (2.6b). Assim, chega-se na expressão final desejada:

$$h_1 + \frac{\dot{m}_L}{\dot{m}_a}\left(h_{L1} - h_{L2}\right) + \left(\omega_2 - \omega_1\right)h_{LR} = h_2 - \frac{\dot{W}}{\dot{m}_a}$$

A partir deste ponto, as propriedades do ar úmido e da água nas condições de entrada e saída precisam ser calculadas. Isso é feito com o uso do aplicativo PSICRO (Apêndice E).

- Estado 1 – Ar úmido na entrada: $TBS = 35$ °C e $TBU = 24$ °C

Inserindo os dados deste exemplo no aplicativo PSICRO, temos o resultado mostrado na Figura E2.4b.

Pressão atmosférica [kPa]	92,6
Temperatura de bulbo seco [°C]	35,0
Temperatura de bulbo úmido [°C]	24,00
Umidade relativa [%]	41,4
Umidade absoluta [kg água/kg ar seco]	0,01614
Temperatura de ponto de orvalho [°C]	19,95
Volume específico do ar úmido [m³/kg ar úmido]	0,96
Volume específico do ar seco [m³/kg ar seco]	0,98
Densidade do ar úmido [kg ar úmido/m³]	1,04
Densidade do ar seco [kg ar seco/m³]	1,02
Entalpia do ar úmido [kJ/kg ar úmido]	75,41
Entalpia do ar seco [kJ/kg seco]	76,62

Figura E2.4b Tela do PSICRO com os dados do ar úmido na entrada.

$h_1 = 75{,}41$ kJ/kg ar seco; $v_1 = 0{,}96$ m³/kg ar seco e $\omega_1 = 0{,}01614$ kg vapor/kg ar seco

- Estado 2 – Ar úmido na saída: $TBS = 30$ °C e $\phi = 100\%$

Na Figura E2.4c é apresentada a tela do PSICRO com os dados do ar úmido na saída.

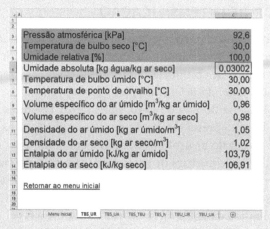

Pressão atmosférica [kPa]	92,6
Temperatura de bulbo seco [°C]	30,0
Umidade relativa [%]	100,0
Umidade absoluta [kg água/kg ar seco]	0,03002
Temperatura de bulbo úmido [°C]	30,00
Temperatura de ponto de orvalho [°C]	30,00
Volume específico do ar úmido [m³/kg ar úmido]	0,96
Volume específico do ar seco [m³/kg ar seco]	0,98
Densidade do ar úmido [kg ar úmido/m³]	1,05
Densidade do ar seco [kg ar seco/m³]	1,02
Entalpia do ar úmido [kJ/kg ar úmido]	103,79
Entalpia do ar seco [kJ/kg seco]	106,91

Figura E2.4c Tela do PSICRO com os dados do ar úmido na saída.

$h_2 = 103{,}79$ kJ/kg ar seco e $\omega_2 = 0{,}03002$ kg vapor/kg ar seco

Vazão mássica de ar seco:

$$\dot{m}_a = \frac{\dot{Q}_1}{v_1} = \frac{13}{0,96} = 13,54 \text{ kg ar seco/s.}$$

- Entalpia específica da água de reposição e borrifamento (use a Tabela B.1 ou a Eq. 2.11b)

$T_{L1} = 40\ °C \Rightarrow h_{L1} = 167,6\ kJ/kg$ e $T_R = 25\ °C \Rightarrow h_{LR} = 104,9\ kJ/kg$

A vazão de reposição é:

$$\dot{m}_R = \dot{m}_a(\omega_2 - \omega_1) = 13,54 \times (0,03002 - 0,01614) = 0,188 \text{ kg/s.}$$

Com esses valores, pode-se finalmente calcular a entalpia da água de saída, h_{L2}, ou

$$75,41 + \frac{20}{13,54}(167,6 - h_{L2}) + 104,9(0,03002 - 0,01614) =$$

$$= 106,6 - \frac{3}{13,54} \Rightarrow h_{L2} = 147,60 \text{ kJ/kg ar seco}$$

Com esse valor, interpola-se a Tabela B.1 (Apêndice B) ou usa-se a Eq. (2.11b) para obter $T_{L2} = 35,2\ °C$.

2.16 AR ÚMIDO – UMA ABORDAGEM MAIS REALISTA USANDO O FATOR DE INTENSIFICAÇÃO

Na literatura americana e, particularmente, nas publicações da Sociedade Americana de Engenheiros de Aquecimento, Refrigeração e Ar-Condicionado (Ashrae, na sigla em inglês), os efeitos de comportamento não ideal do ar úmido são obtidos mediante o emprego do *fator de intensificação, f* (*enhancement factor*), originalmente proposto por Goff et al. na década de 1940. Mais tarde, Hyland e Wexler (1983) conduziram novas medidas e apresentaram expressões e valores mais atualizados para as propriedades do ar seco e do ar úmido saturado, bem como para o fator de intensificação. Nessa formulação de mistura de *gases reais*, a pressão parcial do vapor de água, P_{vs}, é multiplicada por aquele fator *f*. Nesse fator estão incluídos todos os efeitos não ideais da mistura saturada ar seco e vapor de água, quais sejam: gases atmosféricos dissolvidos na fase líquida da água, efeito da pressão sobre a fase líquida e forças intermoleculares na mistura (o que limita a aplicação da equação dos gases perfeitos e do enunciado de Dalton). Assim, a fração de vapor de água saturada é dada por

$$x_{vS} = \frac{fP_{vs}}{P}. \qquad (2.14)$$

Parâmetros e propriedades psicrométricos 75

De forma semelhante, a umidade absoluta do ar úmido saturado é corrigida pelo fator de intensificação, resultando na seguinte expressão:

$$\omega_s = 0{,}62198 \frac{fP_{vs}}{P - fP_{vs}}, \qquad (2.15)$$

em que o índice "s" indica que se trata de uma propriedade saturada.

Finalmente, a expressão que combina o grau de saturação e a umidade relativa (Eq. 2.3) pode ser reescrita como

$$\mu = \phi \frac{P - fP_{vs}}{P - \phi fP_{vs}} \qquad (2.16)$$

ou, como alternativa, uma expressão explícita da umidade relativa seria:

$$\phi = \frac{\mu}{1 - (1 - \mu) fP_{vs}/P} \qquad (2.17)$$

O fator de intensificação é uma função apenas da pressão e da temperatura da mistura. Com base no trabalho de Hyland e Wexler (1983), foram obtidos os valores de f que constam nas Tabelas 2.6 e 2.7. Na Tabela 2.6, os valores do fator de intensificação são fornecidos para uma faixa estreita de temperatura e pressão, mais associada com a faixa usual de trabalho. Já a Tabela 2.7 apresenta os valores de f para toda a faixa de validade do trabalho daqueles autores (–100 °C a 200 °C e P até 5 MPa). A Figura 2.6 mostra o comportamento do fator de intensificação para dados selecionados de pressão e temperatura.

Exemplo 2.5 Cálculo exato da umidade absoluta

Refaça o Exemplo 2.1 usando a abordagem realista com o emprego das expressões apresentadas nesta seção.

Solução

Da Tabela 2.6 para $T = 40$ °C e $P = 101{,}325$ kPa, tem-se $f = 1{,}0048$. Com esse valor e os demais dados do problema, pode-se calcular o grau de saturação pela Eq. (2.16), ou

$$\mu = 0{,}60 \frac{101{,}325 - 1{,}0048 \times 7{,}384}{101{,}325 - 060 \times 1{,}0048 \times 7{,}384} = 0{,}5816 = 58{,}16\%.$$

Da Eq. (2.15), pode-se calcular a umidade absoluta do ar úmido saturado, ou seja,

$$\omega_s = 0{,}62198 \frac{1{,}0048 \times 7{,}384}{101{,}325 - 1{,}0048 \times 7{,}384} = 0{,}0491.$$

Finalmente, a umidade da mistura pode ser calculada empregando a Eq. (2.3a), ou

$$\omega = 0,5816 \times 0,0491 = 0,0286 \left[\frac{\text{kg de vapor}}{\text{kg de ar seco}} \right].$$

Comparando-se com os valores do Exemplo 2.1, temos:

ω = 0,0284 kg de vapor/kg de ar seco (diferença de 0,7% em relação ao valor do cálculo exato);

μ = 58,17% (diferença de 0,02% em relação ao valor do cálculo exato).

Verifica-se que o desvio de comportamento é muito pequeno nessa faixa de trabalho.

Tabela 2.6 Fator de intensificação para estreita faixa de temperatura e pressão

T (°C)	\multicolumn{9}{c}{Pressão (KPa)}	T (°C)
T (°C)	60	70	80	85	90	92,6	95	101,325	110	T (°C)
−40	1,0031	1,0036	1,0041	1,0044	1,0046	1,0047	1,0049	1,0052	1,0056	−40
−38	1,0030	1,0035	1,0040	1,0043	1,0045	1,0047	1,0048	1,0051	1,0055	−38
−36	1,0030	1,0035	1,0040	1,0042	1,0044	1,0046	1,0047	1,0050	1,0054	−36
−34	1,0029	1,0034	1,0039	1,0041	1,0044	1,0045	1,0046	1,0049	1,0053	−34
−32	1,0029	1,0033	1,0038	1,0040	1,0043	1,0044	1,0045	1,0048	1,0052	−32
−30	1,0028	1,0033	1,0038	1,0040	1,0042	1,0043	1,0044	1,0047	1,0051	−30
−28	1,0028	1,0032	1,0037	1,0039	1,0041	1,0043	1,0044	1,0047	1,0050	−28
−26	1,0027	1,0032	1,0036	1,0039	1,0041	1,0042	1,0043	1,0046	1,0050	−26
−24	1,0027	1,0031	1,0036	1,0038	1,0040	1,0041	1,0042	1,0045	1,0049	−24
−22	1,0027	1,0031	1,0035	1,0037	1,0040	1,0041	1,0042	1,0044	1,0048	−22
−20	1,0026	1,0031	1,0035	1,0037	1,0039	1,0040	1,0041	1,0044	1,0047	−20
−18	1,0026	1,0030	1,0034	1,0037	1,0039	1,0040	1,0041	1,0043	1,0047	−18
−16	1,0026	1,0030	1,0034	1,0036	1,0038	1,0039	1,0040	1,0043	1,0046	−16
−14	1,0026	1,0030	1,0034	1,0036	1,0038	1,0039	1,0040	1,0042	1,0046	−14
−12	1,0026	1,0030	1,0033	1,0035	1,0037	1,0038	1,0039	1,0042	1,0045	−12
−10	1,0026	1,0029	1,0033	1,0035	1,0037	1,0038	1,0039	1,0041	1,0045	−10
−8	1,0026	1,0029	1,0033	1,0035	1,0037	1,0038	1,0039	1,0041	1,0044	−8
−6	1,0026	1,0029	1,0033	1,0035	1,0037	1,0038	1,0038	1,0041	1,0044	−6
−4	1,0026	1,0029	1,0033	1,0035	1,0036	1,0037	1,0038	1,0041	1,0044	−4
−2	1,0026	1,0029	1,0033	1,0035	1,0036	1,0037	1,0038	1,0040	1,0044	−2
0	1,0025	1,0029	1,0032	1,0034	1,0036	1,0036	1,0037	1,0039	1,0042	0
2	1,0025	1,0029	1,0032	1,0034	1,0035	1,0036	1,0037	1,0039	1,0042	2

(continua)

Tabela 2.6 Fator de intensificação para estreita faixa de temperatura e pressão *(continuação)*

T (°C)	\multicolumn{9}{c}{Pressão (KPa)}	T (°C)
	60	70	80	85	90	92,6	95	101,325	110	
4	1,0026	1,0029	1,0032	1,0034	1,0035	1,0036	1,0037	1,0039	1,0042	4
6	1,0026	1,0029	1,0032	1,0034	1,0036	1,0036	1,0037	1,0039	1,0042	6
8	1,0026	1,0029	1,0032	1,0034	1,0036	1,0036	1,0037	1,0039	1,0042	8
10	1,0026	1,0029	1,0033	1,0034	1,0036	1,0037	1,0037	1,0039	1,0042	10
12	1,0027	1,0030	1,0033	1,0034	1,0036	1,0037	1,0038	1,0040	1,0042	12
14	1,0027	1,0030	1,0033	1,0035	1,0036	1,0037	1,0038	1,0040	1,0042	14
16	1,0027	1,0031	1,0034	1,0035	1,0037	1,0037	1,0038	1,0040	1,0043	16
18	1,0028	1,0031	1,0034	1,0035	1,0037	1,0038	1,0038	1,0040	1,0043	18
20	1,0029	1,0031	1,0034	1,0036	1,0037	1,0038	1,0039	1,0041	1,0043	20
22	1,0029	1,0032	1,0035	1,0036	1,0038	1,0039	1,0039	1,0041	1,0044	22
24	1,0030	1,0033	1,0036	1,0037	1,0038	1,0039	1,0040	1,0042	1,0044	24
26	1,0030	1,0033	1,0036	1,0038	1,0039	1,0040	1,0040	1,0042	1,0045	26
28	1,0031	1,0034	1,0037	1,0038	1,0040	1,0040	1,0041	1,0043	1,0045	28
30	1,0032	1,0035	1,0038	1,0039	1,0040	1,0041	1,0042	1,0044	1,0046	30
32	1,0033	1,0036	1,0038	1,0040	1,0041	1,0042	1,0043	1,0044	1,0047	32
34	1,0034	1,0036	1,0039	1,0041	1,0042	1,0043	1,0043	1,0045	1,0048	34
36	1,0034	1,0037	1,0040	1,0042	1,0043	1,0044	1,0044	1,0046	1,0048	36
38	1,0035	1,0038	1,0041	1,0042	1,0044	1,0045	1,0045	1,0047	1,0049	38
40	1,0036	1,0039	1,0042	1,0043	1,0045	1,0046	1,0046	1,0048	1,0050	40
42	1,0037	1,0040	1,0043	1,0044	1,0046	1,0046	1,0047	1,0049	1,0051	42
44	1,0038	1,0041	1,0044	1,0045	1,0047	1,0048	1,0048	1,0050	1,0052	44
46	1,0039	1,0042	1,0045	1,0046	1,0048	1,0049	1,0049	1,0051	1,0053	46
48	1,0040	1,0043	1,0046	1,0047	1,0049	1,0050	1,0050	1,0052	1,0054	48
50	1,0040	1,0044	1,0047	1,0048	1,0050	1,0051	1,0051	1,0053	1,0056	50
52	1,0041	1,0045	1,0048	1,0049	1,0051	1,0052	1,0052	1,0054	1,0057	52
54	1,0042	1,0045	1,0049	1,0050	1,0052	1,0053	1,0053	1,0055	1,0058	54
56	1,0042	1,0046	1,0050	1,0051	1,0053	1,0054	1,0054	1,0056	1,0059	56
58	1,0042	1,0046	1,0050	1,0052	1,0054	1,0055	1,0055	1,0057	1,0060	58
60	1,0042	1,0047	1,0051	1,0053	1,0055	1,0055	1,0056	1,0058	1,0061	60
62	1,0042	1,0047	1,0051	1,0053	1,0055	1,0056	1,0057	1,0059	1,0062	62
64	1,0042	1,0047	1,0052	1,0054	1,0056	1,0057	1,0058	1,0060	1,0063	64
66	1,0041	1,0047	1,0052	1,0054	1,0056	1,0057	1,0058	1,0060	1,0064	66
68	1,0040	1,0046	1,0052	1,0054	1,0056	1,0057	1,0058	1,0061	1,0064	68
70	1,0038	1,0045	1,0051	1,0054	1,0056	1,0057	1,0058	1,0061	1,0065	70
72	1,0036	1,0044	1,0050	1,0053	1,0056	1,0057	1,0058	1,0061	1,0065	72
74	1,0033	1,0042	1,0049	1,0052	1,0055	1,0056	1,0058	1,0061	1,0065	74
76	1,0030	1,0040	1,0047	1,0051	1,0054	1,0055	1,0057	1,0060	1,0064	76
78	1,0026	1,0037	1,0045	1,0049	1,0052	1,0054	1,0055	1,0059	1,0064	78
80	1,0021	1,0033	1,0042	1,0046	1,0050	1,0052	1,0053	1,0057	1,0062	80

Tabela 2.7 Fator de intensificação para faixa estendida de temperatura e pressão

T (°C)	0,01	0,05	0,1	0,3	0,5	0,75	1	3	5	T (°C)
−100	1,0010	1,0052	1,0105	1,0320	1,0543	1,0832	1,1133	1,4059	1,8203	−100
−90	1,0009	1,0046	1,0091	1,0278	1,0470	1,0717	1,0973	1,3389	1,6630	−90
−80	1,0008	1,0040	1,0080	1,0243	1,0410	1,0625	1,0846	1,2880	1,5492	−80
−70	1,0007	1,0035	1,0071	1,0215	1,0361	1,0549	1,0742	1,2482	1,4639	−70
−60	1,0006	1,0032	1,0063	1,0191	1,0321	1,0487	1,0656	1,2164	1,3980	−60
−50	1,0006	1,0028	1,0057	1,0171	1,0287	1,0434	1,0585	1,1905	1,3459	−50
−40	1,0005	1,0026	1,0051	1,0154	1,0258	1,0390	1,0525	1,1692	1,3038	−40
−30	1,0005	1,0024	1,0047	1,0140	1,0234	1,0353	1,0474	1,1514	1,2694	−30
−20	1,0006	1,0022	1,0043	1,0128	1,0213	1,0321	1,0431	1,1364	1,2409	−20
−10	1,0006	1,0022	1,0041	1,0118	1,0196	1,0294	1,0394	1,1237	1,2170	−10
0	1,0008	1,0022	1,0039	1,0108	1,0177	1,0265	1,0353	1,1098	1,1912	0
10	1,0010	1,0023	1,0039	1,0102	1,0166	1,0247	1,0328	1,1009	1,1745	10
20	1,0012	1,0026	1,0040	1,0099	1,0158	1,0233	1,0308	1,0932	1,1604	20
30	1,0012	1,0029	1,0043	1,0098	1,0153	1,0222	1,0291	1,0868	1,1484	30
40	1,0008	1,0033	1,0048	1,0099	1,0151	1,0215	1,0280	1,0815	1,1383	40
50	−	1,0036	1,0053	1,0103	1,0152	1,0212	1,0272	1,0772	1,1299	50
60	−	1,0037	1,0058	1,0109	1,0155	1,0212	1,0269	1,0738	1,1230	60
70	−	1,0029	1,0060	1,0117	1,0162	1,0216	1,0271	1,0712	1,1175	70
80	−	1,0005	1,0057	1,0125	1,0170	1,0224	1,0276	1,0695	1,1132	80
90	−	−	1,0039	1,0131	1,0180	1,0233	1,0284	1,0686	1,1102	90
100	−	−	−	1,0131	1,0188	1,0244	1,0295	1,0684	1,1082	100
110	−	−	−	1,0121	1,0191	1,0253	1,0307	1,0689	1,1073	110
120	−	−	−	1,0092	1,0185	1,0258	1,0316	1,0699	1,1072	120
130	−	−	−	1,0031	1,0162	1,0253	1,0320	1,0713	1,1080	130
140	−	−	−	−	1,0112	1,0232	1,0313	1,0730	1,1095	140
150	−	−	−	−	1,0022	1,0185	1,0288	1,0746	1,1114	150
160	−	−	−	−	−	1,0100	1,0235	1,0757	1,1136	160
170	−	−	−	−	−	−	1,0142	1,0759	1,1157	170
180	−	−	−	−	−	−	−	1,0744	1,1172	180
190	−	−	−	−	−	−	−	1,0705	1,1175	190
200	−	−	−	−	−	−	−	1,0631	1,1158	200

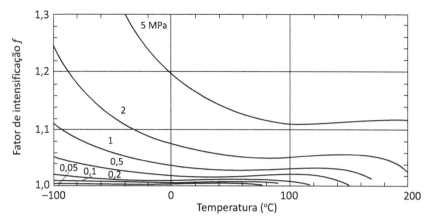

Figura 2.6 Comportamento do fator de intensificação para ampla faixa de temperatura e pressão.

Exemplo 2.6 Parâmetros psicrométricos para alta pressão – umidade relativa

Num dado compressor, ar é comprimido até 500 kPa. Na entrada da máquina, o ar encontra-se a pressão normal, temperatura de 20 °C e umidade relativa de 60%. Considerando que após o processo de compressão o ar comprimido circula por uma serpentina de resfriamento e atinge a temperatura final de 40 °C, pede-se calcular a umidade relativa final do ar.

Solução

Primeiro obtém-se a umidade absoluta inicial por um dos métodos ilustrados anteriormente. O valor obtido será $\omega_1 = 0{,}0087$ kg vapor/kg ar seco. Se não houver condensação do vapor de água, a umidade absoluta final deverá ser a mesma que a inicial. Para confirmar se esse é o caso, deve-se verificar se a umidade inicial é menor que a umidade absoluta do ar saturado para a condição final. Assim, primeiro deve-se calcular a umidade do ar saturado final. Para isso, obtém-se o fator de intensificação da Tabela 2.7 para a pressão (500 kPa) e a temperatura (40 °C) finais, ou $f = 1{,}0151$, e a pressão do vapor saturado para aquela temperatura (Tabela B.1, Apêndice B), ou seja, $P_{vs} = 7{,}384$ kPa. Logo,

$$\omega_s = 0{,}62198 \frac{1{,}0151 \times 7{,}384}{500 - 1{,}0151 \times 7{,}384} = 0{,}0095.$$

Como, de fato, $\omega_1 < \omega_s$, então não haverá condensação e, portanto, a umidade absoluta final será a mesma que a inicial. Na sequência, o grau de saturação pode ser calculado, ou seja:

$$\mu_2 = \frac{0{,}0087}{0{,}0095} = 0{,}9158 = 91{,}58\%,$$

e, finalmente, pode-se calcular a umidade relativa final pelo emprego da Eq. (2.17):

$$\phi_2 = \frac{0{,}9158}{1 - (1 - 0{,}9158) \times 1{,}0151 \times 7{,}384/500} = 0{,}9170 = 91{,}70\%$$

Exemplo 2.7 Parâmetros psicrométricos para alta pressão – temperatura de orvalho

Para os dados do problema do Exemplo 2.6, qual deve ser a temperatura de orvalho do ar comprimido?

Solução

A temperatura de orvalho, T_o, corresponde à temperatura que o ar úmido teria se estivesse saturado. Assim, deve-se encontrar a temperatura final que vai resultar numa umidade absoluta saturada igual à umidade inicial, ou $\omega_s = \omega_1$. Note que, para uma dada pressão, a umidade absoluta saturada é uma função exclusiva da temperatura de orvalho, ou seja, $\omega_s = \omega_s(T_o)$. Em termos matemáticos, deve-se obter a solução da seguinte equação:

$$\omega_s = \omega_1 = 0{,}62198 \frac{fP_{vs}}{P - fPvs}$$

Substituindo os valores conhecidos, tem-se

$$0{,}0087 = 0{,}62198 \frac{fP_{vs}}{500 - fPvs}.$$

Em seguida, pode-se isolar o duplo produto, obtendo $fP_{vs} = 6{,}8973$ kPa. Caso fosse um comportamento ideal o problema já estaria resolvido, pois f seria unitário e bastaria obter a temperatura da saturação do vapor das Tabelas B.1 ou B.2 (Apêndice B). No entanto, veja na Tabela 2.7 que, na faixa de temperatura entre 20 °C e 60 °C, o valor de f pouco se altera para essa pressão, e um valor aproximado de 1,015 pode ser usado. Assim,

$$P_{vs} \cong \frac{6{,}8973}{1{,}015} = 6{,}795 \text{ kPa}.$$

Com esse resultado, obtém-se $T_o = 38$ °C (resultado obtido por interpolação da Tabela B.2, do Apêndice B).

Perceba que, estritamente falando, esse é um problema de solução iterativa, em que se admite uma temperatura e obtém-se o fator de intensificação e a pressão do vapor correspondente. Depois verifica-se se o produto é satisfeito. Caso contrário, uma nova temperatura é selecionada com critério. O processo de tentativa e erro prossegue até que uma convergência satisfatória seja alcançada. Nesse caso específico não houve necessidade de reiteração em virtude da constância de f. Com relação ao estado final do ar comprimido, se sua temperatura baixar para além da temperatura de orvalho, parte do conteúdo de vapor de água do ar vai se condensar. Essa é aquela "aguinha" que vai se acumulando no fundo do tanque do compressor.

2.17 EQUAÇÃO DE ESTADO DO AR ÚMIDO E SEUS COMPONENTES – VOLUME ESPECÍFICO

Na Seção 1.11, Capítulo 1, discutiu-se brevemente o fator de compressibilidade em conexão com a obtenção do seu valor via uma expansão virial no volume específico (Eq. 1.12). Para o ar seco, o vapor de água e a sua mistura, aquela equação pode ser empregada com sucesso para calcular os seus correspondentes volumes específicos nas faixas usuais de temperatura e pressão. Além disso, verifica-se que é suficiente truncar a equação no terceiro coeficiente virial C. Seguindo o trabalho de Hyland e Wexler (1983), o volume específico molar em cm³/mol será empregado em vez do volume específico na base mássica. A expressão fornecida por aqueles autores é:

$$\frac{P\overline{v}}{\Re T} = 1 + \frac{B_{ii}}{\overline{v}} + \frac{C_{iii}}{\overline{v}^2}, \qquad (2.18)$$

em que os índices "i" podem ser "a" ou "v" para representar propriedades do ar seco e do vapor de água, respectivamente. Os coeficientes viriais e de interações B_{ii} e C_{iii} são funções exclusivas da temperatura e estão listados na Tabela 2.8. Essa tabela foi gerada a partir das expressões apresentadas por Hyland e Wexler (1983). O exemplo seguinte ilustra o uso da Eq. (2.18).

Exemplo 2.8 Volume específico do ar seco e do vapor de água

Calcule o volume específico do ar seco e do vapor de água usando as Eqs. (1.8) e (2.18) e compare seus resultados para pressão normal e $T = 120\,°C$.

Solução

A solução será apresentada em detalhes para o ar seco. Em primeiro lugar, a solução de gás perfeito será apresentada. Os dados de interesse são massa molecular do ar seco e do vapor de água, que valem $M_v = 28{,}9645$ e $M_a = 18{,}01534$ kg/kgmol, respectivamente. Também, $\Re = 8{,}314$ kJ/kmol.K. Assim,

$$v_a - \text{perfeito} = \frac{\Re T}{PM_a} = \frac{8{,}314 \times (273{,}15 + 120)}{101{,}325 \times 28{,}9645} = 1{,}114 \frac{m^3}{kg}.$$

Analogamente, para o vapor de água:

$$v_v - \text{perfeito} = \frac{\Re T}{PM_v} = \frac{8{,}314 \times (273{,}15 + 120)}{101{,}325 \times 18{,}01534} = 1{,}791 \frac{m^3}{kg}.$$

Para obtenção de resultados mais realistas, primeiramente devem ser obtidos os coeficientes viriais do ar seco para $T = 120\,^{\circ}\text{C}$, os quais valem (Tabela 2.8) $B_{aa} = 5{,}87$ cm^3/mol e $C_{aaa} = 1183$ cm^6/mol^2 (cuidado com as unidades!). A esta altura o leitor já deve ter percebido que a Eq.(2.18) é um polinômio cúbico no volume específico, ou seja:

$$\frac{P\overline{v}_a^3}{\Re T} - \overline{v}_a^2 - B_{aa}\overline{v}_a - C_{aaa} = 0,$$

em que se subtende que o volume específico molar no contexto é o real. Além disso, um traço sobre o símbolo do volume é usado para fazer distinção entre volume específico molar e volume específico relativo à massa. Substituindo os valores conhecidos, tem-se:

$$\frac{101{,}325}{8314\times(273{,}15+120)}\overline{v}_a^3 - \overline{v}_a^2 - 5{,}87\overline{v}_a - 1183 = 0$$

o que, depois de algum tempo gasto na resolução iterativa, oferece o seguinte resultado: $\overline{v}_a \cong 32265{,}0$ cm^3/mol.

Agora é preciso fazer a conversão para volume específico em m^3/kg, ou seja:

$$v_a = \frac{\overline{v}_a}{M_a} = \frac{32265\text{ cm}^3/\text{mol}}{28{,}9645\text{ kg/kmol}} = 1{,}1140\times 10^6\text{ cm}^3/\text{kg} = 1{,}1140\text{ m}^3/\text{kg}.$$

Perceba que 1 kmol = 10^3 mol. Em seguida, os cálculos serão repetidos para o vapor de água. Da Tabela 2.8, obtêm-se os coeficientes viriais do vapor $B_{vv} = -373{,}43$ cm^3/mol e $C_{vvv} = -2{,}30\times 10^5$ cm^6/mol^2, de forma que a expressão final para o vapor de água é:

$$3{,}0999\times 10^{-5}\overline{v}_v^3 - \overline{v}_v^2 + 373{,}43\overline{v}_v + 2{,}30\times 10^5 = 0 \Rightarrow \overline{v}_v \cong 31873{,}9\text{ cm}^3/\text{mol},$$

que, após a conversão para a base mássica, resulta em $v_v = 1{,}769$ m^3/kg.

Perceba que, enquanto para o ar seco o comportamento ideal é muito satisfatório, para o vapor de água a hipótese ideal começa a falhar para essas temperatura e pressão. Veja novamente a discussão sobre o assunto na Seção 1.11.

Tabela 2.8 Segundo e terceiro coeficientes viriais e de interações para ar seco, vapor de água e sua mistura saturada, obtidos das expressões fornecidas por Hyland e Wexler (1983)

T (°C)	B_{aa} (cm³/mol)	B_{av} (cm³/mol)	B_{vv} (cm³/mol)	C_{aaa} (cm⁶/mol²)	C_{aav} (cm⁶/mol²)	C_{avv} (cm⁶/mol²)	C_{vvv} (cm⁶/mol²)	T (°C)
−100	−55,94	−93,3	−47420,39	2267	1023	−2,0E+07	−7,40E+09	−100
−90	−49,15	−83,9	−29025,21	2103	1058	−9,7E+06	−2,58E+09	−90
−80	−43,16	−75,8	−18743,38	1967	1062	−5,1E+06	−1,01E+09	−80
−70	−37,85	−68,6	−12666,96	1853	1050	−3,0E+06	−4,33E+08	−70
−60	−33,12	−62,4	−8900,20	1756	1027	−1,8E+06	−2,02E+08	−60
−50	−28,89	−56,8	−6466,85	1674	1000	−1,2E+06	−1,02E+08	−50
−40	−25,09	−51,9	−4837,46	1604	971	−8,0E+05	−5,42E+07	−40
−30	−21,66	−47,4	−3711,59	1544	942	−5,6E+05	−3,06E+07	−30
−20	−18,55	−43,4	−2911,79	1493	913	−4,0E+05	−1,81E+07	−20
−10	−15,73	−39,7	−2329,52	1448	886	−3,0E+05	−1,12E+07	−10
0	−13,15	−36,4	−1896,27	1409	861	−2,2E+05	−7,20E+06	0
10	−10,8	−33,4	−1567,53	1374	838	−1,7E+05	−4,78E+06	10
20	−8,64	−30,6	−1313,67	1345	816	−1,4E+05	−3,27E+06	20
30	−6,65	−28,0	−1114,51	1318	796	−1,1E+05	−2,30E+06	30
40	−4,82	−25,6	−956,00	1295	778	−8,7E+04	−1,66E+06	40
50	−3,12	−23,4	−828,18	1275	761	−7,1E+04	−1,22E+06	50
60	−1,55	−21,4	−723,89	1257	746	−5,8E+04	−9,20E+05	60
70	−0,09	−19,5	−637,86	1241	732	−4,9E+04	−7,05E+05	70
80	1,27	−17,7	−566,17	1226	719	−4,1E+04	−5,49E+05	80
90	2,54	−16,1	−505,89	1214	707	−3,5E+04	−4,34E+05	90
100	3,72	−14,5	−454,76	1202	697	−3,0E+04	−3,47E+05	100
110	4,83	−13,1	−411,06	1192	687	−2,6E+04	−2,81E+05	110
120	5,87	−11,7	−373,43	1183	678	−2,2E+04	−2,30E+05	120
130	6,85	−10,4	−340,81	1175	669	−1,9E+04	−1,90E+05	130
140	7,77	−9,2	−312,35	1168	662	−1,7E+04	−1,59E+05	140
150	8,64	−8,0	−287,37	1162	655	−1,5E+04	−1,33E+05	150
160	9,45	−6,9	−265,33	1156	648	−1,3E+04	−1,12E+05	160
170	10,23	−5,9	−245,77	1151	643	−1,2E+04	−9,55E+04	170
180	10,96	−4,9	−228,34	1146	637	−1,0E+04	−8,13E+04	180
190	11,65	−4,0	−212,74	1142	632	−9,4E+03	−6,95E+04	190
200	12,31	−3,1	−198,70	1139	627	−8,4E+03	−5,95E+04	200

Tabela 2.9 Derivadas do segundo e terceiro coeficientes viriais e de interações para ar seco, vapor de água e sua mistura saturada, obtidas das expressões fornecidas por Hyland e Wexler (1983)

T (°C)	dB_{aa}/dT (cm³/mol)	dB_{av}/dT (cm³/mol)	dB_{vv}/dT (cm³/mol)	dC_{aaa}/dT (cm⁶/mol²)	dC_{aav}/dT (cm⁶/mol²)	dC_{avv}/dT (cm⁶/mol²)	dC_{vvv}/dT (cm⁶/mol²)	T (°C)
−100	0,7240	1,011	2470,45	−18,00	5,56	1,61E+06	8,28E+08	−100
−90	0,6369	0,872	1343,08	−14,90	1,69	6,57E+05	2,56E+08	−90
−80	0,5632	0,759	775,01	−12,44	−0,57	3,02E+05	8,95E+07	−80
−70	0,5005	0,666	470,57	−10,46	−1,85	1,53E+05	3,46E+07	−70
−60	0,4468	0,589	298,54	−8,86	−2,53	8,36E+04	1,46E+07	−60
−50	0,4006	0,524	196,75	−7,55	−2,85	4,86E+04	6,66E+06	−50
−40	0,3608	0,470	134,06	−6,47	−2,94	2,98E+04	3,24E+06	−40
−30	0,3261	0,423	94,05	−5,57	−2,90	1,90E+04	1,67E+06	−30
−20	0,2959	0,383	67,71	−4,82	−2,78	1,26E+04	9,10E+05	−20
−10	0,2694	0,348	49,89	−4,18	−2,62	8,62E+03	5,17E+05	−10
0	0,2460	0,318	37,52	−3,65	−2,44	6,05E+03	3,06E+05	0
10	0,2254	0,291	28,74	−3,19	−2,26	4,35E+03	1,88E+05	10
20	0,2071	0,267	22,38	−2,80	−2,08	3,20E+03	1,19E+05	20
30	0,1908	0,247	17,69	−2,46	−1,91	2,39E+03	7,80E+04	30
40	0,1762	0,228	14,18	−2,17	−1,75	1,82E+03	5,24E+04	40
50	0,1631	0,212	11,51	−1,92	−1,60	1,40E+03	3,60E+04	50
60	0,1514	0,197	9,44	−1,70	−1,46	1,09E+03	2,54E+04	60
70	0,1408	0,183	7,83	−1,51	−1,33	8,66E+02	1,82E+04	70
80	0,1312	0,171	6,56	−1,34	−1,22	6,93E+02	1,33E+04	80
90	0,1225	0,161	5,54	−1,19	−1,12	5,59E+02	9,92E+03	90
100	0,1146	0,151	4,72	−1,06	−1,02	4,56E+02	7,50E+03	100
110	0,1074	0,142	4,05	−0,95	−0,94	3,75E+02	5,76E+03	110
120	0,1008	0,133	3,50	−0,85	−0,86	3,11E+02	4,49E+03	120
130	0,0948	0,126	3,04	−0,76	−0,79	2,60E+02	3,54E+03	130
140	0,0893	0,119	2,66	−0,68	−0,73	2,18E+02	2,83E+03	140
150	0,0842	0,112	2,34	−0,60	−0,67	1,85E+02	2,29E+03	150
160	0,0795	0,107	2,07	−0,54	−0,62	1,57E+02	1,87E+03	160
170	0,0752	0,101	1,84	−0,48	−0,57	1,34E+02	1,55E+03	170
180	0,0712	0,096	1,65	−0,43	−0,53	1,16E+02	1,29E+03	180
190	0,0675	0,091	1,48	−0,38	−0,49	1,00E+02	1,09E+03	190
200	0,0640	0,087	1,33	−0,34	−0,46	8,69E+01	9,25E+02	200

O exemplo anterior ilustrou o procedimento para calcular os volumes específicos do ar seco e do vapor de água. Entretanto, uma questão importante ainda deve ser abordada: como calcular o volume específico do ar úmido, particularmente do ar saturado? A resposta reside também na Eq. (2.18) se os coeficientes viriais de mistura forem fornecidos. Quando se trata de urna mistura binária de gases, a seguinte

Parâmetros e propriedades psicrométricos

regra é geralmente empregada para se obterem os coeficientes da mistura a partir dos coeficientes dos componentes:

Segundo coeficiente virial da mistura (ver também Eq. 1.13) B_m:

$$B_m = x_a^2 B_{aa} + 2x_a x_v B_{av} + x_v^2 B_{vv} \tag{2.19a}$$

Terceiro coeficiente virial da mistura C_m:

$$C_m = x_a^3 C_{aaa} + 3x_a^2 x_v C_{aav} + 3x_a x_v^2 C_{avv} + x_v^3 C_{vvv} \tag{2.19b}$$

em que os coeficientes de interação são aqueles que aparecem com índices cruzados, ou seja, B_{av}, C_{aav}, C_{avv}. Esses coeficientes são também dados na Tabela 2.8 para o ar úmido saturado. Note que as frações molares são os elementos que ponderam a participação de cada coeficiente. Aqui reside o problema, pois o volume específico do ar úmido saturado (e do ar úmido em geral) não pode ser resolvido independentemente, mas deve ser resolvido no contexto do fator de intensificação via frações molares. O exemplo a seguir vai ilustrar esse ponto. Por consistência com o procedimento usado neste livro, o volume específico deve referir-se à base de ar seco. Para obter o efeito desejado, deve-se dividir o volume específico da mistura em m³/kg de ar úmido pelo produto da fração molar do ar seco, x_a, vezes a massa molecular do ar seco, M_a.

Exemplo 2.9 Volume específico do ar saturado

Calcule o volume específico do ar úmido saturado para pressão normal e $T = 30\ °C$.

Solução

Em primeiro lugar, os coeficientes viriais e de interações devem ser obtidos a partir da Tabela 2.8:

$B_{aa} = -6,65$; $B_{av} = -28,0$; $B_{vv} = -1114,51$

$C_{aaa} = 1318$; $C_{aav} = 796$; $C_{avv} = -1,1 \times 10^5$ e $C_{vvv} = -2,30 \times 10^6$

Ainda, o fator de intensificação vale $f = 1,0044$ (Tabela 2.6). Da Tabela B.1 (Apêndice B), obtém-se o valor da pressão de saturação do vapor a 30 °C, ou seja, $P_{vs} = 4,246$ kPa. Com essas duas informações, agora é possível calcular a fração molar do vapor de água segundo a Eq. (2.14), o que resulta em (o índice "s" de saturado será abandonado por simplicidade):

$$x_v = \frac{1,0044 \times 4,246}{101,325} = 0,04209.$$

Em seguida, os coeficientes viriais são calculados seguindo as Eqs. (2.19a) e (2.19b). Para isso, lembre que $x_a = 1 - x_v$ por definição, nesse caso, $x_a = 0{,}95791$. Assim, após alguns cálculos, tem-se $B_m = -10{,}33$ e $C_m = 519{,}20$. Finalmente, a Eq. (2.18) pode ser empregada com esses coeficientes viriais de mistura de forma similar ao problema do Exemplo 2.8.

$$4{,}0202 \times 10^{-5} \bar{v}_m^3 - \bar{v}_m^2 + 10{,}33 \bar{v}_m - 519{,}20 = 0 \Rightarrow v_m \cong 24864{,}1 \text{ cm}^3/\text{mol de mistura.}$$

Agora, deve-se proceder à conversão para volume específico relativo à massa de ar seco, o que é obtido dividindo-se o valor obtido pelo produto $x_a M_a$,

$$v = \frac{v_m}{x_a M_a} = \frac{24864{,}1}{0{,}95791 \times 28{,}9645 \times 10^3} = 896{,}15 \times 10^3 \text{ cm}^3/\text{kg ar seco} =$$

$$= 0{,}89615 \text{ m}^3/\text{kg ar seco.}$$

2.18 ENTALPIA ESPECÍFICA DO AR ÚMIDO SATURADO

O cálculo da entalpia específica do ar úmido é um pouco mais trabalhoso que o do volume específico. Além dos coeficientes viriais e de interação apresentados na Tabela 2.8, também serão necessárias as derivadas daqueles coeficientes com relação à temperatura (ver Tabela 2.9). A seguinte expressão é dada por Hyland e Wexler (1983):

$$\bar{h}_m = x_a \left(\sum_{i=0}^{5} a_i T^i - 7914{,}1982 \right) + x_v \left(\sum_{i=0}^{5} d_i T_i + 35994{,}17 \right) + \\ + RT \left[\left(B_m - T \frac{dB_m}{dT} \right) \frac{1}{v_m} + \left(C_m - \frac{T}{2} \frac{dC_m}{dT} \right) \frac{1}{v_m^2} \right], \tag{2.20}$$

em que o traço sobre a entalpia indica entalpia molar e a unidade é J/mol. A temperatura é dada em kelvin e os coeficientes valem:

$a_0 = 0{,}63290874 \times 10^1$

$a_1 = 0{,}28709015 \times 10^2$

$a_2 = 0{,}26431805 \times 10^{-2}$

$a_3 = -0{,}10405863 \times 10^{-4}$

$a_4 = 0{,}18660410 \times 10^{-7}$

$a_5 = -0{,}97843331 \times 10^{-11}$

$d_0 = -0,5008 \times 10^{-2}$

$d_1 = 0,32491829 \times 10^2$

$d_2 = 0,65576345 \times 10^{-2}$

$d_3 = -0,26442147 \times 10^{-4}$

$d_4 = 0,51751789 \times 10^{-7}$

$d_5 = -0,31541624 \times 10^{-10}$

As derivadas dos coeficientes de mistura seguem as mesmas regras dadas pelas Eqs. (2.19a) e (2.19b). Finalmente, por consistência, a entalpia específica molar deve ser dividida pelo produto $x_a M_a$ para obter a entalpia específica por massa de ar seco (J/kg ar seco).

Exemplo 2.10 Entalpia específica do ar saturado

Calcule a entalpia específica do ar saturado do Exemplo 2.9. Compare com o valor que a entalpia teria se fosse usada a abordagem de gás perfeito.

Solução

Os coeficientes viriais e de interação já foram apresentados. As derivadas daqueles coeficientes são obtidas da Tabela 2.9:

$dB_{aa}/dT = 0,1908$; $dB_{av}/dT = 0,247$; $dB_{vv}/dT = 17,69$;

$dC_{aaa}/dT = -2,46$; $dC_{aav}/dT = -1,91$; $dC_{avv}/dT = 2,39 \times 10^3$; $dC_{vvv}/dT = 7,80 \times 10^4$.

Os valores dos coeficientes viriais de mistura são os mesmos que os do exemplo anterior. As derivadas dos coeficientes viriais de mistura são obtidas de forma similar às Eqs. (2.19a) e (2.19b) e valem $dB_m = 0,226333$ e $dC_m/dT = 15,6000$ para $x_a = 0,95791$. Substituindo esses valores, a temperatura absoluta e o volume específico molar na Eq. (2.20), tem-se:

$$\bar{h}_m = 2774,54 \text{ J/mol} \Rightarrow h = \frac{\bar{h}_m}{x_a M_a} = \frac{2774,41}{0,95791 \times 28,9645} = 100,0 \text{ kJ/kg ar seco}.$$

Em termos de gás perfeito, use a Eq. (2.6b), com $h_a = 30,2$ kJ/kg (Eq. 2.12) e $h_v = 2556,3$ kJ/kg. O próximo passo é calcular a umidade absoluta da expressão de gás perfeito (Eq. 2.1), que fornece $\omega_s = 0,0272$. Assim, a entalpia da mistura vale

$h_{perfeito} = 30,2 + 0,0272 \times 2556,3 = 99,73$ kJ/kg ar seco.

Isso confirma a boa aproximação do comportamento ideal nessas condições.

2.19 TABELAS DE AR ÚMIDO SATURADO E SEU USO

Com base nas expressões da seção anterior, as duas tabelas do Apêndice C foram geradas para a faixa de temperaturas entre –60 °C e 90 °C. A Tabela C.1 refere-se às propriedades do ar úmido saturado para a pressão normal, enquanto a Tabela C.2, para a pressão de 92,6 kPa, que é aproximadamente a pressão atmosférica na altitude da cidade de São Paulo. De acordo com a Ashrae (2017), valores intermediários de volume específico e entalpia específica do ar úmido podem ser calculados aproximadamente pelas seguintes expressões:

$$v = v_a + \mu \Delta v \tag{2.21}$$

e

$$h = h_a + \mu \Delta v \tag{2.22}$$

em que, como usual, o subscrito "a" refere-se ao ar seco e Δ é usado para a diferença entre a propriedade do vapor e a do líquido, consistentemente com o indicado nas tabelas. O grau de saturação μ é o elemento interpolante. Bons resultados são obtidos para temperaturas até 70 °C. O exemplo seguinte ilustra o uso dessas equações.

Exemplo 2.11 Entalpia e volume específicos do ar úmido

Calcule a umidade absoluta, a entalpia específica e o volume específico do ar úmido para os dados do Exemplo 2.1 (pressão normal, $TBS = 40$ °C e $\phi = 60\%$).

Solução

O primeiro passo é calcular o grau de saturação. Isso já foi realizado no Exemplo 2.5, resultando em $\mu = 0{,}5816$. Em seguida, obtêm-se os valores de volume e entalpia das tabelas do Apêndice C, que são: $v_a = 0{,}8870$, $\Delta v = 0{,}0698$, $h_a = 40{,}253$ e $\Delta h_a = 126{,}420$. Assim, empregando as Eqs. (2.21) e (2.22), obtêm-se os seguintes resultados: $v = 0{,}9276$ m³/kg ar seco e $h = 113{,}779$ kJ/kg ar seco. A umidade absoluta já foi calculada no Exemplo 2.5.

2.20 RECOMENDAÇÕES FINAIS

Se forem desejados cálculos de psicrometria para condições próximas das ambientes, as expressões simplificadas de gás perfeito são suficientes e conduzem a excelentes resultados. Entretanto, em outras condições, como aplicações em ar comprimido, temperaturas muito altas, ou ainda próximo da temperatura de saturação referente à pressão da mistura, então sugere-se o emprego das expressões com a abordagem que usa o fator de intensificação.

PROBLEMAS PROPOSTOS

1. Para pressão atmosférica de 96 kPa, calcule as seguintes propriedades psicrométricas:

a) Umidade absoluta para $TBS = 25\ °C$ e $\phi = 50\%$.

b) Entalpia específica para $\omega = 0{,}008$ kg vapor/kg ar seco e $TBS = 30\ °C$.

c) Umidade relativa para $h = 54{,}0$ kJ/kg e $\omega = 0{,}012$ kg vapor/kg ar seco.

2. Avalie a diferença de valores de umidade absoluta entre os cálculos simplificado e exato para $TBS = 35\ °C$ e umidade relativa de 70% para os seguintes valores de pressão local: 80 kPa, 96 kPa e 100 kPa.

3. Em um processo de aquecimento, ar úmido entra a 20 °C e 65% de umidade relativa (pressão local: 96 kPa) até atingir 45 °C e em seguida é resfriado para 15 °C. Nessas condições, calcule:

a) A umidade absoluta e a temperatura de orvalho na condição inicial do processo.

b) A umidade relativa, a umidade absoluta e a temperatura de orvalho na condição final do processo.

4. Para uma torre de resfriamento situada em São Paulo ($P = 92{,}6$ kPa) tem-se os seguintes parâmetros de operação:

- Vazão volumétrica do ar relativa às condições de entrada: 11 m³/s
- Seção de entrada: $TBS = 31\ °C$, $TBU = 22\ °C$
- Seção de saída: $TBS = TBU = 28\ °C$
- Temperatura da água de reposição: 24 °C

Para essas condições de operação, avalie:

a) O fluxo de água de reposição, sendo que a potência do ventilador é de 2,5 kW.

b) A temperatura de saída da água, sendo que a temperatura de entrada é de 38 °C e a vazão mássica é de 18 kg/s.

5. Uma indústria automotiva tem um sistema de ar comprimido que fornece uma pressão de saída no compressor de 600 kPa. Na entrada do compressor tem-se pressão de 96 kPa, temperatura de 20 °C e umidade relativa de 50%. Após o compressor, um trocador de calor resfria o fluxo de ar para uma temperatura de 40 °C. Avalie, na seção de saída do trocador, a umidade relativa e a temperatura de orvalho do ar.

CAPÍTULO 3
Diagrama psicrométrico e processos básicos

As propriedades psicrométricas foram definidas no Capítulo 2. Equações e correlações envolvendo as propriedades foram apresentadas, seguidas, primeiramente, pelas simplificações para a mistura de gases perfeitos e, por último, por expressões e métodos mais realistas de cálculo. Como se verificou, a obtenção das propriedades exige um certo número de operações e, por consequência, há vantagem em se utilizar uma rotina computacional. Outras possibilidades para a obtenção das propriedades incluem o uso de tabelas, como as do Apêndice B, e diagramas. As tabelas são muito úteis quando se pretende conhecer o valor das propriedades num único ponto e fornecem valores melhores que os diagramas. Contudo, os diagramas, ou cartas, são, de longe, os melhores aliados do projetista de sistemas de ventilação, refrigeração e ar-condicionado. Neles, o profissional pode rapidamente determinar o estado do ar úmido e também analisar os diversos processos pelos quais passa o ar nos equipamentos e nos dispositivos de manipulação do ar úmido. Por esse motivo, este capítulo descreve o tipo mais difundido de diagrama, seu método de construção e seu uso básico como ferramenta de projeto.

3.1 APRESENTAÇÃO

O diagrama psicrométrico, também chamado comumente de carta psicrométrica, é um gráfico que permite obter o traçado de diversos processos, bem como determinar os estados e as propriedades do ar úmido. Sua construção está baseada no fato de que o estado termodinâmico de uma mistura de dois gases, como o ar, é determinado por três propriedades independentes. Assim, se uma das três propriedades for mantida constante, as duas outras podem vir a formar os eixos de um gráfico no plano do papel. Nesse gráfico, as demais isolinhas das propriedades psicrométricas restantes são construídas. Qualquer ponto sobre o gráfico definirá o estado da mistura. Normalmente, a pressão da mistura é eleita como a propriedade que é mantida constante, já que na maioria dos processos psicrométricos ela é invariável, ou, quando muito, varia pouco. De fato, todos os diagramas psicrométricos são construídos para uma dada pressão de mistura. Em princípio, tendo sido estabelecida a pressão da mistura, quaisquer outras duas outras propriedades poderiam ser utilizadas na construção dos eixos. Embora isso seja estritamente verdadeiro do ponto de vista termodinâmico, outros fatores devem ser considerados, incluindo a forma visual do diagrama, bem como a facilidade de utilização.

É uma espécie de consenso que uma das duas outras propriedades restantes deva ser a umidade absoluta, ω, como propriedade do eixo das ordenadas (vertical). Entretanto, certa controvérsia existe sobre qual propriedade deve figurar no eixo das abscissas (horizontal). Muitos diagramas utilizam a temperatura de bulbo seco, TBS, porém este livro vai adotar outra propriedade: a entalpia específica, h. Mollier (1923) foi o pioneiro na utilização do diagrama $\omega \times h$ e, por isso, às vezes esse diagrama recebe o nome de diagrama de Mollier. Seu diagrama apresenta algumas vantagens construtivas e permite conduzir análises de processos psicrométricos de uma forma simples e precisa. Com efeito, no seu diagrama, as linhas de temperatura de bulbo úmido termodinâmica são retas, e muitos dos processos psicrométricos aparecem como linhas retas conectando os estados inicial e final. Além disso, o aspecto visual do diagrama facilita a leitura das propriedades. O outro tipo muito comumente empregado e de rápida construção, como já mencionamos, é o diagrama do tipo $\omega \times TBS$. Embora esse diagrama possua a vantagem da simplicidade construtiva, ele perde na precisão de uso, particularmente na análise dos processos básicos. Isso porque nele muitos dos processos não serão linhas retas, como ocorre no diagrama de Mollier.

A Figura 3.1 ilustra um tipo construtivo de diagrama do tipo $h \times \omega$ muito comum em alguns países europeus. As isolinhas de entalpia específica são paralelas entre si e inclinadas em um certo ângulo em relação à horizontal. As isolinhas de umidade absoluta são verticais e formam o eixo horizontal do diagrama. Linhas de temperatura de bulbo seco constantes são inclinadas em relação à horizontal e aproximadamente retas. As isolinhas de temperatura de bulbo úmido constantes são retas e quase paralelas às isolinhas de entalpia específica. A linha de saturação está indicada e também corresponde à linha de umidade relativa igual a 100%. As demais isolinhas de umidade relativa acompanham mais ou menos a curvatura da linha de saturação. O diagrama ilustrado está com a escala de entalpia específica muito elevada e, consequentemente, as isolinhas de umidade relativa tendem a se concetrar próximo à região de saturação. Sua utilidade estaria mais associada com processos de secagem industrial.

O aspecto construtivo do diagrama de Mollier adotado neste livro é o que aparece ilustrado na Figura 3.2, que é, também, o padrão da Sociedade Americana de Engenheiros de Aquecimento, Refrigeração e Ar-Condicionado (Ashrae). O eixo da umidade absoluta está na vertical, e a escala é colocada à direita do diagrama. As isolinhas de entalpia específica também são inclinadas em relação à vertical, porém a um ângulo tal que o aspecto final do diagrama é como se este fosse um diagrama cartesiano do tipo ω × TBS, embora não o seja. As demais isolinhas das outras propriedades psicrométricas estão também ilustradas na Figura 3.2.

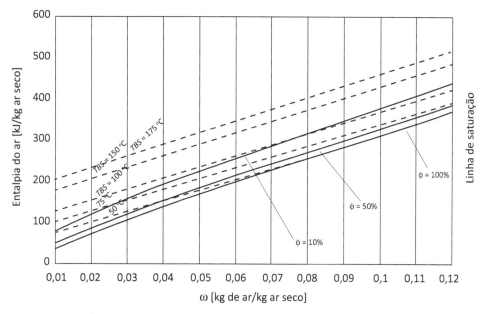

Figura 3.1 Exemplo de um diagrama do tipo $h \times \omega$ usado em alguns países da Europa.

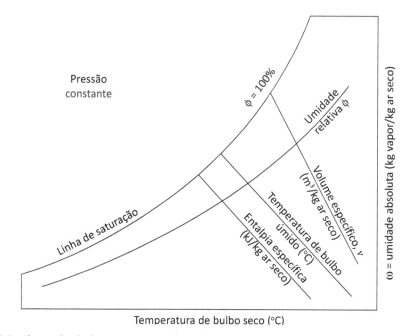

Figura 3.2 Ilustração do diagrama psicrométrico do tipo $\omega \times h$ adotado.

3.2 CONSTRUÇÃO

O diagrama de Mollier pode ser construído em coordenadas cartesianas. Entretanto, a experiência mostra que bons resultados de intersecção e disposição das isolinhas de propriedades são obtidos quando a linha de entalpia específica constante é oblíqua, enquanto a linha de umidade absoluta é vertical. O processo de construção descrito por Threlkeld (1962) será seguido.

Quanto ao esquema da Figura 3.3, as linhas de entalpia específica formam um ângulo β com relação à horizontal. A linha 1-2 é uma linha reta qualquer. L_ω representa a diferença $\omega_2 - \omega_1$. L_h indica a diferença $h_2 - h_1$. Então, da figura, as seguintes relações trigonométricas podem ser obtidas:

$$a \times \operatorname{sen} \beta = b \times \operatorname{sen} \alpha = L_\omega, \tag{3.1a}$$

e

$$a \times \cos \beta + b \times \cos \alpha = L_h. \tag{3.1b}$$

Eliminando a e b das Eqs. (3.1a) e (3.1b), tem-se:

$$\cot g\,\alpha + \cot g\,\beta = \frac{L_h}{L_\omega}. \tag{3.2}$$

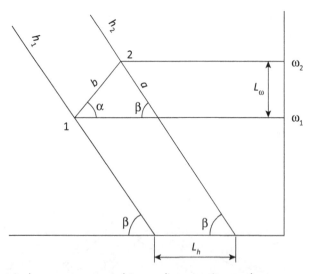

Figura 3.3 Geometria de um processo genérico no diagrama tipo ω × h.

Sejam os seguintes fatores de escala:

$$S_h = \frac{(h_2 - h_1)}{L_h} \quad \frac{(\text{kJ/kg ar seco})}{\text{cm}}, \tag{3.3a}$$

e

$$S_\omega = \frac{(\omega_2 - \omega_1)}{L_\omega} \quad \frac{(\text{kg vapor/kg ar seco})}{\text{cm}}. \tag{3.3b}$$

Substituindo essas duas definições na Eq. (3.2) e rearranjando, tem-se:

$$\frac{L_h}{L_\omega} = \frac{S_\omega}{S_h} \times \frac{(h_2 - h_1)}{(\omega_2 - \omega_1)} = \frac{q}{S}, \tag{3.4}$$

em que:

$S = S_h/S_\omega$ é o fator de escala do diagrama dado em kJ/kg vapor; e

$q = (h_2-h_1)/(\omega_2-\omega_1)$ é a razão entalpia específica-umidade absoluta dada em kJ/kg vapor.

Finalmente, substituindo a Eq. (3.4) na Eq. (3.2), obtém-se a seguinte forma trigonométrica fundamental:

$$\cotg \alpha + \cotg \beta = \frac{q}{S}. \tag{3.5}$$

A Eq. (3.5) é a *equação geral do diagrama psicrométrico*, usada para a construção das várias isolinhas. A construção do diagrama é iniciada com a definição do ângulo de inclinação das linhas de entalpia específica, β. Embora β possa ser um ângulo qualquer, existe um artifício para selecioná-lo, de forma que o diagrama tenha um bom aspecto visual e se pareça com um diagrama cartesiano retangular. O método consiste em escolher um valor de β tal que a linha de maior temperatura de bulbo seco, TBS, do diagrama seja vertical e coincidente com o eixo vertical da umidade. Esse artifício e o procedimento de construção do diagrama são mais bem descritos a seguir.

3.2.1 ROTEIRO DE CONSTRUÇÃO DO DIAGRAMA PSICROMÉTRICO

Com o objetivo de ilustrar o uso da equação geral do diagrama psicrométrico, Eq. (3.5), e sua importância na construção do diagrama, as relações para mistura de gases perfeitos serão utilizadas. Considere a construção de um diagrama psicrométrico com as seguintes características:

- umidade absoluta entre 0 e 0,04 kg vapor/kg ar seco;

- faixa de variação da entalpia específica sobre o eixo das abscissas entre –10,06 e 50,34 kJ/kg ar seco. Note que os limites dessa faixa de entalpia correspondem às temperaturas do ar seco a –10 °C e 50 °C, na ordem; e

- dimensão geométrica: altura (L_h) = 12 cm e comprimento (L_ω) = 20 cm.

3.2.1.1 Fatores de escala

Fator de escala da entalpia: $S_h = (50,34 + 10,06)/20 = 3,02$ (kJ/kg ar seco)/cm.

Fator de escala da umidade: $S_\sigma = (0,04 - 0)/12 \cong 0,00333$ (kg vapor/kg ar seco)/cm.

Fator de escala: $S = S_h/S_\omega = 3,02/0,00333 \cong 906,0$ kJ/kg vapor.

3.2.1.2 Linhas de entalpia específica

Primeiramente, trace os dois eixos com as medidas estabelecidas (12 cm × 20 cm). As linhas de entalpia específica são retas, paralelas e espaçadas igualmente entre si. Como mencionado, o ângulo de inclinação, β, é escolhido de forma que a linha de maior TBS (50 °C), seja vertical ($\alpha = 90°$) e coincidente com o eixo da umidade absoluta. Assim, da relação fundamental, Eq. (3.5), tem-se que:

$$\cotg \beta = \frac{q}{906,0} - \cotg 90° \text{ ou}$$

$$\tg \beta = \frac{906,0}{q} = 906,0 \times \frac{\omega_2 - \omega_1}{h_2 - h_1}.$$

No contexto da equação fundamental, os estados dos índices "1" e "2" referem-se às extremidades da referida linha de TBS = 50 °C constante coincidente com o eixo da umidade absoluta. Mas ainda é possível relacionar a diferença de entalpias específicas entre as extremidades da linha de acordo com a Eq. (2.6), lembrando que as entalpias específicas do vapor e do ar seco nos estados "1" e "2" possuem o mesmo valor, pois trata-se de um processo isotérmico, o que resulta em:

$$h_2 - h_1 = h_v \times (\omega_2 - \omega_1)$$

$$\Rightarrow \tg \beta = \frac{906,0}{h_v}. \tag{3.6}$$

Para TBS = 50 °C, a Tabela B.1 (Apêndice B) fornece $h_v = 2592,1$ kJ/kg. Então:

$$\beta = \arctg \frac{906,0}{2592,1} = 19,26°.$$

Não custa enfatizar que a fixação da inclinação das linhas de entalpia (ângulo β) é arbitrária. A seleção do valor do ângulo de inclinação β deve considerar também uma questão de estética e aparência final do diagrama para que, por exemplo, a linha de maior TBS do diagrama seja vertical. Agora estabeleça alguns valores notáveis para as linhas isoentálpicas, por exemplo, –10, 0, 10, 20, ... Usando uma regra de três, localize a distância relativa (em centímetros) de duas dessas linhas consecutivas no eixo horizontal, lembrando que os dois valores extremos de entalpia específica no eixo horizontal são conhecidos ($h = -10,06$ corresponde à extremidade esquerda do eixo horizontal e $h = 50,34$ é a máxima entalpia específica no eixo horizontal – a diferença entre os dois extremos equivale a 20 cm). No exemplo, a linha $h = 20$ kJ/kg ar seco está localizada a 9,95 cm a partir da esquerda sobre o eixo horizontal, enquanto a linha de $h = 30$ kJ/kg ar seco distancia 13,26 cm a partir do início do eixo. Trace as linhas a partir do eixo horizontal até a linha de saturação com uma inclinação $\beta = 19,26°$. Após ter traçado essas duas linhas, as demais são paralelas e separadas igualmente entre si, e a distância (vista na horizontal) entre duas isoentálpicas vale 3,31 cm para uma Δh de 10 kJ/kg ar seco. Isso está ilustrado na Figura 3.4a.

3.2.1.3 Linha de saturação

A linha de saturação é prontamente traçada pelo emprego de uma equação de pressão de vapor, Eq. (2.10a) ou (2.10b), conforme o caso, em conjunto com a definição de umidade absoluta, Eq. (2.1). Note que também se podem usar as tabelas de vapor do Apêndice B. Em termos práticos, obtêm-se diversos valores de pressão de vapor para a faixa de temperatura de bulbo seco coberta ($-10\ °C \leq TBS \leq 50\ °C$) e, com esses valores, calculam-se as umidades absolutas correspondentes na saturação via Eq. (2.1). Em seguida, para cada valor de temperatura e sua correspondente umidade absoluta saturada, obtém-se a entalpia específica por meio, por exemplo, da Eq. (2.8). Assim, cada valor de temperatura gerou coordenadas ω e h, e agora é só marcá-las no diagrama. Finalmente, os pontos são unidos para obter a linha umidade absoluta saturada, $\phi = 100\%$, como ilustrado na Figura 3.4b. A figura indica vários pontos conectados e um ponto genérico "1" de coordenadas h_1 e ω_1.

3.2.1.4 Linhas de temperatura de bulbo seco

Uma vez estabelecido o ângulo β, todas as demais linhas podem ser traçadas. As linhas isotérmicas, TBS constante, serão obtidas a partir da equação geral do diagrama:

$$\cotg \alpha = \frac{h_v}{906,0} - \cotg 19,26°,$$

ou

$$\cotg \alpha = \frac{h_v}{906,0} - 2,862. \qquad (3.7)$$

Isso porque a razão entalpia específica-umidade absoluta, $q = (h_2-h_1)/(\omega_2-\omega_1)$, dividida pelo fator de escala, S, se resume a $h_v/906,0$ para isotérmicas. Como a entalpia do vapor varia com a temperatura, a inclinação das linhas isotérmicas também varia proporcionalmente, o que é comprovável por meio da análise da Eq. (3.7). Por exemplo, para a linha de $TBS = 10\ °C$, tem-se $h_v = 2519,8$ kJ/kg vapor e, da Eq. (3.7), tem-se α = 94,6°. Isso significa que, nesse diagrama, a linha de TBS = 10 °C será ligeiramente inclinada para a esquerda a partir da vertical.

Finalmente, é preciso localizar as posições das linhas isotérmicas no diagrama, o que é realizado de forma similar ao que foi feito com as isolinhas de entalpia específica. Porém, primeiramente determinam-se as entalpias do ar seco (sobre a horizontal) correspondentes às linhas isotérmicas notáveis de interesse (por exemplo, –10, 0, 10, 20 °C etc.), o que implica obter as entalpias do ar seco para essas várias temperaturas. Por exemplo, para TBS = 10 °C, Eq. (2.12), e entalpia específica vale 10,1 kJ/kg ar seco. Em seguida, determinam-se as posições das linhas de entalpia de acordo com a regra de três já mencionada, que, para o exemplo, fornece uma distância de 6,68 cm a partir da esquerda. Deste ponto, e com a inclinação α = 94,6° correspondente, a linha de TBS = 10 °C é traçada. O mesmo procedimento é seguido para as outras linhas isotérmicas. O roteiro está ilustrado na Figura 3.4c.

Note que as linhas de TBS constantes *não* são paralelas entre si. Elas não só são espaçadas diferentemente como também possuem inclinações distintas.

3.2.1.5 Linhas de temperatura de bulbo úmido

Um procedimento similar ao usado para traçar as linhas de TBS constantes é utilizado para se obterem as isolinhas de TBU. O importante é obter a relação entalpia específica-umidade absoluta, q correspondente, o que é feito a partir da sua definição, $q = (h_2 - h_1)/(\omega_2 - \omega_1)$. Nesse caso, em que o processo que liga os estados "1" e "2" é um processo de TBU constante, a partir da Eq. (2.9) tem-se:

$$h_2 = h^* - (\omega^* - \omega_2) \times h_L^*,$$

e

$$h_1 = h^* - (\omega^* - \omega_1) \times h_L^*.$$

Subtraindo-se a primeira expressão da segunda e substituindo o resultado na definição de q, tem-se:

$$h_2 - h_1 = (\omega_2 - \omega_1) \times h_L^*, \text{ e então } q = h_L^*.$$

Finalmente, substituindo q, juntamente com os valores de $S = 906{,}0$ e o ângulo $\beta = 19{,}26°$, na Eq. (3.5), o resultado é:

$$\cotg \alpha = \frac{h_L^*}{906{,}0} - 2{,}862 \tag{3.8}$$

Para cada valor de TBU, a entalpia da água líquida (ou sólida) pode ser obtida das tabelas do Apêndice B ou usando a correlação adequada do Capítulo 2 (Eq. 2.11a ou 2.11b). Em seguida, o mesmo procedimento usado para construir as isolinhas de TBS

Diagrama psicrométrico e processos básicos

é empregado. Ou seja, primeiramente obtêm-se as entalpias correspondentes, depois obtêm-se as posições para cada caso sobre o eixo horizontal por meio de uma regra de três e, finalmente, com os ângulos α particulares traçam-se as linhas (Figura 3.3d).

É muito comum que se admita que as isolinhas de *TBU* sejam paralelas às isolinhas de entalpia específica. Isso é aproximadamente correto para valores baixos de *TBU*, como se pode observar nas figuras 3.4b e 3.4d. Da Eq. (3.8), verifica-se que a diferença entre os ângulos, ou, mais precisamente, entre as cotangentes dos ângulos é simplesmente:

$$\operatorname{cotg} \alpha - \operatorname{cot} g \beta = \frac{h_L^*}{906,0}.$$

Daí se nota que, rigorosamente, a única linha de *TBU* que é paralela às linhas de entalpia específica é a de $h_L^* = 0$ kJ/kg, que ocorre para *TBU* = 0 °C. Para valores mais elevados da temperatura de bulbo úmido a inclinação relativa aumenta. Embora o desvio de inclinação das linhas seja suavemente aumentado à medida que *TBU* cresce, existe uma transição brusca de inclinação em torno do 0 °C (mais precisamente no ponto triplo), que corresponde à mudança de entalpia específica das fases da água de sólida para líquida (observe esse detalhe nos diagramas do Apêndice D).

3.2.1.6 Linhas de volume específico

As isolinhas de volume específico constantes não são exatamente retas no diagrama de Mollier. Entretanto, o raio de curvatura de uma dessas linhas é tão grande para baixas umidades que se permite a aproximação da curva por um segmento de reta. Da Eq. (2.9), tem-se:

$$h = 2501,3\, \omega + (1,006 + 1,805\, \omega)T, \qquad (2.8)$$

e, substituindo o termo de temperatura da lei dos gases perfeitos (Eq. 2.4), obtém-se:

$$h = 2501,3\, \omega + (1,006 + 1,805\, \omega) \times \left(\frac{Pv}{R_a(1+1,6078\,\omega)} - 273,15 \right),$$

ou ainda, após manipulações:

$$h = \frac{1,006 + 1,805\, \omega}{R_a(1+1,6078\,\omega)} \times Pv + 2008,3\, \omega - 274,4.$$

Agora, tomando-se a derivada da entalpia específica em relação à umidade absoluta, tem-se:

$$\frac{dh}{d\omega} = \frac{0,188}{R_a(1+1,6078\,\omega)^2} \times Pv + 2008,3.$$

Para uma dada pressão de mistura, P, e uma linha de volume específico constante, v, a curva será aproximadamente uma reta no diagrama $h \times \omega$ se o termo entre parênteses no denominador for constante, isto é, se o produto $1{,}6078\,\omega$ for desprezível em relação à unidade. Note que isso ocorre para baixos valores de umidade absoluta (até cerca de 0,015 kg vapor/kg ar seco). De uma forma mais geral, a inclinação das linhas vai variar com o inverso do quadrado da umidade absoluta. Assumindo que a aproximação por uma reta é válida, e com o valor da constante do ar seco, tem-se:

$$\frac{dh}{d\omega} \cong 0{,}655 Pv + 2008{,}3. \tag{3.9}$$

Como essa expressão é a própria razão entalpia específica-volume específico, q, para uma linha de v constante e mesma pressão de mistura, essa relação é substituída na Eq. (3.5), junto com o valor apropriado de β, o que resulta em:

$$\cotg\,\alpha = 0{,}000723 \times Pv - 0{,}6453. \tag{3.10}$$

Um valor de $\alpha \cong 120°$ será obtido para uma pressão de mistura normal e um volume específico da ordem de 1 m³/kg ar seco. Note que os ângulos de inclinação das linhas de volume específico constantes variam ligeiramente, porém, para efeitos práticos, elas são tomadas como praticamente paralelas, como indicado na Figura 3.4e.

3.2.1.7 Linhas de umidade relativa

As linhas de umidade relativa constantes são obtidas a partir das Eqs. (2.1) e (2.2), que, combinadas, resultam em:

$$\omega = 0{,}62198 \times \frac{\phi P_{vs}}{P - \phi P_{vs}},$$

que pode ser reescrita para se obter ϕ explicitamente:

$$\phi = \frac{1}{(0{,}62198/\omega + 1)} \times \frac{P}{P_{vs}}. \tag{3.11}$$

Nas faixas de baixa umidade absoluta, pode-se ainda simplificar essa expressão, já que $0{,}62198 \gg \omega$, e, então, teremos a seguinte relação:

$$\phi \cong \frac{P\omega}{0{,}62198 P_{vs}}. \tag{3.11a}$$

Diagrama psicrométrico e processos básicos 101

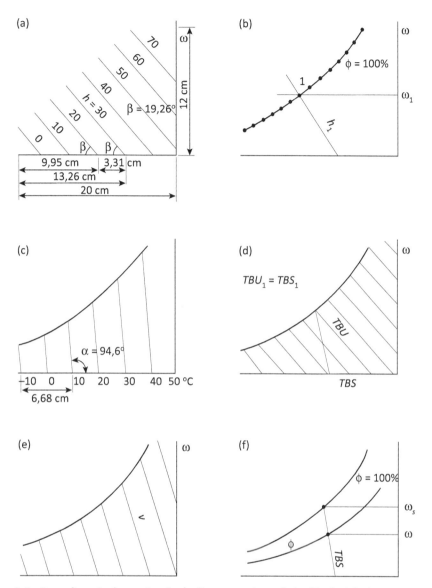

Figura 3.4 Procedimento de construção do diagrama psicrométrico (Seção 3.2.1).

Suponha que se deseja calcular a umidade relativa sobre uma linha de *TBS* constante. Nessas condições, pode-se estabelecer uma relação linear entre um ponto sobre essa linha de umidade relativa desconhecida e a umidade relativa na saturação ($\phi = 100\%$) com as respectivas umidades absolutas. Seja o índice "s" um indicador de saturação, então, facilmente se pode mostrar que:

$$\phi \cong \frac{\omega}{\omega_s} \times 100\%. \tag{3.11b}$$

A Figura 3.4f ilustra o processo construtivo das isolinhas de umidade relativa.

3.2.1.8 Comentário final sobre a construção do diagrama

Um diagrama construido a partir do roteiro exposto nesta seção será bastante preciso e suficiente para praticamente todas as aplicações de psicrometria em baixas pressão e temperatura. Entretanto, se houver necessidade de mais precisão, então as expressões simplificadas oferecidas aqui não poderão ser usadas. As propriedades deverão ser obtidas a partir da abordagem realista discutida ao final do Capítulo 2.

Existe uma forma ainda mais simplificada de construir um diagrama psicrométrico do tipo $\omega \times TBS$. Entretanto, sugerimos o método descrito aqui, pois ele assegura melhores resultados para uma faixa mais ampla de trabalho. Além disso, embora o método pareça complexo de início, torna-se simples uma vez que o leitor se familiarize com a técnica. O Exemplo 3.1 ilustra um diagrama construído para a cidade de São Paulo.

A temperatura de orvalho também pode ser lida no diagrama. Basta traçar uma horizontal passando pelo ponto de interesse até a linha de saturação. A temperatura de bulbo seco correspondente à intersecção dessa linha com a linha de saturação é a temperatura de orvalho da mistura.

Exemplo 3.1 Construção do diagrama

Esboce as principais linhas de um diagrama psicrométrico para a cidade de São Paulo usando os dados fornecidos a seguir ($P = 92{,}6$ kPa):

- umidade absoluta entre 0 e 0,04 kg vapor/kg ar seco;

- faixa de variação da entalpia específica sobre o eixo das abscissas entre 0 e 50,34 kJ/kg ar seco. Note que os limites dessa faixa de entalpia correspondem às temperaturas do ar seco a 0 °C e 50 °C, na ordem;

- dimensão geométrica: altura $(L_\omega) = 12$ cm, comprimento $(L_h) = 16$ cm.

Solução

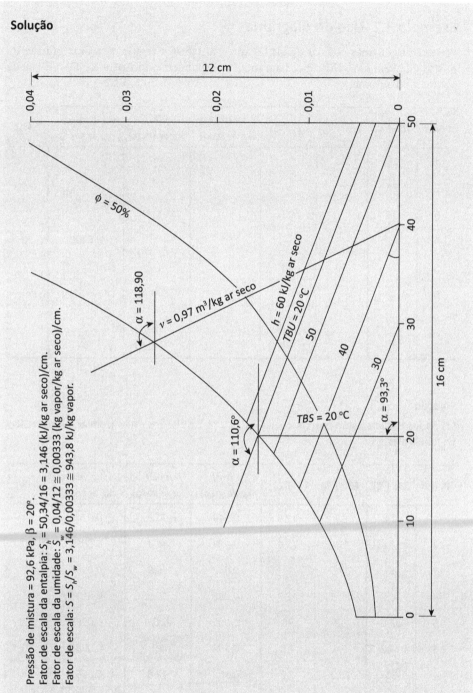

Figura E3.1 Esboço de um diagrama psicrométrico para a cidade de São Paulo (92,6 kPa).

Exemplo 3.2 Uso do diagrama

Preencha as lacunas com os dados faltantes na tabela a seguir para uma pressão de mistura de 92,6 kPa. Utilize o diagrama correspondente do Apêndice D. Indique os pontos no diagrama.

Ponto	TBS (°C)	TBU (°C)	T_o (°C)	v (m³/kg ar seco)	h (kJ/kg ar seco)	ω (kg vapor/kg ar seco)	φ (%)
1	25	20					
2	20						60
3	30		22				
4						0,0100	20
5		30	28				
6					30		50
7	30			0,950			
8	20					0	

Solução

Os dados iniciais estão marcados em cinza e os resultados estão indicados em itálico na tabela a seguir.

Ponto	TBS (°C)	TBU (°C)	T_o (°C)	v (m³/kg ar seco)	h (kJ/kg ar seco)	ω (kg vapor/kg ar seco)	φ (%)
1	25	20	17,8	0,945	60,8	0,0140	64
2	20	15,0	12,0	0,923	44,4	0,0096	60
3	30	24,0	22	0,967	76,9	0,0183	62
4	40,0	21,5	12,7	0,986	66,0	0,0100	20
5	38,0	30	28	1,005	106,3	0,0265	57
6	15,2	9,6	4,8	0,902	30	0,0584	50
7	30	16,2	7,2	0,950	47,8	0,0961	24
8	20	5,2	n/d	0,909	20,1	0	0

É importante frisar de que maneira os pontos de temperatura de orvalho como dado de entrada foram obtidos. Tome-se como exemplo o ponto 3. Primeiramente, obtém-se a linha correspondente à $TBS = 30$ °C. Em seguida, encontra-se a linha de $TBS = 22$ °C e marca-se sua intersecção com a linha de saturação ($\phi = 100\%$). Esse ponto sobre a saturação possui $TBS = TBU = T_o = 22$ °C. Desse ponto traça-se uma horizontal até cruzar a linha anterior à de $TBS = 30$ °C. O cruzamento das duas linhas constitui o ponto 3 que se procurava. Quando T_o é dado de saída, o procedimento é reverso. A partir do ponto, traça-se uma horizontal até a linha de saturação e encontra-se a TBS correspondente. Os pontos da tabela estão indicados no diagrama da Figura E3.2.

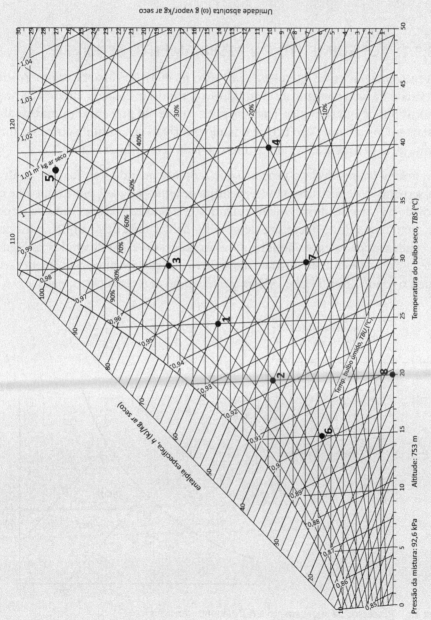

Figura E3.2 Pontos sobre o diagrama.

3.3 PROCESSOS BÁSICOS

O diagrama psicrométrico constitui uma excelente ferramenta de trabalho para analisar diversos processos elementares comuns na manipulação do ar úmido em sistemas de ar-condicionado e climatização ambiental. Esses processos elementares apresentados a seguir são, em geral, partes de um sistema de condicionamento de ar maior. Nesse sentido, eles formam espécies de bases ou blocos unitários nos quais um sistema maior pode ser decomposto. Todos os processos aqui analisados ocorrem em regime permanente e a uma mesma pressão de mistura (barométrica).

3.3.1 AQUECIMENTO OU RESFRIAMENTO SENSÍVEL

Aquecimento sensível refere-se ao processo no qual um fluxo de calor é adicionado ou retirado de uma corrente de ar úmido sem, contudo, incorrer em uma variação do teor de vapor de água desse ar. Trata-se, portanto, de um processo de umidade absoluta constante. Tipicamente, isso ocorre quando um fluxo de ar úmido atravessa uma serpentina de aquecimento, como ilustrado no lado esquerdo da Figura 3.5.

Resfriamento sensível é o processo que acontece quando um fluxo de ar atravessa uma serpentina de resfriamento (serpentina de água "gelada", por exemplo) e calor é removido da corrente de ar. Evidentemente, a temperatura da superfície da serpentina deve estar acima da temperatura de orvalho da corrente de ar úmido para que não haja condensação do vapor de água. Os dois processos estão ilustrados na Figura 3.5, sendo que o lado esquerdo ilustra o dispositivo de aquecimento/resfriamento sensível, enquanto o lado direito exibe os dois processos no diagrama psicrométrico.

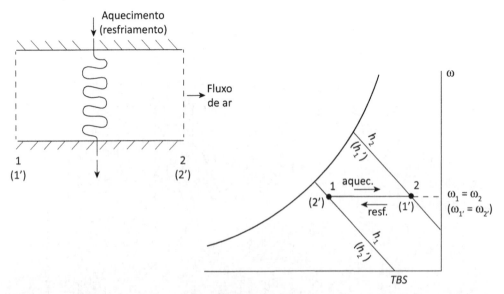

Figura 3.5 Processos de aquecimento e resfriamento sensíveis.

Diagrama psicrométrico e processos básicos 107

O fluxo de calor trocado em um dispositivo de aquecimento ou resfriamento sensível é dado pela aplicação da primeira lei da termodinâmica, Eq. (1.24), de onde vem:

$$\dot{m}_{a2}h_{a2} + \dot{m}_{v2}h_{v2} - \dot{m}_{a1}h_{a1} - \dot{m}_{v1}h_{v1} = \dot{Q}$$

ou

$$\dot{Q} = \dot{m}_{a2} \times (h_{a2} + \omega_2 h_{v2}) - \dot{m}_{a1} \times (h_{a1} + \omega_1 h_{v1}),$$

em que os índices "1" e "2" referem-se às condições de entrada e saída do dispositivo, respectivamente. Também, como o processo ocorre em regime permanente, a lei da conservação de massa (Eq. 1.21) informa que as vazões mássicas de ar e de vapor devem permanecer constantes, ou seja, $\dot{m}_{a1} = \dot{m}_{a2} = \dot{m}_a$ e $\dot{m}_{v1} = \dot{m}_{v2} = \dot{m}_v$. Então:

$$\dot{Q} = \dot{m}_a \times \left[\underbrace{(h_{a2} + \omega_2 h_{v2})}_{\text{entalpia na saída, } h_2} - \underbrace{(h_{a1} + \omega_1 h_{v1})}_{\text{entalpia na entrada, } h_1} \right]$$

ou, simplesmente:

$$\dot{Q} = \dot{m}_a \times (h_2 - h_1), \tag{3.12}$$

em que h_1 e h_2 correspondem às entalpias específicas na entrada e na saída do dispositivo, na ordem, referidas à base de massa de ar seco e $\dot{m}_a$ é a vazão mássica de ar seco. Fluxo de calor negativo indica resfriamento sensível, enquanto fluxo de calor positivo indica aquecimento sensível.

Exemplo 3.3 Aquecimento sensível

Uma corrente de ar úmido a *TBS* = 15 °C e ϕ = 90% é aquecida até 25 °C. Pergunta-se qual deve ser o fluxo de calor necessário para manter esse processo se a vazão mássica do ar vale 0,8 kg ar seco/s (*P* = 92,6 kPa).

Solução

Do Diagrama D.6 (ou do aplicativo PSICRO), tem-se os seguintes dados na entrada do dispositivo de aquecimento para TBS_1 = 15 °C e ϕ_1 = 90%:

ω_1 = 0,0105 kg vapor/kg ar seco;

h_1 = 41,3 kJ/kg ar seco,

e como a umidade absoluta permanece constante nesse processo de aquecimento sensível, tem-se que $\omega_2 = \omega_1$. A partir de TBS_2 = 25 °C e ω_2 = 0,0105 kg vapor/kg ar seco, obtém-se $h_1 = 51,4$ kJ/kg ar seco. Retornando ao problema e substituindo os valores numéricos na Eq. (3.12), tem-se:

$$\dot{Q} = 0,8 \times (51,4 - 41,3) = 8,08 \text{ kW}$$

Note que se a vazão mássica tivesse sido fornecida no lugar da vazão volumétrica, então seria necessário multiplicar o valor dado pela densidade (referida à base de ar seco) correspondente.

3.3.2 DESUMIDIFICAÇÃO POR RESFRIAMENTO

Neste outro processo elementar, o fluxo de ar é resfriado até uma temperatura inferior à sua temperatura de orvalho. Portanto, parte do vapor de água da mistura vai se condensar. A temperatura média da água condensada vai se situar entre a temperatura de orvalho do estado inicial do ar e a temperatura de saturação no seu estado final, junto à saída do dispositivo. Verifica-se que no diagrama psicrométrico o processo de desumidificação por resfriamento percorre uma trajetória curva (Figura 3.6), apontando para a linha de saturação ($\phi = 100\%$). Se o processo de resfriamento atravessar uma serpentina grande o suficiente, então o estado final do processo será o estado 2', em que o ar estará com 100% de umidade relativa e terá atingido a temperatura da serpentina na seção de saída. Mais comumente, o ar alcançará uma temperatura intermediária 2. No esquema da Figura 3.6 pode-se ver a ilustração de um dispositivo genérico de desumidificação por resfriamento.

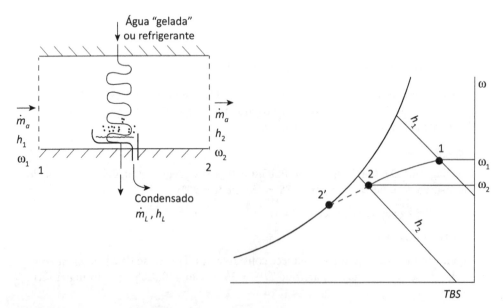

Figura 3.6 Processo de desumidificação por resfriamento.

Diagrama psicrométrico e processos básicos **109**

Das Eqs. de conservação de massa (1.21) e de energia (1.24), para um volume de controle em torno do ar que circula no dispositivo de desumidificação, tem-se o seguinte balanço material para o ar seco e o vapor de água:

$$\dot{m}_a = \dot{m}_{a1} = \dot{m}_{a2}$$
$$\dot{m}_{v1} = \dot{m}_{v2} + \dot{m}_L$$

Da definição de umidade absoluta:

$$\omega = \frac{m_v}{m_a} \tag{2.1a}$$

Logo:

$$\dot{m}_{v1} = \dot{m}_{v2} + \dot{m}_L$$
$$\dot{m}_{a1} \times \omega_1 = \dot{m}_{a2} \times \omega_2 + \dot{m}_L$$

Portanto, a vazão mássica de líquido condensado pode ser avaliada como:

$$\dot{m}_L = \dot{m}_a \times (\omega_1 - \omega_2). \tag{3.13}$$

Também, o fluxo de calor cedido pela corrente de ar para a serpentina é dado por:

$$\dot{Q} = \dot{m}_a \times (h_2 - h_1) + \dot{m}_L h_L. \tag{3.14}$$

Substituindo a Eq. (3.13) e dividindo pelo fluxo de massa de ar seco, tem-se:

$$\frac{\dot{Q}}{\dot{m}_a} = (h_2 - h_1) + (\omega_2 - \omega_1) \times h_L. \tag{3.15}$$

Note que essa equação difere da Eq. (3.12) porque se deve considerar a entalpia específica correspondente à massa de líquido que se condensa. Entretanto, em geral, a magnitude da entalpia específica da água condensada é desprezível diante dos demais termos, como ilustrado no Exemplo 3.4.

Exemplo 3.4 Processo de desumidificação

Calcule o fluxo de calor e a quantidade de água removida de um processo de desumidificação de um fluxo de ar que passa por uma serpentina de água "gelada". São dados:
- condições iniciais do ar: $TBS = 30\ °C$ e $\phi = 80\%$;
- condições finais do ar: $TBS = 10\ °C$ e $\phi = 100\%$;

- pressão = 92,6 kPa; e
- vazão mássica = 0,3 kg ar seco/s.

Solução

Do diagrama do Apêndice D (ou do aplicativo PSICRO), tem-se os seguintes dados:

$\omega_1 = 0,02379$ kg vapor/kg ar seco; $\omega_2 = 0,00839$ kg vapor/kg ar seco;

$h_1 = 90,9$ kJ/kg ar seco; $h_2 = 31,2$ kJ/kg ar seco.

Da tabela B.1 da água, tem-se $h_L = 42,0$ kJ/kg. Utilizando a Eq. (3.13), tem-se:

$$\dot{m}_L = 0,3 \times (0,02379 - 0,00839) = 0,0046 \text{ kg/s} = 4,6 \text{ g/s} = 16,6 \text{ kg/h}$$

O fluxo de calor é obtido resolvendo a Eq. (3.14), do que resulta:

$$\dot{Q} = 0,3 \times (31,2 - 90,9) + 0,0046 \times 42,0 = -17,72 \text{ kW}$$

O sinal de (−) surgiu em virtude da convenção adotada de que calor retirado do volume de controle é negativo. A participação do termo que envolve a entalpia da água (último termo da direita da Eq. 3.14) é muito pequena e, para o exemplo, gira em torno de 1%. Assim, é prática comum que se despreze sua contribuição.

3.3.3 MISTURA ADIABÁTICA DE DOIS FLUXOS DE AR ÚMIDO

Outro processo elementar comum é a mistura de duas correntes de ar úmido, que, em geral, ocorre de forma adiabática. O esquema do lado esquerdo da Figura 3.7 ilustra o processo, enquanto o lado direito da figura mostra o processo no diagrama psicrométrico. Para o volume de controle ilustrado, as Eqs. de conservação de energia (1.23) e de massa (1.20) podem ser escritas como:

Conservação de energia:

$$\dot{m}_{a3} h_3 = \dot{m}_{a1} h_1 + \dot{m}_{a2} h_2,$$

em que os índices estão indicados na figura.

Conservação de massa:

$$\dot{m}_{a1} + \dot{m}_{a2} = \dot{m}_{a3}, \text{ (ar seco)}$$

e

$$\dot{m}_{a1} \omega_1 + \dot{m}_{a2} \omega_2 = \dot{m}_{a3} \omega_3 \text{ (vapor de água).}$$

Eliminando o fluxo de ar seco na saída, $\dot{m}_{a3}$, e combinando as três equações anteriores, tem-se:

Diagrama psicrométrico e processos básicos 111

$$\frac{\dot{m}_{a1}}{\dot{m}_{a2}} = \frac{h_2 - h_3}{h_3 - h_1} = \frac{\omega_2 - \omega_3}{\omega_3 - \omega_1}. \qquad (3.16)$$

A Eq. (3.16) informa que o estado final da mistura deve estar situado em algum ponto sobre uma reta do diagrama que une os dois estados das duas correntes de ar. Veja o próximo exemplo.

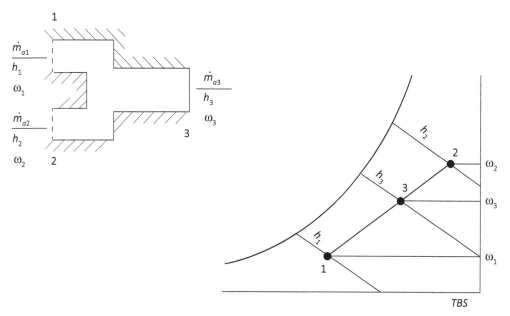

Figura 3.7 Mistura adiabática de dois fluxos de ar úmido.

Exemplo 3.5 Mistura adiabática de dois fluxos de ar úmido

Duas correntes de ar úmido são misturadas adiabaticamente. As vazões são 0,25 e 1 kg de ar seco/s. A pressão local vale 92,6 kPa. Determine a *TBS*, a *TBU* e a ϕ da mistura resultante. São dados:

- fluxo 1: $TBS = 15\ °C$ e $\phi = 60\%$; e
- fluxo 2: $TBS = 30\ °C$ e $\phi = 80\%$.

Solução

O estado 3 da mistura pode ser determinado de duas formas. A primeira forma consiste no uso direto da Eq. (3.16). A segunda forma é o procedimento gráfico de construção no diagrama. Ambos os métodos serão descritos.

- Forma analítica

Determinam-se as umidades absolutas e as entalpias específicas do ar úmido para os estados das duas correntes de ar. Do Diagrama D.6 ou do aplicativo PSICRO, tem-se os seguintes valores para os dois fluxos de ar:

$\omega_1 = 0{,}00698$ kg vapor/kg ar seco; $\omega_2 = 0{,}02379$ kg vapor/kg ar seco;

$h_1 = 32{,}8$ kJ/kg ar seco; $h_2 = 90{,}9$ kJ/kg ar seco.

Em seguida, utiliza-se a Eq. (3.16) para a umidade ou para a entalpia específica. Isso resulta em (para a umidade):

$$\frac{\dot{m}_{a1}}{\dot{m}_{a2}} = \frac{0{,}25}{1} = \frac{\omega_2 - \omega_3}{\omega_3 - \omega_1} = \frac{0{,}02379 - \omega_3}{\omega_3 - 0{,}00698} \Rightarrow \omega_3 = 0{,}0204 \text{ kg vapor/kg ar seco}.$$

De forma análoga, pode-se determinar a entalpia específica final, que resulta no seguinte valor: $h_3 = 79{,}3$ kJ/kg ar seco.

Uma vez conhecidas a entalpia específica e a umidade absoluta finais, o problema está resolvido, pois as demais propriedades podem ser obtidas do diagrama a partir do ponto de intersecção das suas isolinhas. O aplicativo PSICRO também pode ser usado (por tentativa e erro).

- Forma gráfica

Sobre o diagrama marcam-se os dois estados das duas correntes de ar. Na sequência, esses dois pontos são unidos por um segmento de reta. O segmento é, então, dividido em duas partes de acordo com a razão entre as vazões mássicas de ar seco das duas correntes, isto é, $\dot{m}_{a1}/\dot{m}_{a2}$. O ponto encontrado representa o estado final da mistura. Isso está ilustrado na Figura E3.5.

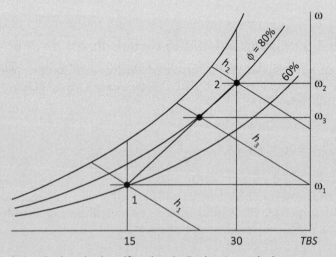

Figura E3.5   Ilustração do método gráfico de solução da mistura de duas correntes de ar úmido.

Diagrama psicrométrico e processos básicos 113

3.3.4 UMIDIFICAÇÃO ADIABÁTICA DO AR ÚMIDO

Em determinadas situações em que o ar se encontra com um baixo teor de umidade, pode ser necessário aumentar seu conteúdo de vapor. Um processo elementar que atinge esse objetivo é o da umidificação por aspersão de vapor de água. Um esquema do dispositivo de aspersão está ilustrado no lado esquerdo da Figura 3.8, enquanto o lado direito da figura ilustra o processo no diagrama psicrométrico. Bicos injetam o vapor na corrente de ar à medida que este atravessa o equipamento.

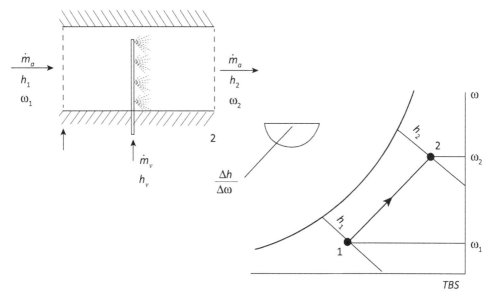

Figura 3.8 Processo de umidificação adiabática.

Da Eq. de conservação de energia (1.24), para o volume de controle envolvendo o fluxo de ar que atravessa o dispositivo, vem que:

$$\dot{m}_v h_v = \dot{m}_a (h_2 - h_1),$$

e, da Eq. da conservação de massa (1.21), tem-se:

$$\dot{m}_v = \dot{m}_a (\omega_2 - \omega_1).$$

Combinando essas duas últimas equações, obtém-se:

$$h_v = \frac{h_2 - h_1}{\omega_2 - \omega_1}. \tag{3.17}$$

A Eq. (3.17) indica que a direção da reta em que reside o estado final da mistura depende da entalpia do vapor da água injetada, h_v. Perceba, também, que o lado direito da equação é o que foi definido na Seção 3.2 como razão entalpia-umidade absoluta, *q*. Como essa razão é uma grandeza importante, ela figura em uma escala angular em muitos diagramas psicrométricos, como ilustrado na Figura 3.8.

Exemplo 3.6 Umidificação adiabática

Um fluxo de ar úmido na vazão mássica de 0,1 kg ar seco/s, $TBS = 25\ °C$ e $\phi = 20\%$, deve ser umidificado por vapor saturado a 105 °C. O valor final da umidade relativa deve ser 70%. A pressão local vale 92,6 kPa.

Solução

O Diagrama D.6 será utilizado. Primeiramente, deve-se obter da Tabela B.1 a entalpia do vapor de água saturado a 105 °C, que vale $h_v = 2683{,}8$ kJ/kg. Dessa forma, $q = h_v = 2683{,}8$, e da escala angular do diagrama obtém-se a inclinação do processo. A partir do estado inicial ($TBS = 25\ °C$ e $\phi = 20\%$), traça-se uma linha paralela à direção *q* obtida até a curva de $\phi = 70\%$. O cruzamento das duas linhas determina o estado final 2 do processo. A temperatura final do processo vale aproximadamente $TBS = 26{,}5\ °C$. Esse procedimento está ilustrado na Figura E3.6.

A solução analítica requer algumas aproximações até que se obtenha o resultado final. Sobre a linha de umidade relativa $\phi = 70\%$, toma-se um ponto qualquer. Obtêm-se as propriedades umidade absoluta e entalpia específica correspondentes ao que seria o estado final 2. Verifica-se se esses valores satisfazem a Eq. (3.17). Novas tentativas são realizadas até que a igualdade seja satisfeita. O mesmo valor de $TBS = 26{,}5\ °C$ será obtido.

Este exemplo ilustrou a importância da escala angular da razão entalpia específica-umidade absoluta. Evidentemente, a análise gráfica não permite um resultado tão acurado quanto a análise analítica, mas, salvo algumas dificuldades de leitura, os resultados serão bastante próximos.

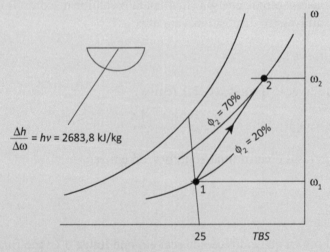

Figura E3.6 Umidificação adiabática do ar.

3.3.5 DESUMIDIFICAÇÃO QUÍMICA DO AR ÚMIDO

Desumidificação química é o processo em que o vapor de água é absorvido ou adsorvido por um material higroscópico. Se o processo for adiabático, ele vai ocorrer sobre uma linha de entalpia constante, em que a temperatura de ar vai aumentar enquanto sua umidade absoluta deve diminuir. O processo está ilustrado na Figura 3.9.

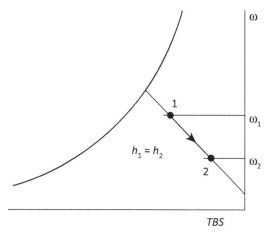

Figura 3.9 Processo de desumidificação química.

Exemplo 3.7 Instalação de um sistema de ar-condicionado

Neste exemplo, uma instalação simples de ar-condicionado é resolvida a fim de visualizar de forma integrada alguns dos processos básicos descritos anteriormente. Considere o esquema da instalação ilustrado na Figura E3.7a.

As perdas de calor pelas tubulações são desprezíveis (isto é, podem ser consideradas adiabáticas). Os seguintes dados são conhecidos:

Dado/descrição/equipamento	Símbolo	Valor/unidade
Condicionador de ar:		
Fluxo de calor total trocado	$\dot{Q}$	40 kW
Temp. de bulbo seco na saída	TBS	15 °C
Potência do ventilador	$\dot{W}_v$	1 kW
Vazão mássica do ar externo	$\dot{m}_e$	0,25 kg ar seco/s

(continua)

(continuação)

Dado/descrição/equipamento	Símbolo	Valor/unidade
Vazão mássica do ar de retorno	$\dot{m}_r$	1,0 kg ar seco/s
Temperaturas do ambiente:		
- bulbo seco	TBS	25 °C
- bulbo úmido	TBU	19 °C
Temperaturas do ar externo:		
- bulbo seco	TBS	34 °C
- bulbo úmido	TBU	29 °C
Pressão barométrica	P	92,6 kPa

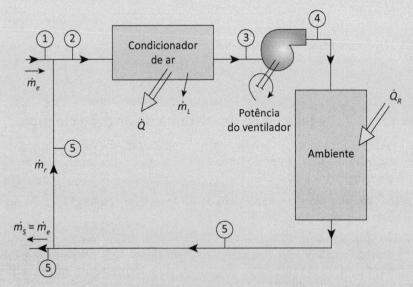

Figura E3.7a Instalação simples de um sistema de ar-condicionado.

Solução

O sistema será subdividido nos processos elementares estudados anteriormente. Fazendo uma breve análise da instalação, verifica-se que o estado 2 pode ser prontamente obtido, já que as vazões dos ares externo e de retorno e suas temperaturas (bulbos seco e úmido) são conhecidas.

Diagrama psicrométrico e processos básicos

- Determinação do estado 2 – fluxo de ar total que será condicionado

Os estados 1 e 5 são conhecidos (ar externo e ar de retorno do ambiente). A mistura das duas correntes é o processo básico descrito no item 3.3.3 – mistura adiabática de dois fluxos de ar úmido. Como ilustrado no Exemplo 3.5, existem pelo menos duas formas de resolver o problema: uma analítica e outra gráfica. Neste exemplo, será utilizado um método misto em que a primeira parte do problema é resolvida de forma analítica (até que se obtenha a umidade absoluta ou a entalpia específica, se preferir) e o resultado final é obtido usando o diagrama. Da Eq. (3.16), tem-se

$$\frac{\dot{m}_e}{\dot{m}_r} = \frac{\omega_2 - \omega_5}{\omega_1 - \omega_2},$$

ou, rearranjando essa expressão:

$$\omega_2 = \frac{\dot{m}_r}{\dot{m}_e + \dot{m}_r} \times \left[\omega_5 + \omega_1 \frac{\dot{m}_e}{\dot{m}_r}\right].$$

Do diagrama (ou do aplicativo PSICRO) para os valores de temperaturas conhecidos, tem-se que $\omega_1 = 0{,}0260$ kg vapor/kg ar seco, e $\omega_5 = 0{,}0127$ kg vapor/kg ar seco. Assim:

$$\omega_2 = \frac{1}{1{,}25} \times \left[0{,}0127 + 0{,}0260 \times \frac{0{,}25}{1}\right] = 0{,}0154 \text{ kg vapor/kg ar seco}.$$

Se agora se desejar continuar a solução por meio analítico, esse mesmo procedimento deve ser utilizado para determinar a entalpia específica do estado 2. Contudo, também é possível utilizar o método gráfico a seguir, ilustrado na Figura E3.7b. Os pontos 1 e 2 são unidos por um segmento de reta. Do eixo da umidade absoluta, encontra-se o valor de $\omega_2 = 0{,}0154$ kg vapor/kg ar seco e, a partir desse valor no eixo, um segmento de reta horizontal é traçado até encontrar o primeiro segmento de reta. A intersecção das duas linhas indica o estado 2 do ar. Isso resulta em $TBS_2 = 26{,}6\ °C$, $\phi_2 = 64\%$ e $h_2 = 66{,}1$ kJ/kg ar seco.

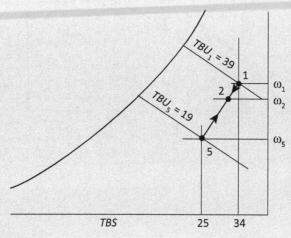

Figura E3.7b Diagrama 1.

Note que, se o processo gráfico fosse utilizado desde o princípio, bastaria encontrar sobre o segmento de reta que une os dois estados 1 e 2 o ponto correspondente à proporção entre as duas vazões mássicas $\dot{m}_e$ e $\dot{m}_r$, como dado pela Eq. (3.16).

- Determinação do estado 3 – saída do aparelho de condicionamento de ar

Esse é um processo de resfriamento e desumidificação (Seção 3.3.2). Da Eq. (3.15), e lembrando que o fluxo mássico de ar seco 2 é dado pela soma dos fluxos de ar 1 e 5, ou seja, $\dot{m}_{total} = \dot{m}_{a2} = \dot{m}_{a2} + \dot{m}_{a5} = 1{,}25$ kg ar seco/s, tem-se que:

$$h_3 = \frac{\dot{Q}}{\dot{m}_{total}} + h_2 - (\omega_3 - \omega_2) \times h_L.$$

Neste ponto, faz-se a hipótese usual de que o produto da entalpia da água condensada h_L pela diferença de umidades absolutas é desprezível. Assim, substituindo os valores conhecidos, resulta que:

$$h_3 = \frac{-40}{1{,}25} + 66{,}1 = 34{,}1 \text{ kJ/kg ar seco}.$$

Como a TBS_3 é também conhecida e vale 15 °C (dado fornecido pelo enunciado do problema), então essas duas linhas podem ser traçadas no diagrama psicrométrico para obter o ponto 3 na saída do aparelho de condicionamento de ar, como indicado na Figura E3.7c. O valor da umidade ω_3 que se obtém é 0,0075 kg vapor/kg ar seco.

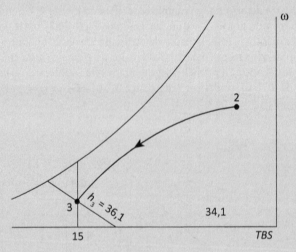

Figura E3.7c Diagrama 2.

- Determinação do estado 4 – ar de insuflamento

O ar sofre apenas aquecimento sensível em virtude da potência de ventilação entre os estados 3 e 4. Assim, da Eq. (3.12), tem-se

$$h_4 = \frac{P_{ventilador}}{\dot{m}_{total}} + h_3.$$

Agora, substituindo os valores, obtém-se $h_4 = 34,9$ kJ/kg ar seco. Além disso, $\omega_4 = \omega_3 = 0,0075$ kg vapor/kg ar seco. Com esses dados, o estado 4 fica determinado, como indicado no diagrama esquemático da Figura E3.7d.

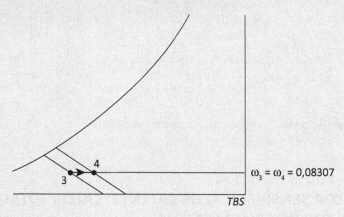

Figura E3.7d Diagrama 3.

Finalmente, o estado 5 é dado de entrada do problema. A Figura E3.7e resume todos os processos envolvidos neste problema, e os valores das propriedades encontram-se na Tabela E3.7b.

Ponto	TBS (°C)	TBU (°C)	v (m³/kg ar seco)	h (kJ/kg ar seco)	ω (kg vapor/kg ar seco)	φ (%)	T_o (°C)
1	34	29	0,9918	100,8	0,0260	70	27,7
2	26,6	21,4	0,9523	66,1	0,0154	64	19,3
3	15	11,2	0,9040	34,1	0,0075	65	8,4
4	15,8	11,5	0,9065	34,9	0,0075	61	8,4
5	25	19	0,9429	57,3	0,0126	58	16,2

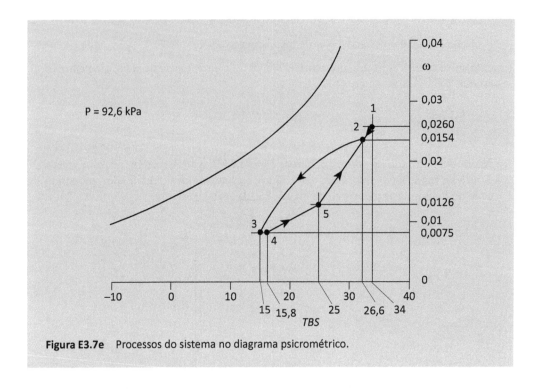

Figura E3.7e Processos do sistema no diagrama psicrométrico.

3.4 CALOR SENSÍVEL, CALOR LATENTE, CALOR TOTAL E FATOR DE CALOR SENSÍVEL

O termo *calor sensível* refere-se aos processos que afetam a temperatura de bulbo seco do ar apenas, enquanto sua umidade absoluta permanece inalterada. Nos processos básicos anteriores, os processos de resfriamento ou aquecimento apresentados no item 3.3.1 são exemplos de trocas térmicas de calor sensível.

Calor latente refere-se aos processos cuja ação se dá sobre a umidade do ar enquanto sua TBS permanece inalterada. Todos os demais processos apresentados anteriormente possuem uma parcela de calor latente. *Calor total* é a designação dada à soma das duas parcelas de calor, sensível e latente. *Fator de calor sensível*, FCS, é a razão entre os calores sensível e latente envolvidos.

A nomenclatura "calor" não é realmente apropriada, pois calor é usado no contexto para designar, na verdade, um certo fluxo de calor, em termos de energia por unidade de tempo. A unidade do calor isoladamente é dada em termos de energia (joules, cal, e Btu, por exemplo).

PROBLEMAS PROPOSTOS

1. O estado termodinâmico de uma amostra de ar indica $TBS = 30\,°C$ e $TBU = 25,4\,°C$ para $P = 101,325$ kPa. Determine:

a) As umidades absoluta e relativa do ar nessas condições.

b) A umidade absoluta e a entalpia específica se o ar sofre um processo de saturação adiabática.

2. Um condicionador de ar, $P = 92,6$ kPa, deve resfriar 5 m³/s de ar úmido a 30 °C de TBS e $\phi = 50\%$ até $TBU = 13\,°C$ e $\phi = 90\%$. Calcule:

a) A capacidade de refrigeração do equipamento (fluxo de calor retirado).

b) A vazão da água que se condensa (se houver condensação).

3. Uma tubulação conduzindo água fria a 15 °C atravessa uma sala, cuja temperatura ambiente vale 25 °C. Qual a maior umidade relativa que pode ser mantida na sala sem que haja condensação do vapor de água junto à tubulação? Assuma pressão normal.

4. Duas correntes de ar úmido são misturadas adiabaticamente segundo o esquema a seguir. Pede-se:

a) Calcule a umidade relativa da mistura no estado 3.

b) Admitindo que as vazões mássicas dos fluxos 1 e 2 são iguais a 4 kg/s, quais devem ser as vazões mássica e volumétrica do ar no estado 3?

- $TBS_1 = 15\,°C$, $\phi_1 = 60\%$;
- $TBS_2 = 30\,°C$, $\phi_2 = 60\%$; e
- $TBS_3 = 25\,°C$, $P = 101,325$ kPa.

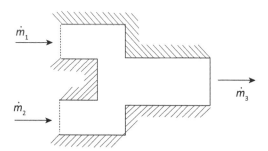

5. Ar úmido é aquecido por vapor de água que se condensa dentro de uma serpentina de aquecimento, como esquematizado a seguir. Parte do ar passa pela serpentina e parte é desviada (*bypass*). Para uma pressão de mistura normal, determine:

a) A vazão mássica que é desviada pela serpentina.

b) O fluxo de calor fornecido pela serpentina.

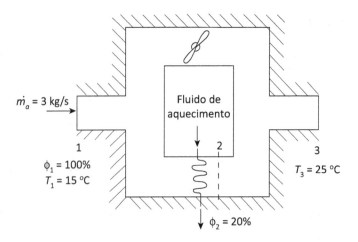

6. Um dado ambiente tem uma carga (ou fluxo de calor) sensível de 60 kW e carga (ou fluxo) latente de 6 kW, TBS = 25 °C e TBU = 20 °C. Trace no diagrama psicrométrico a linha (reta) dos estados que possuem o mesmo fator de calor sensível, FCS, que passa pelo ponto definido pelas TBS e TBU do ar. Nota: o fator de calor sensível é definido como a razão entre as cargas (ou fluxos de calor) sensível e total.

7. Ar, TBS = 30 °C e ϕ = 20%, deve ser umidificado com uma mistura saturada de vapor e líquido a 105 °C. O estado final do ar deve ser saturado e à mesma TBS. Pergunta-se qual o título, x, do vapor de umidificação. Todos os estados estão a uma pressão de 101,325 kPa, a vazão mássica do fluxo de ar é igual a 1 kg/s e a vazão mássica da mistura vapor e líquido é de 0,1 kg/s.

8. Num pequeno escritório, verifica-se que a carga total de refrigeração é de 10 kW. A sala é mantida a TBS = 22 °C e 50% de umidade relativa. Vinte e cinco por cento da massa de vapor de água é retirada na serpentina de resfriamento. O ar é completamente recirculado. Calcule a vazão volumétrica de ar necessária para manter essas condições e a temperatura de insuflamento, sendo que a pressão atmosférica é de 96 kPa.

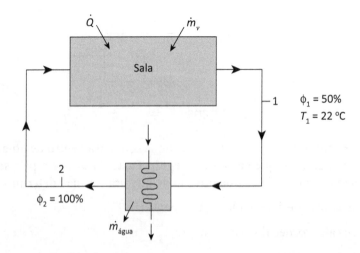

9. Ar entra em um compressor de dois estágios a 30 °C e ϕ = 50% a uma pressão de 101,325 kPa. Ao final do primeiro estágio, a pressão alcança 500 kPa. O fluxo de ar, então, passa por um resfriador sem que ocorra a condensação do vapor de água. Até que temperatura o ar pode ser resfriado sem que ocorra a indesejável condensação? (Use a abordagem de gás perfeito.)

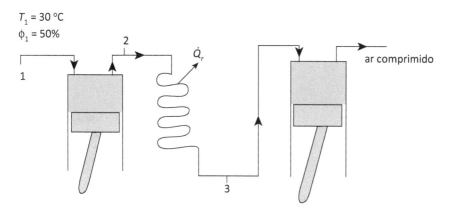

10. Uma sala com dimensões de 3 m × 5 m × 6 m contém ar úmido nas seguintes condições:

- pressão = 96,5 kPa;
- temperatura = 26 °C; e
- umidade relativa = 55%.

Avalie para a sala:

a) A umidade absoluta.

b) A temperatura de orvalho.

c) A massa total de vapor de água.

11. Em locais nos quais a temperatura é elevada e a umidade relativa é baixa, pode-se utilizar um processo de resfriamento evaporativo no qual um fluxo de ar recebe vapor de água por meio de pulverização (veja figura a seguir).

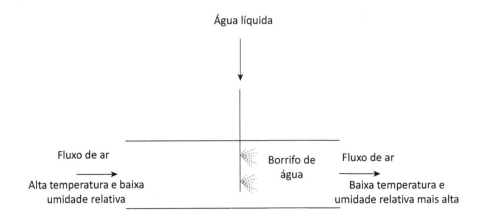

O fluxo de ar tem uma vazão de 1 kg/s e, na entrada do processo, a temperatura é de 40 °C e a umidade relativa, 15%, com pressão de 98 kPa. Já o fluxo de água tem uma vazão de 0,01 kg/s e uma temperatura de 10 °C. Nessas condições, se a temperatura de saída do ar for de 25 °C, qual a umidade relativa na saída do processo?

12. Um dos processos para remoção de umidade de um fluxo de ar é a redução da temperatura deste fluxo de ar com vazão de 1 kg/s. Para um fluxo de ar com temperatura de 25 °C e umidade relativa de 55% a 96,5 kPa, qual é a transferência de calor e o fluxo de líquido condensado para que haja uma redução da temperatura para 5 °C e umidade absoluta de 0,0001 kg vapor/kg ar seco?

CAPÍTULO 4
Aplicação em sistemas de climatização

4.1 CONFORTO TÉRMICO E PSICROMETRIA

O corpo humano tolera poucas variações de temperatura de bulbo seco, e, apesar disso, a avaliação da condição de conforto térmico traz um grau elevado de subjetividade. A análise do conforto térmico é baseada no estudo de Fanger (1972), que propôs um modelo baseado em equações que permitem estimar o nível de conforto térmico. Seu modelo considera as trocas de calor e massa entre o corpo humano e o ambiente que o circunda, sendo que os mecanismos principais de troca de calor e massa são convecção, radiação e evaporação, como bem ilustrado no esquema da Figura 4.1. Nessa figura também são apresentados os principais parâmetros que interferem no conforto térmico, dentre os quais se destacam a temperatura de bulbo seco, *TBS*, e a umidade relativa do ar, que, em conjunto com fatores fisiológicos, atividades e vestimenta, perfazem a base do seu modelo.

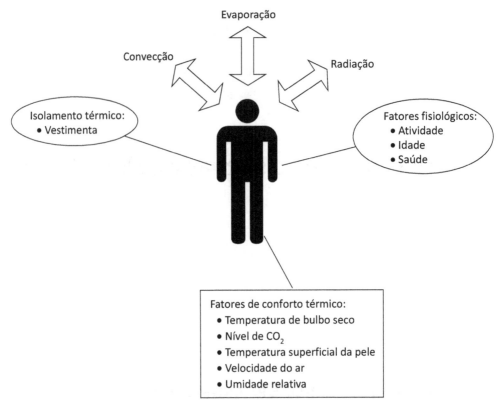

Figura 4.1 Parâmetros principais relacionados ao conforto térmico em ambientes climatizados.

Os estudos das condições de conforto térmico permitem definir faixas da temperatura de bulbo seco e da umidade relativa para as quais se têm condições de conforto para o inverno e o verão (ABNT, 2008a), a saber:

- Verão:
    - TBS de 22,5 °C a 25,5 °C e umidade relativa de 35% a 65%;
    - TBS de 23,0 °C a 26,0 °C e umidade relativa de 35% a 65%.
- Inverno:
    - TBS de 21,0 °C a 23,5 °C e umidade relativa de 30% a 60%;
    - TBS de 21,5 °C a 24,0 °C e umidade relativa de 30% a 60%.

Ao avaliar essas faixas de temperatura e umidade relativa em um diagrama psicrométrico, pode-se definir uma região que delimita as condições em que se atingem bons índices de conforto térmico, como mostrado na Figura 4.2 para as estações inverno e verão. Dessa forma, no projeto de sistemas de climatização deve-se atender a tais condições de conforto térmico para garantir que o ambiente climatizado esteja adequado e confortável para a ocupação humana. A climatização de frutas, verduras e outros produtos deve obedecer a normas ou condições próprias.

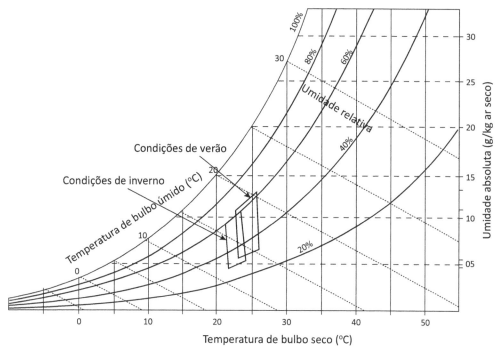

Figura 4.2 Diagrama psicrométrico e condições de conforto térmico para inverno e verão.

4.2 SISTEMAS DE CLIMATIZAÇÃO

Em um sistema de climatização, podem ocorrer os seguintes processos de transferência de calor e massa:

- resfriamento;
- aquecimento;
- umidificação;
- desumidificação; e
- combinação de dois ou mais processos anteriores.

Cada um desses processos deve ser analisado com o objetivo de permitir o dimensionamento e os tipos de manipulação do ar necessários para garantir que seja fornecida uma vazão de ar com uma temperatura de bulbo seco e uma umidade relativa capazes de assegurar condições de conforto térmico para os ocupantes dos ambientes climatizados. No Capítulo 3, cada um desses processos foi definido e analisado em separado. Neste capítulo, esses processos são integrados com indicação de configurações de equipamentos e processos que permitam atingir o objetivo de climatização com conforto térmico.

4.2.1 AVALIAÇÃO DA CARGA TÉRMICA DE UM SISTEMA DE CLIMATIZAÇÃO

A Figura 4.3 ilustra esquematicamente um sistema típico de climatização. Ar externo (renovação) é admitido no ponto 1 e misturado com parte do ar de retorno proveniente do próprio ambiente (ponto 4). A mistura dos dois fluxos de ar, então, sofre o processo de condicionamento no sistema de climatização entre os pontos 2 e 3 para, finalmente, ser insuflada no ambiente que se deseja manter climatizado. Válvulas tipo borboleta (*damper*) permitem controlar a vazão necessária de ar.

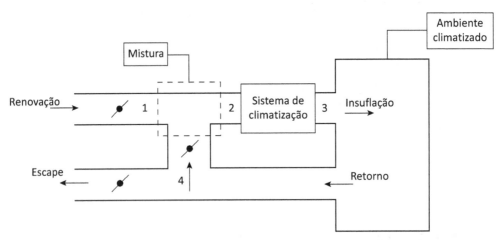

Figura 4.3 Esquema simplificado do sistema de climatização e do ambiente climatizado.

No processo de dimensionamento de um sistema de climatização, deve-se definir a condição em que se deseja climatizar o ambiente, por exemplo, temperatura de bulbo seco igual a 24 °C e umidade relativa de 50%. Além disso, devem-se avaliar as fontes de geração de calor internas (iluminação, equipamentos, pessoas) e externas (radiação solar incidente, temperatura de bulbo seco externa, entre outras) para determinar a taxa de calor a ser retirada do ambiente, denominada *carga térmica do ambiente*. A carga térmica do ambiente permitirá determinar a vazão de ar a ser insuflado no ambiente para que se mantenham as condições estabelecidas no projeto. Para isso, deve ser feito um balanço de energia no ambiente climatizado em que se impõe uma condição de insuflamento de temperatura de bulbo seco de 14 °C e umidade relativa de 95%. Assumindo que as condições do ar são uniformes em todos os pontos do ambiente e que não há infiltrações (entrada de ar externo por frestas) e exfiltrações (saídas de ar interno por frestas), temos que as leis de conservação nessas condições são:

- Conservação de massa, Eq. (1.21):

$$\dot{m}_{\text{insuflação}} = \dot{m}_{\text{retorno}} \tag{4.1}$$

Aplicação em sistemas de climatização 129

- Conservação de energia, Eq. (1.24), com as hipóteses de variações de energias cinética e potencial desprezíveis e potência mecânica nula:

$$\dot{Q}_{ambiente} = \dot{m}_{insuflação} \times \left(h_{retorno} - h_{insuflação} \right) \tag{4.2}$$

em que:

$\dot{m}_{insuflação}$ = vazão mássica de ar de insuflamento [kg ar seco/s];

$\dot{m}_{retorno}$ = vazão mássica de ar de retorno [kg ar seco/s];

$h_{retorno}$ = entalpia específica do ar de retorno [kJ/kg ar seco];

$h_{insuflação}$ = entalpia específica do ar de insuflamento [kJ/kg ar seco]; e

$\dot{Q}_{ambiente}$ = carga térmica do ambiente [kW].

Por meio de métodos de cálculo de sistemas de ar-condicionado, que consideram as fontes de geração interna e infiltrações externas de calor, chega-se ao valor da carga térmica do ambiente. A fim de ilustrar o procedimento e os processos psicrométricos, suponha que se tenha chegado a uma carga térmica no ambiente de 88 kW e que, para as condições do ambiente definidas anteriormente, pode-se avaliar a vazão de ar de insuflamento para a cidade de São Paulo (altitude = 803 m; P_{atm} = 92,04 kPa), utilizando para isso a planilha PSICRO (descrita no Apêndice E), como:

$\dot{Q}_{ambiente}$ = 88 kW;

$h_{insuflação}$ = 40,57 kJ/kg ar seco (*TBS* = 14 °C e ϕ = 95%);

$h_{retorno}$ = 53,03 kJ/kg ar seco (*TBS* = 25 °C e ϕ = 50%).

Logo:

$$\dot{m}_{insuflação} = \frac{\dot{Q}_{ambiente}}{\left(h_{retorno} - h_{insuflação} \right)} = \frac{88}{53,03 - 40,57} = 7,06 \text{ kg ar seco/s}$$

Com o valor da vazão mássica de ar de insuflamento, pode-se avaliar a carga térmica que o sistema de climatização (que não é igual à do ambiente climatizado) deve retirar da mistura de ar na entrada do sistema de climatização para atingir a condição de insuflamento (14 °C e ϕ = 95%). Para isso, é realizado um balanço de energia (Eq. 1.24) no volume de controle no entorno do sistema de climatização entre os pontos 2 e 3, destacado em linha pontilhada na Figura 4.4.

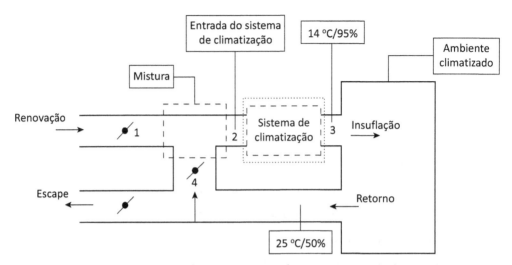

Figura 4.4 Volume de controle para avaliação da carga térmica no sistema de climatização.

Para o volume de controle mostrado na Figura 4.4, temos:

$$\dot{Q}_{sistema} = \dot{m}_{insuflação} \times \left(h_{entrada,\, climatização} - h_{insuflação} \right) \quad (4.3)$$

em que:

$\dot{Q}_{sistema}$ = carga térmica no sistema de climatização [kW];

$\dot{m}_{insuflação}$ = vazão mássica de ar de insuflamento [kg ar seco/s];

$h_{insuflação}$ = entalpia específica do ar de insuflamento [kJ/kg ar seco]; e

$h_{entrada,\, climatização}$ = entalpia específica do ar da entrada do sistema de climatização [kJ/kg ar seco].

Na Eq. (4.3), deve-se determinar o valor da entalpia específica do ar na entrada do sistema de climatização, o que pode ser realizado por meio do balanço de energia na região de mistura (Figura 4.5), em que se assume que a região de mistura entre os fluxos de ar de retorno e de renovação é adiabática (Seção 3.3.3).

$$\dot{m}_{insuflação} \times h_{entrada,\, climatização} = \dot{m}_{retorno} \times h_{retorno} + \dot{m}_{renovação} \times h_{renovação} \quad (4.4)$$

Para a definição da condição do ar para renovação, pode-se utilizar a norma NBR 16401 (ABNT, 2008b), em que se definem condições típicas para projeto de sistemas de climatização. Dessa forma, para a cidade de São Paulo adota-se como temperatura de bulbo seco externa 31 °C e como temperatura de bulbo úmido 20,4 °C, podendo-se avaliar as seguintes propriedades por meio da planilha PSICRO:

- $h_{insuflamento}$ = 40,57 kJ/kg ar seco (TBS = 14 °C e ϕ = 95%);
- $h_{renovação}$ = 62,54 kJ/kg ar seco (TBS = 31 °C e TBU = 20,4 °C); e
- $h_{retorno}$ = 53,03 kJ/kg ar seco (TBS = 25 °C e ϕ = 50%).

Aplicação em sistemas de climatização

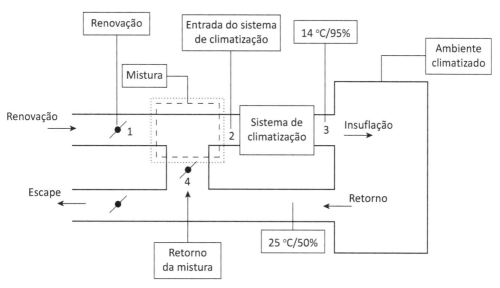

Figura 4.5 Volume de controle na caixa de mistura.

Além disso, deve-se definir a vazão de renovação de ar que tem como valor mínimo 27 m³/(h.pessoa), de acordo com a vazão mínima requerida pela Resolução n. 9 (Anvisa, 2003), e, assumindo que temos uma população de cem pessoas no ambiente analisado, é necessária uma vazão total de renovação de 2700 m³/h. Para o cálculo da vazão mássica de renovação de ar temos que, na condição externa (*TBS* = 31 °C e *TBU* = 20,4 °C), o volume específico é igual a 0,9672 m³/kg ar seco (utilizando a planilha PSICRO). Logo, a vazão mássica de renovação de ar é dada por:

$$\dot{m}_{renovação} = \frac{2700}{3600 \times 0,9672} = 0,78 \text{ kg ar seco/s}$$

Realizando um balanço de massa na caixa de mistura (volume de controle mostrado na Figura 4.5), Eq. (1.21), temos:

$$\dot{m}_{insuflação} = \dot{m}_{retorno} + \dot{m}_{renovação}.$$

Portanto:

$$7,06 = \dot{m}_{retorno} + 0,78 \Rightarrow \dot{m}_{retorno} = 6,28 \text{ kg ar seco/s}.$$

Retomando a Eq. (4.4), temos:

$$7,06 \times h_{entrada,\,climatização} = 6,28 \times 53,03 + 0,78 \times 62,54 \Rightarrow h_{entrada,\,climatização} =$$
$$= 54,08 \text{ kJ/kg ar seco}.$$

Para caracterizar a condição de entrada do sistema de climatização, pode-se avaliar a umidade absoluta na entrada do sistema com o auxílio de um balanço mássico para o vapor de água na caixa de mistura, mostrada na Eq. (4.5), derivada da Eq. (3.16).

$$\dot{m}_{insuflação} \times \omega_{insuflação} = \dot{m}_{retorno} \times \omega_{retorno} + \dot{m}_{renovação} \times \omega_{renovação} \quad (4.5)$$

Por meio da planilha PSICRO, pode-se avaliar:

- $\omega_{retorno} = 0{,}01094$ kg vapor/kg ar seco ($TBS = 25\ ºC$ e $\phi = 50\%$); e
- $\omega_{renovação} = 0{,}01221$ kg vapor/kg ar seco ($TBS = 31\ ºC$ e $TBU = 20{,}4\ ºC$).

Logo:

$$7{,}06 \times \omega_{entrada,\ climatização} = 6{,}28 \times 0{,}01094 + 0{,}78 \times 0{,}01221$$

$$\omega_{entrada,\ climatização} = 0{,}01108 \text{ kg vapor/kg ar seco}$$

Dessa forma, retomando a Eq. (4.3), temos:

$$\dot{Q}_{sistema} = 7{,}06 \times (54{,}08 - 40{,}57) = 95{,}38 \text{ kW}$$

Todos os processos anteriores são mais bem compreendidos se analisados no diagrama psicrométrico, como bem ilustra a Figura 4.6.

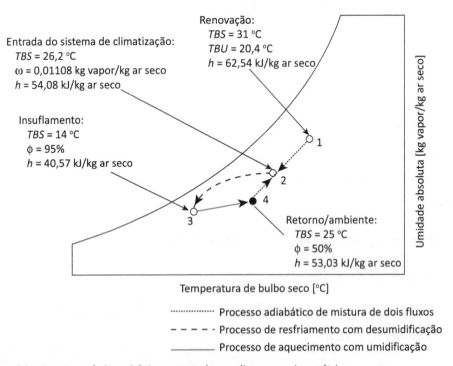

Figura 4.6 Processos do item 4.2.1 apresentados no diagrama psicrométrico.

4.2.2 IMPACTO DA VAZÃO DE RENOVAÇÃO NA AVALIAÇÃO DA CARGA TÉRMICA

Um dos aspectos importantes que devem ser considerados no projeto de um sistema de climatização é a vazão de ar externo, pois esta é responsável pela dispersão de poluentes e particulados em ambiente climatizado. As condições climáticas locais afetam a carga térmica de um sistema de climatização, uma vez que modificam a entalpia específica do ar externo que se mistura com ar de retorno na caixa de mistura (Figura 4.3). Para avaliar esse impacto, podem-se utilizar os dados climáticos fornecidos pela ASHRAE (2017) para algumas cidades brasileiras, apresentados na Tabela 4.1.

Tabela 4.1 Dados climáticos de cidades brasileiras

Cidade	TBS (°C)	TBU (°C)
São Paulo	31,1	20,2
Belém	33,0	25,8
Brasília	31,2	17,9
Florianópolis	31,0	25,0
Recife	33,5	26,7

Fonte: ASHRAE (2017).

Usando a mesma vazão de ar externo do Exemplo 4.1 (2700 m^3/h), pode-se calcular o impacto da vazão externa para diferentes condições climáticas na carga térmica do sistema de climatização. Os resultados obtidos são mostrados na Tabela 4.2.

Tabela 4.2 Propriedades de ar externo e carga térmica para diferentes dados climáticos de cidades brasileiras

Cidade	TBS (°C)	TBU (°C)	Pressão atm. (kPa)	φ (%)	Entalpia (kJ/kg ar seco)	Carga térmica (kW)
São Paulo	31,1	20,2	92,06	38,1	61,79	94,80
Belém	33,0	25,8	101,30	57,9	79,61	110,33
Brasília	31,2	17,9	89,22	28,3	54,84	89,36
Florianópolis	31,0	25,0	101,25	61,8	76,28	107,67
Recife	33,5	26,7	101,1	59,2	83,73	113,65

Fonte: ASHRAE (2017).

4.2.3 RESFRIAMENTO NATURAL DIRETO (*FREE COOLING*)

Diversas estratégias podem ser usadas para reduzir o consumo elétrico de sistemas de climatização. Entre elas, pode-se citar o denominado resfriamento natural direto (*free cooling*), que consiste em modificar a vazão externa caso a entalpia específica nas condições externas seja igual ou menor que a entalpia específica nas condições de insuflamento (BELIZÁRIO, 2018). Dessa forma, pode-se desligar o sistema de climatização, reduzindo o seu impacto no consumo de energia elétrica da edificação. A Figura 4.7 mostra de forma esquemática esse sistema em que ar externo é capturado e insuflado diretamente na edificação após filtragem.

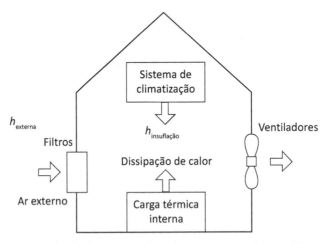

Figura 4.7 Esquema simplificado de processo de resfriamento natural direto (*free cooling*).

Fonte: adaptada de Belizário (2018).

Caso a entalpia do ar nas condições externas esteja abaixo do nível desejado, pode-se optar por controlar a entalpia de insuflamento por meio da mistura da vazão de ar externo com a vazão de ar de retorno, como mostrado na Figura 4.8. Nas condições apresentadas na Figura 4.6, podemos avaliar o balanço de energia devido às variações de temperatura (denominadas transferência de calor sensível), como indicado na Eq. (4.7) para uma pressão atmosférica de 92,06 kPa e condições externas iguais a $TBS = 12\ °C$ e $\phi = 40\%$.

$$\dot{m}_{insuflação} \times h_{insuflação} = \dot{m}_{retorno} \times h_{retorno} + \dot{m}_{ar\ externo} \times h_{ar\ externo}. \tag{4.7}$$

Logo:

$$\dot{m}_{insuflação} \times 40{,}57 = \dot{m}_{retorno} \times 53{,}03 + \dot{m}_{ar\ externo} \times 21{,}75. \tag{4.8}$$

Utilizando os dados obtidos no Exemplo 4.2, tem-se uma vazão de insuflação de 7,06 kg ar seco/s, e, portanto, pode-se escrever que:

$$\dot{m}_{insuflação} = \dot{m}_{retorno} + \dot{m}_{ar\ externo} = 7{,}06\ kg\ ar\ seco/s. \tag{4.9}$$

Aplicação em sistemas de climatização 135

Resolvendo as Eqs. (4.8) e (4.9), tem-se:

$\dot{m}_{\text{insuflação}} = 7,06$ kg ar seco/s; $\dot{m}_{\text{retorno}} = 4,25$ kg ar seco/s; $\dot{m}_{\text{ar externo}} = 2,81$ kg ar seco/s

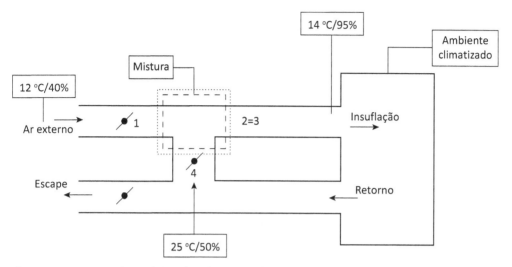

Figura 4.8 Esquema de condições de utilização de *free cooling*.

O processo pode ser mais bem entendido quando apresentado no diagrama psicrométrico (Figura 4.9).

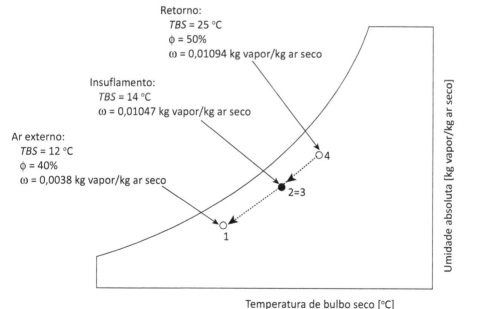

Figura 4.9 Processos do item 4.2.3 apresentados no diagrama psicrométrico.

4.2.4 SISTEMA DE CLIMATIZAÇÃO COM VAZÃO MÁXIMA DE AR EXTERNO

No caso de climatização de ambientes, temos duas parcelas relacionadas à carga térmica: a parcela sensível e a de vaporização. A primeira parcela está associada à manutenção da temperatura de bulbo seco no ambiente, enquanto a segunda refere-se ao controle do teor de vapor de água no ambiente climatizado. O controle desses parâmetros está diretamente ligado à condição de insuflação no ambiente climatizado. Para exemplificar o efeito desses parâmetros na demanda de energia elétrica a ser retirada pelo sistema de climatização, será utilizado um ambiente com ocupação típica de um teatro e as seguintes características, cujo esquema simplificado é apresentado na Figura 4.10:

- Pressão atmosférica: 92,06 kPa.
- Temperatura de bulbo seco no ambiente: 25 ºC.
- Umidade relativa no ambiente: 50%.
- Carga térmica sensível: 9 kW.
- Carga térmica de vaporização: 3 kW.
- Temperatura de bulbo seco externa: 45 ºC.
- Temperatura de bulbo úmido externa: 32 ºC.
- Temperatura de bulbo seco na condição de insuflação: 14 ºC.
- Temperatura de ponto de orvalho na condição de insuflação: 12 ºC.
- Aumento na temperatura de bulbo seco devido ao aquecimento promovido pelo ventilador e pelos ganhos de calor nos dutos: 0,5 ºC.

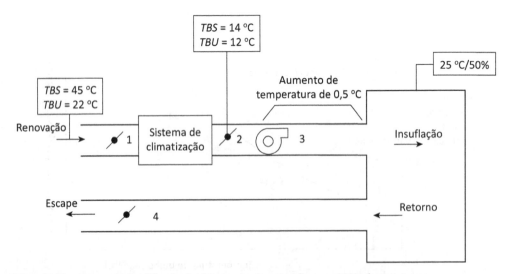

Figura 4.10 Esquema simplificado de sistema de climatização com 100% de ar externo.

Para essa condição, será adotado um fornecimento de 100% de ar fresco externo, e deseja-se avaliar a taxa de calor que deve ser transferido para a serpentina do sistema de climatização.

Para as condições apresentadas, pode-se escrever que:

$$\dot{Q}_{ambiente} = \dot{m}_{insuflação} \times (h_{ambiente} - h_{insuflação}),$$

em que:

- $\dot{Q}_{ambiente} = 9 + 3 = 12$ kW; e
- $h_{ambiente} = 53{,}03$ kJ/kg ar seco ($TBS = 25$ °C; $\phi = 50\%$).

Para se avaliar o valor de $h_{insuflação}$ deve-se levar em consideração a mudança de estado promovida pelo calor obtido pelo ventilador e a transferência de calor nos dutos. Dessa forma, temos um processo de aquecimento sensível, sendo:

- condição na saída do sistema de climatização: $TBS = 14$ °C e $TBU = 12$ °C → $h_{saída, climatização} = 36{,}42$ kJ/kg ar seco e $\omega_{saída, climatização} = 0{,}0088$ kg vapor/kg ar seco;
- condição na seção de insuflação: $TBS_{insuflação} = 14 + 0{,}5 = 14{,}5$ °C e $\omega_{insuflação} = \omega_{saída, climatização} = 0{,}00863$ kg vapor/kg ar seco → $h_{insuflação} = 36{,}41$ kJ/kg ar seco.

Logo:

$$12000 = \dot{m}_{insuflação} \times (53{,}03 - 36{,}41) \quad \dot{m}_{insuflação} = 0{,}72 \text{ kg ar seco/s}.$$

No caso da condição de 100% de ar externo, pode-se realizar o balanço no sistema de climatização como:

$$\dot{Q}_{sistema\ de\ climatização} = \dot{m}_{sistema\ de\ climatização} \times (h_{entrada} - h_{saída}),$$

em que $h_{entrada} = 118{,}59$ kJ/kg ar seco, logo:

$$\dot{Q}_{sistema\ de\ climatização} = 0{,}72 \times (118{,}59 - 36{,}42) = 59{,}16 \text{ kW}.$$

Os processos que foram aqui avaliados podem ser observados no diagrama psicrométrico da Figura 4.11.

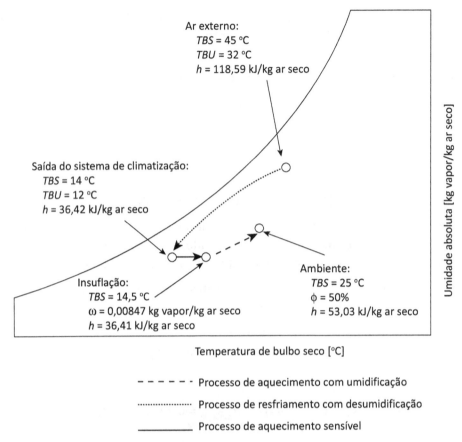

Figura 4.11 Processos do item 4.2.4 apresentados no diagrama psicrométrico.

4.3 CONTROLE DE CONDIÇÕES PSICROMÉTRICAS EM SISTEMAS DE CLIMATIZAÇÃO

O controle das condições psicrométricas do ar é fator fundamental na manutenção das condições de conforto térmico em ambientes climatizados ou para controle de parâmetros com o objetivo de garantir condições adequadas para a realização de processos. Pode-se representar um sistema de controle conforme mostrado na Figura 4.12, em que é possível identificar os principais elementos de um sistema de controle.

Aplicação em sistemas de climatização 139

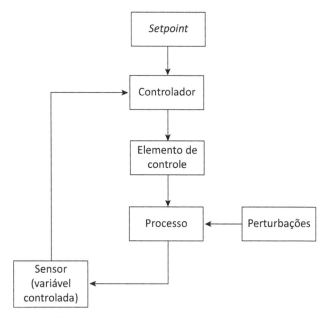

Figura 4.12 Esquema simplificado de um sistema de controle para uma variável controlada.

Analisaremos nos próximos itens alguns exemplos de controle associados aos processos psicrométricos mais comuns em sistemas de climatização.

4.3.1 SISTEMA DE CLIMATIZAÇÃO RESIDENCIAL

O sistema mais comum utilizado em residências é um sistema autônomo denominado *split*, cujo esquema simplificado é apresentado na Figura 4.13.

O controle desse sistema está associado à temperatura de bulbo seco de retorno (variável controlada), que é comparada com a temperatura definida pelo usuário (*setpoint*). Se a temperatura de retorno for maior que a temperatura definida no *setpoint*, o termostato localizado no retorno do sistema fecha o circuito elétrico e aciona o compressor. Esse circuito permanecerá fechado até que a temperatura de retorno fique abaixo da temperatura definida no *setpoint*. As perturbações nesse sistema estão associadas às variações de ocupação do ambiente e às condições externas, como temperatura, taxas de radiação solar incidente sobre o recinto climatizado, entre outros fatores que afetam a carga térmica. Como há uma inércia térmica associada às trocas de calor entre o ambiente, o meio externo e o sistema de climatização, a temperatura de bulbo seco no ambiente não se mantém constante ao longo do período em que o sistema de climatização está operando. Uma representação aproximada do comportamento da temperatura de bulbo seco pode ser vista na Figura 4.14, na qual se pode verificar que, no início, o ambiente parte de uma temperatura mais baixa e ultrapassa a temperatura de *setpoint*, e, à medida que o controlador do sistema de climatização atua, o valor da temperatura de bulbo seco no ambiente se reduz e depois oscila (*offset*) em torno do valor do *setpoint* estabelecido.

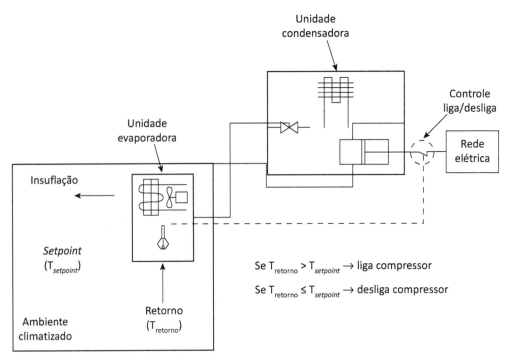

Figura 4.13 Esquema simplificado de um sistema de climatização *split* e as variáveis usadas no controle desse sistema.

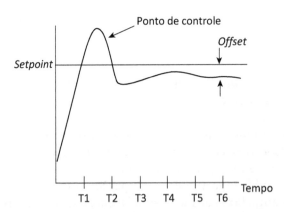

Figura 4.14 Variação aproximada da temperatura do ambiente climatizado durante a operação de sistema de climatização.

4.3.2 SISTEMA DE CLIMATIZAÇÃO CENTRAL

Em edificações comerciais, um dos sistemas mais usados para climatização é chamado de sistema central de água gelada. Nesse sistema, água fria, normalmente chamada de gelada, é produzida em temperaturas de 5 °C a 7 °C no sistema de climatização, popularmente chamado de *chiller*, e distribuída nos diversos ambientes a serem condicionados. A água gelada circula em trocadores de calor instalados nos recintos, chamados de *fancoils*, de forma a resfriar o ar do ambiente. Torres de resfriamento são usadas para a condensação do *chiller*. Um sistema típico é ilustrado na Figura 4.15.

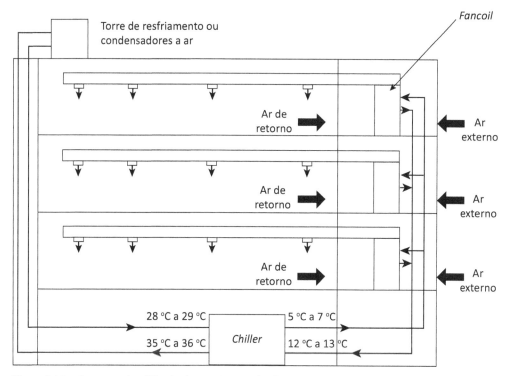

Figura 4.15 Esquema simplificado de um sistema de climatização central de água gelada.

O foco da análise será agora o equipamento denominado *fancoil*, no qual um processo psicrométrico ocorre durante a troca de calor na serpentina de resfriamento que circula a água gelada e o ar a ser condicionado. Nesse processo, a variável controlada é a temperatura de bulbo seco no ambiente climatizado, e a variável que é modificada é a vazão de água gelada. Dada uma temperatura de bulbo seco definida no *setpopint* pelo usuário, o controlador da válvula abrirá ou fechará a válvula de água gelada, permitindo uma maior ou menor vazão de água gelada e, por conseguinte, uma maior ou menor taxa de transferência de calor do ar que se deseja condicionar. A Figura 4.16 ilustra sensores, válvulas e dispositivos típicos desse processo.

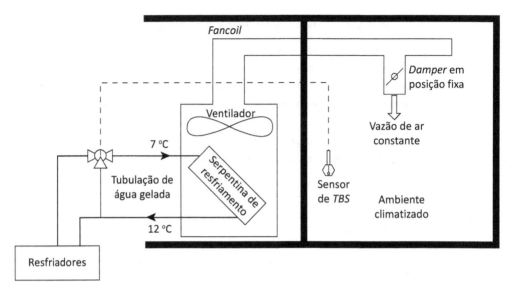

Figura 4.16 Esquema simplificado de controle em *fancoil* com indicação de equipamentos e sensores.

O comportamento da temperatura de bulbo seco do ambiente climatizado é semelhante ao mostrado no item 4.3.1, porém, em função do maior volume dos ambientes, a inércia térmica é maior, e o tempo para se atingir uma condição controlada será maior. Em função das flutuações associadas a esses aspectos, a representação das condições do ambiente climatizado e do retorno deixa de ser pontos, mas regiões em torno dos pontos de projeto, como mostra a Figura 4.17.

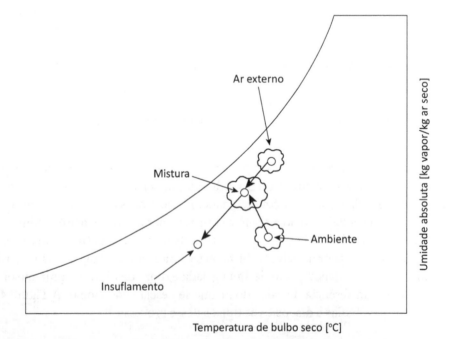

Figura 4.17 Representação da variação das condições durante operação de sistema de climatização central.

4.3.3 SISTEMA DE CLIMATIZAÇÃO CENTRAL EM ACERVOS DE BIBLIOTECAS E MUSEUS

As condições ambientais em acervos de bibliotecas e museus exigem o monitoramento e o controle da temperatura de bulbo seco e da umidade relativa para garantir a integridade física de livros, pinturas e demais objetos armazenados no acervo. Nesse caso, no sistema de climatização ocorrem três processos para garantir os níveis de temperatura e umidade relativa exigidos nesses locais (ver Figura 4.18). Inicialmente, é realizado um processo de desumidificação na serpentina com temperatura mais baixa (em torno de 5 °C), de forma a atingir níveis de umidade absoluta mais baixos que os usuais. Assim, a temperatura de saída na serpentina fica mais baixa que o desejado para insuflar no acervo. O controle dessa temperatura é feito com um termostato com controlador da válvula de água gelada, que alimenta o *fancoil*. Em seguida, um sistema com bandeja e resistência elétrica que promove a vaporização da água na bandeja é usado para controlar a umidade relativa no acervo. O controle do conjunto de resistências elétricas na bandeja é feito por meio do sinal do umidostato, que promove o acionamento ou desligamento das resistências elétricas com base no *setpoint* de umidade relativa definido para o acervo. Finalmente, para um ajuste fino da temperatura de bulbo seco no acervo, um sistema de aquecimento com resistências elétricas é usado, sendo que a variável controlada é a temperatura de bulbo seco do acervo, por meio de um termostato que aciona o conjunto de resistências elétricas. Deve-se acrescentar que a inércia térmica dos processos aqui envolvidos é maior que nos sistemas tipo *split* e central de água gelada, principalmente no que se refere ao processo de controle da umidade relativa.

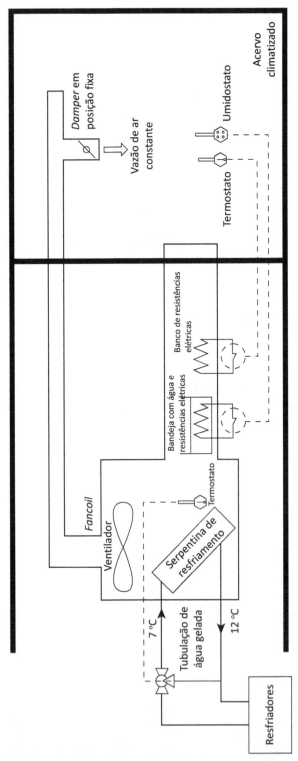

Figura 4.18 Esquema simplificado de controle de temperatura de bulbo seco e umidade relativa em acervos.

Aplicação em sistemas de climatização 145

PROBLEMAS PROPOSTOS

1. Para o ambiente climatizado e seu respectivo sistema de climatização mostrados na Figura 4.4, são fornecidos os seguintes dados:

- vazão de insuflação: 7,2 kg ar seco/s;
- vazão de ar de externo: 1,5 kg ar seco/s;
- condições do ar no ambiente climatizado: $TBS = 25$ °C e $\phi = 50\%$;
- condições do ar na seção de insuflação: $TBS = 12$ °C e $\phi = 90\%$;
- carga térmica no ambiente: 137,7 kW.

Para as condições de ar externo fornecidas na Tabela 4.3, calcule para as cidades indicadas na tabela a seguir:

a) A temperatura de bulbo seco e a umidade relativa na entrada do sistema de climatização.

b) A carga térmica no sistema de climatização.

Dados climáticos de cidades brasileiras			
Cidade	TBS [°C]	TBU [°C]	Pressão atmosférica [kPa]
Curitiba	29,8	20,2	90,88
Belo Horizonte	32,0	20,7	92,24
Fortaleza	32,1	25,3	101,03

Fonte: ABNT (2008b).

2. Para controlar a temperatura em um ambiente, projetou-se o sistema mostrado na figura a seguir para as condições definidas. Para uma vazão de insuflação de 3,4 kg ar seco/s e uma vazão de ar externo de 0,52 kg ar seco/s, qual deve ser a potência mínima da resistência elétrica para garantir as condições de insuflação desejada?

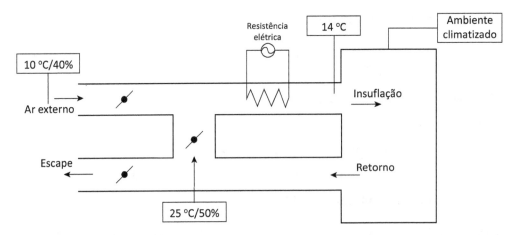

3. Para climatizar o interior de um *call center*, deseja-se manter uma condição de temperatura de bulbo seco de 24 °C com umidade relativa de 50%, sendo que a carga térmica sensível é de 113 kW e a carga térmica de condensação é de 25 kW. A condição do ar externo é $TBS = 31,1$ °C e $TBU = 20,4$ °C e a vazão de ar externo necessária é de 3,9 kg ar seco/s. Nessas condições e em local com pressão atmosférica de 96 kPa, avalie a carga térmica do sistema de climatização sabendo que a condição na saída do sistema de climatização é $TBS = 12$ °C e temperatura de ponto de orvalho é 12 °C.

4. Para ambiente em que se deseja utilizar *free cooling* como mostrado na figura a seguir, em que a pressão atmosférica externa é 90 kPa e a vazão de insuflação é de 6,0 kg ar seco/s, qual deve ser a vazão de ar externo necessária para se retirar a carga térmica do ambiente?

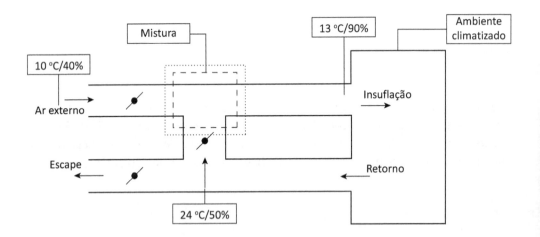

CAPÍTULO 5
Psicrometria e transferência de calor em parede molhada

O presente capítulo apresenta os conceitos de transferência de calor e massa aplicados aos processos de mudança de fase (condensação e evaporação) que envolvem ar úmido. Esses conceitos são úteis para se definir o *potencial de entalpia*, que é importante para a compreensão dos processos de evaporação e condensação da água. Na sequência, apresenta-se a assim chamada *lei da linha reta*, a qual estabelece a direção da sequência dos processos termodinâmicos no diagrama psicrométrico de uma corrente de ar úmido quando escoa em contato com uma parede molhada. Finalmente, como uma aplicação dos conceitos deste capítulo, o termômetro de bulbo úmido é analisado mais detalhadamente e uma discussão mais apropriada sobre a diferença entre os conceitos de temperatura de bulbo úmido termodinâmica e temperatura de bulbo úmido é apresentada.

5.1 COEFICIENTES DE TRANSFERÊNCIA DE CALOR E MASSA

Convecção de calor é a forma dominante de transferência de calor entre uma superfície e um fluido que a circunda. O fenômeno é regido pela *lei de resfriamento de Newton*, que estabelece que a taxa de transferência de calor, q, trocado entre uma superfície e um fluido é dada por:

$$q = h_c A(T_s - T_\infty), \tag{5.1}$$

em que:

q = taxa de troca de calor (W);

h_c = coeficiente de transferência de calor por convecção (W/m²°C);

A = área de contato entre o fluido e a superfície (m²);

T_s = temperatura da superfície (°C); e

T_∞ = temperatura do fluido longe da superfície (°C).

A aparente simplicidade da Eq. (5.1) esconde o problema fundamental da convecção de calor, que é a determinação do *coeficiente de transferência de calor por convecção*, h_c. Com efeito, o coeficiente de transferência de calor depende de diversos parâmetros, como: propriedades de transporte do fluido (condutividade térmica, viscosidade, densidade, entre outros), geometria do contato do escoamento com a superfície (sobre uma superfície externa ou dentro de um tubo, por exemplo), acabamento superficial (liso ou rugoso) e *regime do escoamento* (*laminar* ou *turbulento*), para citar as grandezas principais. Chama-se a atenção para não confundir o símbolo que indica o coeficiente de transferência de calor com o de entalpia específica, já que para ambos se utiliza a letra minúscula h; para fazer distinção, o coeficiente de transferência de calor por convecção virá sempre acompanhado do índice c, ou seja, h_c, mas, quando houver possibilidade de ambiguidade, o contexto indicará se se trata da propriedade termodinâmica ou do coeficiente. A transferência de massa (evaporação ou condensação) é também controlada por uma lei semelhante à Eq. (5.1) e, nesse caso, o coeficiente chama-se *coeficiente de transferência de massa por convecção* e recebe o símbolo h_m – veja a Eq. (5.6).

A convecção de calor (e de massa) pode ser classificada em um amplo sentido entre *convecção natural* e *convecção forçada*. No primeiro caso, o movimento do fluido ao redor de um corpo ou superfície é produzido pela diferença de empuxo gravitacional sobre o fluido. Porções de fluido mais aquecido (menor densidade) se movimentam para cima, enquanto porções de fluido mais frio (maior densidade) se movimentam para baixo, graças à ação da força da gravidade. Por outro lado, na convecção forçada o movimento do fluido sobre a superfície é causado por algum equipamento, como bomba no caso de líquidos ou ventilador no caso de gases e vapores. Como regra geral, a convecção forçada apresenta maiores coeficientes de convecção de calor (e de massa) que a convecção natural.

Um segundo fator que deve ser levado em consideração na estimativa do coeficiente é o fato de o escoamento estar confinado, como no interior de tubos, ou se dar em ambiente aberto, como ocorre no escoamento de ar sobre uma superfície externa. Na maioria dos processos psicrométricos que este livro aborda, a convecção de calor será forçada e exterior aos corpos e, portanto, a análise se dará nessa linha de aplicação.

Uma análise dimensional das equações que regem a transferência de calor por convecção resultará na definição de um parâmetro adimensional chamado de *número de Nusselt*, *Nu*, dado por:

$$Nu = \frac{h_c L}{k}, \tag{5.2}$$

em que:

L = comprimento característico (m); e

k = condutividade térmica do fluido (W/m °C).

A mesma análise dimensional das equações de conservação vai indicar que o número de Nusselt na convecção forçada pode ser correlacionado com dois outros números adimensionais: o *número de Reynolds, Re*, e o *número de Prandtl, Pr*. Assim, existe uma relação de dependência do tipo:

$$Nu = f(Re, Pr). \tag{5.3}$$

Os números de Reynolds e Prandtl são definidos por:

$$Re = \frac{VL}{\nu}, \tag{5.4}$$

e

$$Pr = \frac{\nu}{\alpha}, \tag{5.5}$$

em que:

V = velocidade do fluido (m/s);

ν = viscosidade cinemática (m²/s); e

α = difusividade térmica (m²/s).

A *viscosidade cinemática*, ν, é a razão entre a *viscosidade dinâmica*, μ, e a densidade do fluido, ρ, ou seja, $\nu = \mu/\rho$. O *coeficiente de difusividade térmica*, α, se relaciona com outras propriedades de acordo com $\alpha = k/\rho C_p$, em que C_p é o calor específico a pressão constante.

O número de Reynolds é o parâmetro-chave na caracterização do escoamento forçado. Ele dita se o regime do escoamento é laminar ou turbulento, entre outras coisas, tanto para escoamento interno como externo. Quando a convecção for natural, o número de Reynolds deve ser substituído por outro adimensional conhecido como *número de Grashof, Gr*. Essa convecção natural não será abordada aqui, já que os processos psicrométricos estudados neste livro supõem que o ar esteja sempre sendo movimentado por um agente exterior, como um ventilador.

De forma análoga à lei de resfriamento de Newton, pode-se definir a transferência de massa convectiva entre uma parede molhada e uma corrente de ar de acordo com:

$$\dot{m}_v = h_m A (\rho_s - \rho_\infty),\qquad(5.6)$$

em que:

$\dot{m}_v$ = taxa de transferência de massa (kg/s);

h_m = coeficiente de transferência de massa por convecção (m/s);

ρ_s = densidade do vapor de água junto à superfície molhada (kg/m^3); e

ρ_∞ = densidade do vapor de água ao longe (kg/m^3).

De forma semelhante à análise de transferência de calor, o *coeficiente de transferência de massa por convecção*, h_m, pode ser relacionado com outras grandezas adimensionais de acordo com:

$$Sh = \frac{h_m L}{D} = f(Re, Sc),\qquad(5.7)$$

em que D é *coeficiente de difusão de massa* (m^2/s). Esse coeficiente desempenha um papel semelhante ao da difusividade térmica na condução de calor. Um novo número adimensional surge na análise da transferência de massa: o *número de Sherwood, Sh*, definido pela Eq. (5.7). Esse adimensional desempenha na transferência de massa por convecção um papel semelhante ao do número de Nusselt na convecção de calor. Um segundo grupo adimensional também aparece na transferência de massa equivalente ao número de Prandtl na transferência de calor (também surge nos fenômenos de transferência de massa): é chamado de *número de Schmidt, Sc*, definido por

$$Sc = \frac{\nu}{D}.\qquad(5.8)$$

A evaporação ou condensação da água ocorre de forma que estejam presentes tanto a transferência de calor como a de massa, ou seja, fluxos de calor e de massa para/do ar para a parede molhada ocorrem de forma conjunta e simultânea. Nessas situações de *transferência simultânea de calor e massa*, é possível que se estabeleça uma analogia entre os dois fenômenos de transferência. A analogia é válida para diversas situações de escoamento externo laminar ou turbulento, como escoamento sobre uma superfície plana, um cilindro ou uma esfera, entre outros, em baixas taxas de transferência de massa. Para escoamento externo sobre uma superfície plana nos regimes laminar e turbulento (tendo o início laminar), a função representada pela Eq. (5.3) é do tipo geral, dada por:

$$Nu = a\left(Re^b - A\right) Pr^c,\qquad(5.9)$$

em que as constantes a, b e c dependem da geometria e do regime de escoamento. Alguns valores dessas constantes encontram-se na Tabela 5.1. Uma nota importante é que os valores representados são para coeficientes *médios* de transferência.

Tabela 5.1 Constantes da Eq. (5.9) para várias situações de escoamento

a	b	c	A	Regime	Geometria	Observações
0,664	1/2	1/3	0	Laminar	Superfície plana	$0,6 \leq Pr \leq 50$
1,128	1/2	1/2	0	Laminar	Superfície plana	$Pr \leq 0,05$
0,037	4/5	1/3	23.550	Turbulento (início laminar)	Superfície plana	$Pr \geq 0,5$ e $5 \times 10^5 \leq Re_L \leq 10^8$

Embora a Tabela 5.1 apresente alguns valores das grandezas para escoamento externo sobre superfícies planas, a analogia é válida para outras configurações geométricas, e expressões do tipo da Eq. (5.9) podem ser obtidas de um livro-texto de transferência de calor e de calor e massa – sugere-se, por exemplo, Incropera e DeWitt (2003).

Em virtude da analogia entre os dois fenômenos de transferência convectiva, de calor e de massa, espera-se que a função procurada para a transferência de massa dada pela Eq. (5.7) seja também do tipo (para as mesmas condições):

$$Sh = a\left(Re^b - A\right)Sc^c. \tag{5.10}$$

Dividindo a Eq. (5.10) pela Eq. (5.9) e após rearranjo dos termos, obtém-se

$$\frac{h_c}{h_m C_p \rho} = \left(\frac{Sc}{Pr}\right)^{1-c} = \left(\frac{\alpha}{D}\right)^{1-c} = Le^{1-c}. \tag{5.11}$$

Um novo adimensional surge nessa análise, que é o *número de Lewis, Le*, definido pela razão entre os números de Schmidt e Prandtl, ou, de forma mais simples, pela razão entre as difusividades térmica e de massa. O valor do número de Le para o ar úmido vale aproximadamente 0,86 e aumenta ligeiramente com a temperatura (ver Figura 5.1), de forma que:

$$R_{Le} = \frac{h_c}{h_m C_p \rho} = (0,86)^{2/3} = 0,90 \cong 1. \tag{5.12}$$

O valor aproximadamente unitário desse grupo adimensional foi primeiro obtido por Lewis. Por essa razão, em alguns textos, o adimensional à esquerda da Eq. (5.12) recebe o nome de *relação de Lewis*, R_{Le}. O valor unitário aproximado é uma grande casualidade e tem implicações importantes, como, entre outras coisas, a proximidade do valor lido no termômetro de bulbo úmido com a propriedade temperatura termodinâmica de bulbo úmido, como será visto mais adiante neste capítulo. Embora isso seja verdade para o ar úmido, o mesmo não pode ser dito de outras misturas gasosas. Essa simples equação traduz informações muito importantes, pois permite calcular o coeficiente de transferência de massa a partir do coeficiente de transferência de calor, cujos dados experimentais e expressões de correlação estão abundantemente publicados na literatura especializada. Assim, a taxa de evaporação (ou condensação) da água no ar úmido pode ser estimada a partir da taxa de transferência de calor. Note que as propriedades devem ser calculadas à temperatura média do filme líquido junto à parede molhada (média entre as temperaturas da superfície e da corrente de ar) e à concentração média.

Exemplo 5.1 Analogia de transferência de calor e massa para um cilindro

Mostre que, para o escoamento cruzado de ar sobre a parede molhada de um cilindro, a analogia entre transferência de calor e massa vai resultar na mesma relação indicada pela Eq. (5.12). Use a correlação empírica de Hilpert para a transferência de calor, dada por:

$$Nu_D = C\, Re_D^m Pr^{1/3},$$

em que C e m dependem do número de Reynolds. O índice "D" indica que o número de Reynolds é definido em função do diâmetro externo do cilindro.

Solução

Pela analogia entre transferência de calor e massa, pode-se escrever que:

$$Sh_D = C\, Re_D^m Sc^{1/3}$$

Dividindo as duas expressões e rearranjando, obtém-se a mesma expressão dada pela Eq. (5.11), ou seja:

$$R_{Le} = \frac{h_c}{h_m C_p \rho} = Le^{2/3}.$$

Note que, se uma expressão mais complexa que a relação de Hilpert for utilizada, a relação de Lewis pode não ser escrita de forma tão sucinta como a obtida aqui.

Exemplo 5.2 Taxa de evaporação de água

Sobre uma superfície plana medindo 0,5 m × 0,5 m existe um filme de líquido exposto a uma brisa de ar. Considerando que a temperatura desse filme vale 27 °C e as condições ambientes são pressão atmosférica normal, temperatura de bulbo seco do ar de 27 °C e umidade relativa de 60%, pede-se calcular a taxa de evaporação da água para o ar. A velocidade do ar é de 10 m/s. Como primeira aproximação, use as propriedades de transporte do ar seco.

Solução

As propriedades do ar seco a 27 °C são:

- $\mu = 1,85 \times 10^{-5}$ Pa.s;
- $C_p = 1,01$ kJ/kg °C;
- $\rho = 1,161$ m³/kg;
- $Pr = 0,707$;
- $k = 0,026$ W/m °C.

O primeiro passo consiste em calcular o número de Reynolds na borda de fuga da placa, a fim de determinar o regime de escoamento:

$$Re = \frac{VL\rho}{\mu} = \frac{10 \times 0,5 \times 1,161}{1,85 \times 10^{-5}} = 3 \times 10^5.$$

O valor típico de transição de regimes de escoamento laminar-turbulento sobre superfícies planas é 5×10^5 (alguns usam também 3×10^5). Portanto, o escoamento permanece laminar sobre toda a superfície. Usando a Eq. (5.9) com os dados da Tabela 5.1, tem-se que:

$$Nu = 0,664 \left(3 \times 10^5\right)^{1/2} (0,707)^{1/3} = 324,0 \Rightarrow$$

$$h_c = \frac{Nu \times k}{L} = \frac{324,0 \times 0,026}{0,5} = 16,85 \text{ W/m}^2\text{K}$$

Usando a relação de Lewis, Eq. (5.11), com a simplificação de $R_{Le} \approx 1$, tem-se que:

$$h_m = \frac{h_c}{C_p \rho} = \frac{16,85}{1,01 \times 10^3 \times 1,161} = 0,014 \text{ m/s}.$$

Na sequência, é preciso calcular as densidades do vapor de água junto ao filme, ρ_s, e ao longo, ρ_∞. Do programa PSICRO, tem-se que:

$T = 27$ °C e $\phi = 100\% \Rightarrow \omega_s = 0,0227$ kg vapor/kg ar seco,

e

$T = 27$ °C e $\phi = 60\% \Rightarrow \omega_\infty = 0,0134$ kg vapor/kg ar seco.

Então, $\rho_s = \rho \times \omega_s = 1{,}161 \times 0{,}0227 = 0{,}0264$ kg vapor/m³ e, analogamente, $\rho_\infty = 0{,}0156$ kg vapor/m³.

Finalmente, o fluxo evaporativo de massa de vapor (Eq. 5.6) é:

$$\dot{m}_v = 0{,}014 \times 0{,}5^2 \times (0{,}0264 - 0{,}0156) = 0{,}038 \times 10^{-3} \text{ kg/s}.$$

Este problema foi resolvido usando a relação de Lewis, Eq. (5.12), para a obtenção do coeficiente de transferência de massa a partir do coeficiente de transferência de calor. Entretanto, outro modo mais direto de obter o coeficiente de transferência de massa seria usar diretamente a expressão dada pela Eq. (5.10). Se estimativas mais acuradas fossem desejadas, as propriedades do ar úmido deveriam ser obtidas: a umidade absoluta média, isto é, $(\omega_s + \omega_\infty)/2$, e a temperatura média da mistura (neste caso em particular, as temperaturas do filme de água e do ar têm o mesmo valor).

A Figura 5.1 ilustra a dependência do número de Lewis com a temperatura para a pressão atmosférica. Como se pode depreender da figura, esse adimensional é razoavelmente constante para a faixa de temperatura de interesse. Esse gráfico é válido para baixas taxas de transferência de calor, e os coeficientes de difusividade térmica do ar seco foram usados para a mistura.

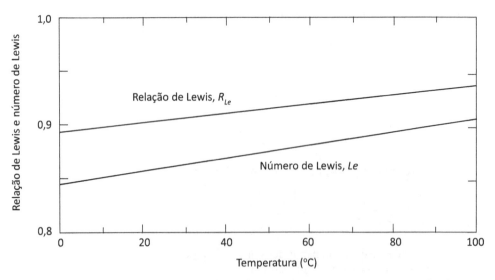

Figura 5.1 Dependência do número e da relação de Lewis com a temperatura para o ar úmido.

5.2 TRANSFERÊNCIA SIMULTÂNEA DE CALOR E MASSA

5.2.1 CONCEITO

A manipulação do ar úmido resulta geralmente em adição ou remoção de vapor de água do ar. Isso é particularmente verdadeiro para equipamentos como torres de resfriamento, condensadores evaporativos, serpentinas de desumidificação, umidificadores, entre outros. Processos evaporativos e de condensação também são muito comuns na natureza, do que resulta, por exemplo, o ciclo da água, que transporta esse precioso líquido de oceanos e rios para grandes altitudes e que, por meio de condensação (chuva) ou solidificação (neve), irriga a terra, vindo a formar os rios que abastecem toda a parte continental, assegurando a vida no planeta, além, claro, da necessária umidade do ar. Nesse sentido, o problema de se lidar com o ar úmido (ou de qualquer outra mistura gasosa em que existe a presença de uma ou mais fases condensáveis) apresenta um agravante a mais em relação aos problemas comuns de transferência de calor, isto é, aqueles sem mudança de fase. Acontece que a mudança de fase da água requer fornecimento ou remoção de calor correspondente à sua entalpia de vaporização, e essa taxa de calor não é desprezível. Assim, o problema do ar úmido deve ser abordado considerando os dois fenômenos de transferência: de calor e de massa. Eles também geralmente ocorrem simultaneamente.

Considere o escoamento de uma corrente de ar úmido junto a uma superfície molhada, como indicado na Figura 5.2a. Transferência de calor vai ocorrer se a temperatura da superfície, T_s, for diferente da temperatura da corrente de ar, T. Paralelamente, se a umidade absoluta (concentração) do ar junto à superfície, ω_s, for diferente da umidade absoluta da corrente de ar, ω, então transferência de massa também vai ocorrer. O fluxo de calor sensível elementar, $\delta\dot{Q}_S$, que vai resultar da transferência de calor por convecção (Eq. 5.1) por meio da área diferencial dA é:

$$\delta\dot{Q}_S = h_c dA(T_s - T). \tag{5.13}$$

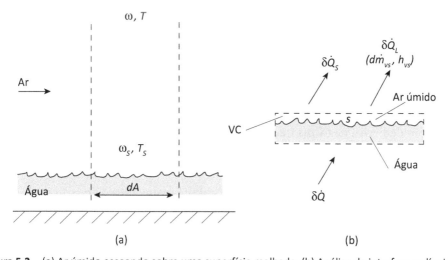

Figura 5.2 (a) Ar úmido escoando sobre uma superfície molhada. (b) Análise da interface ar-líquido.

De forma análoga, a taxa elementar da transferência de vapor de água, $d\dot{m}_v$, entre a corrente de ar e o ar junto à superfície é obtida pela Eq. (5.6), com a introdução do conceito de umidade absoluta, o que resulta em:

$$d\dot{m}_v = h_m \rho_a dA(\omega_s - \omega), \tag{5.14a}$$

já que $\rho_s = \omega \times \rho_a$. O índice "∞" da corrente de ar ao longe foi eliminado por simplicidade. No caso das propriedades serem constantes, pode-se integrar essa equação para obter:

$$\dot{m}_v = \rho_a h_m A(\omega^+ - \omega). \tag{5.14b}$$

Uma análise mais cuidadosa da interface ar-líquido deve ser realizada. Isso é feito com o apoio do volume de controle diferencial ilustrado na Figura 5.2b. A lei da conservação da energia, Eq. (1.24), aplicada ao volume de controle em questão resulta em:

$$\delta \dot{Q}_L = \delta \dot{Q}_T - \delta \dot{Q}_S = h_{LVs} \times d\dot{m}_v, \tag{5.15}$$

em que $\delta \dot{Q}_L$ é o fluxo de calor latente diferencial, $\delta \dot{Q}_T$ é o fluxo de calor total diferencial e h_{LVs} é a entalpia específica de vaporização da água à temperatura da superfície. Substituindo a Eq. (5.14) na Eq. (5.15), tem-se

$$\delta \dot{Q}_L = \rho_a h_{LVs} h_D dA(\omega_s - \omega). \tag{5.16}$$

Finalmente, o fluxo de calor diferencial total, $\delta \dot{Q}_T = \delta \dot{Q}_L + \delta \dot{Q}_S$, é dado pela seguinte expressão final:

$$\delta \dot{Q}_T = \left[h_c(T_s - T) + \rho_a h_{LVs} h_D (\omega_s - \omega) \right] dA. \tag{5.17}$$

5.2.2 POTENCIAL DE ENTALPIA

A Eq. (5.17) indica que a transferência de calor total entre uma corrente de ar e uma parede molhada é o resultado da combinação de duas parcelas, uma proveniente da diferença de temperaturas, e a outra, da diferença de umidades absolutas. O fluxo de calor total é, por assim dizer, causado por dois "potenciais". Entretanto, nesta seção vamos verificar que os potenciais de transferência de calor e de massa podem ser combinados via relação de Lewis, de forma que, ao final, o fluxo de calor total será tão somente dominado por um único "potencial", que é a diferença das entalpias do ar junto à parede e da corrente de ar, como se mostra na sequência.

Primeiramente, a simplificação de que a entalpia específica da mistura é dada pela soma das entalpias individuais (Eq. 2.6) será usada, o que resulta em:

$$h_s - h = (h_{sa} - h_a) + (\omega_s h_{Vs} - \omega h_V). \tag{5.18a}$$

Agora, usa-se o artifício de somar e subtrair o produto ωh_{Vs} ao segundo membro. Também será admitida a hipótese de que o ar e o vapor são gases perfeitos ($dh = C_p dT$). Disso resulta:

$$h_s - h = C_{pu}(T_s - T) + h_{Vs}(\omega_s - \omega), \tag{5.18b}$$

em que o calor específico "úmido" é $C_{pu} = C_{pa} + \omega C_{pv}$. Assim, isolando a temperatura, tem-se:

$$T_s - T = \frac{(h_s - h) - h_{Vs}(\omega_s - \omega)}{C_{pu}}. \tag{5.18c}$$

A Eq. (5.18c) é a relação desejada. Note que ela permite eliminar a temperatura da expressão dada pela Eq. (5.17). Assim, substituindo-a e após várias simplificações, tem-se:

$$\delta \dot{Q}_T = \frac{h_c dA}{C_{pu}}\left[(h_s - h) + \frac{(\omega_s - \omega)}{R_{Le}}(h_{LVs} - R_{Le} h_{Vs})\right], \tag{5.18d}$$

em que a relação de Lewis (Eq. 5.12) foi usada. Na dedução, a densidade do ar úmido foi aproximada pela densidade do ar seco. Nesse ponto, é conveniente que se faça a aproximação de Lewis, ou seja, que $R_{Le} \sim 1$. Com isso, tem-se que $h_{LVs} - h_{Vs} \sim -h_{Ls}$. Finalmente, verifica-se que o termo $(\omega - \omega_s) \times h_{Ls}$ é geralmente desprezível face à diferença de entalpias, $h_s - h$, de forma que somente o primeiro termo entre os colchetes é significativo. Então, chega-se à expressão final de trabalho para o cálculo da transferência simultânea de calor e massa em ar úmido em contato com uma parede molhada:

$$\delta \dot{Q}_T \approx \frac{h_c dA}{C_{pu}} \times (h_s - h). \tag{5.18}$$

5.2.3 COMENTÁRIOS SOBRE O POTENCIAL DE ENTALPIA

A Eq. (5.18) é extremamente importante porque permite determinar o fluxo total de calor em equipamentos de contato direto entre o ar e a água. O fluxo de calor total, $\delta \dot{Q}_T$, é o resultado de duas parcelas: taxa de calor sensível, $\delta \dot{Q}_S$, e taxa de calor latente, $\delta \dot{Q}_L$. Isso permite que se façam as análises a seguir com a ajuda dos diagramas psicrométricos da Figura 5.3, que indica três possibilidades de transferência de calor entre uma corrente de ar e um filme líquido junto a uma parede molhada. Cada caso será analisado separadamente. Os "potenciais" que originam cada um dos tipos de transferência de calor estão indicados, bem como a direção da transferência.

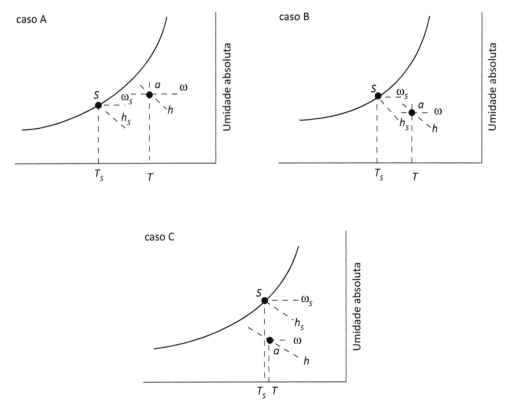

Figura 5.3 Processos de resfriamento do ar por contato direto com uma parede molhada.

5.2.3.1 Caso A

Os estados do ar na corrente livre e do ar junto à parede molhada estão indicados no esquema de diagrama psicrométrico da Figura 5.3a. Note que a temperatura da corrente de ar, T, é maior que a temperatura do filme líquido junto à parede molhada, T_s, de forma que calor sensível será transferido do ar para a parede. Também, a umidade absoluta do ar, ω, é maior que a umidade do ar junto à parede, ω_s, de forma que calor latente será transferido do ar para a parede na forma de condensação parcial do vapor de água presente na corrente de ar. Finalmente, a transferência de calor total deve igualmente se dar na direção da corrente de ar para a parede, já que a entalpia específica do ar é maior que a entalpia específica do ar úmido junto à parede. Todas essas informações podem ser resumidas no seguinte esquema:

$$\left.\begin{matrix} \delta \dot{Q}_T \\ \delta \dot{Q}_S \\ \delta \dot{Q}_L \end{matrix}\right\} \text{se dão do ar para a água (condensação), já que} \begin{cases} h > h_s \\ T > T_s \\ \omega > \omega_s \end{cases}$$

5.2.3.2 Caso B

Os estados do ar na corrente livre e do ar junto à parede molhada estão indicados no esquema de diagrama psicrométrico da Figura 5.3b. A diferença deste caso em relação ao caso A é que a umidade absoluta da corrente de ar, ω, é agora menor que a umidade do ar junto à parede, ω_s, de forma que a transferência de calor latente se dará da parede para a corrente de ar na forma de evaporação do filme de líquido da parede molhada. O sentido da transferência dos calores sensível e total permanecem do ar para a parede, como indicado no esquema a seguir:

$\delta\dot{Q}_T$ se dá na direção do ar para a água, já que $h > h_s$

$\delta\dot{Q}_S$ se dá na direção do ar para a água, já que $T > T_s$

$\delta\dot{Q}_L$ se dá na direção da água para o ar (evaporação), já que $\omega < \omega_s$

5.2.3.3 Caso C

Os estados do ar na corrente livre e do ar junto à parede molhada estão indicados no esquema de diagrama psicrométrico da Figura 5.3c. Neste caso, a transferência de calor total e latente se dará da água (filme) junto à parede para o ar, enquanto a de calor sensível se dará do ar para a parede molhada. Isso está resumido no seguinte esquema:

$\delta\dot{Q}_T$ se dá na direção da água para o ar, já que $h < h_s$

$\delta\dot{Q}_S$ se dá na direção do ar para a água, já que $T > T_s$

$\delta\dot{Q}_L$ se dá na direção da água para o ar (evaporação), já que $\omega < \omega_s$

Em todos os casos analisados, o calor sensível foi transferido do ar para a parede, pois a temperatura da corrente de ar foi sempre maior que a temperatura do filme de água junto à parede. Nesse sentido, trata-se de processos de resfriamento por contato direto. Uma última possibilidade existe quando a temperatura do fluxo de ar é menor que a temperatura da parede molhada. Nesse caso, a análise é simples, bastando fazer um pequeno exercício mental. Perceba que, se T for menor que T_s, todos os "potenciais" do fluxo de ar serão menores que os "potenciais" correspondentes do ar úmido junto à parede, de forma que as transferências de calor se darão da parede para o ar.

5.2.4 LEI DA LINHA RETA

Para baixas taxas de transferência de massa, os estados termodinâmicos do ar em contato com um filme de água líquida junto a uma parede molhada percorrem um determinado processo que, no diagrama psicrométrico de Mollier (que estamos empregando), é uma reta conectando o estado inicial do ar ao estado do ar junto à parede molhada. Esta é a chamada *lei da linha reta*. A dedução dessa "lei" pode ser vista considerando o volume de controle ilustrado na Figura 5.4, que engloba a corrente de ar e parte do filme de líquido. O ar entra com determinadas propriedades na face esquerda, e estas sofrem variações infinitesimais dentro do volume de controle devido à adição (ou remoção) de vapor de água, de forma que na face direita as propriedades do ar diferem em infinitésimos. Como o processo deve ocorrer em regime permanente, o volume de controle tem de ser constantemente alimentado pela sua face inferior com uma vazão de líquido elementar $d\dot{m}_L$, a fim de compensar a evaporação do filme de água englobado pelo volume de controle.

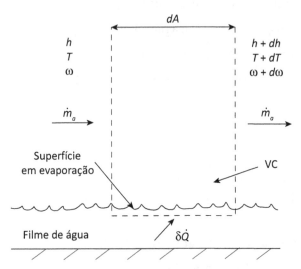

Figura 5.4 Volume de controle diferencial unidimensional para balanços material e de energia para uma corrente de ar em contato com uma parede molhada.

A lei da conservação da energia, Eq. (1.24), aplicada ao volume de controle indicado na Figura 5.4 resulta em:

$$\delta \dot{Q}_T = \dot{m}_a (h + dh) - \dot{m}_a h - h_L d\dot{m}_L$$

ou

$$\delta \dot{Q}_T = \dot{m}_a dh - h_L d\dot{m}_L. \tag{5.19}$$

O índice a representa ar seco, como usual, e L é reservado para líquido; h é a entalpia. Na sequência realiza-se um balanço de massa para a água, do que resulta:

$$\dot{m}_a \omega + d\dot{m}_L = \dot{m}_a (\omega + d\omega)$$

ou

$$d\dot{m}_L = \dot{m}_a d\omega. \tag{5.20}$$

Substituindo a Eq. (5.20) na Eq. (5.19), tem-se:

$$\delta \dot{Q}_T = \dot{m}_a \left(dh - h_L d\omega \right). \tag{5.21}$$

A Eq. (5.21) é o resultado das leis de conservação para o problema da evaporação da água no filme líquido. Neste ponto, lança-se mão dos resultados da seção anterior da análise de transferência de calor e massa, os quais resultaram no estabelecimento da Eq. (5.18), válida a hipótese de a relação de Lewis ser aproximadamente unitária. Dessa forma, o fluxo total de calor calculado pelo método empírico, Eq. (5.18), é igualado ao resultado do balanço material e energético, Eq. (5.21), do que resulta:

$$\dot{m}_a \left(dh - h_L d\omega \right) = \frac{h_c dA}{C_{pu}} \times \left(h_s - h \right). \tag{5.22a}$$

Ainda, pode-se usar a definição do coeficiente de transferência de massa por convecção, dado pela Eq. (5.14a). Considerando que $d\dot{m}_v = d\dot{m}_L = \dot{m}_a d\omega$, então:

$$dA = \frac{\dot{m}_a d\omega}{\rho_a h_m \left(\omega_s - \omega \right)}. \tag{5.22b}$$

Substituindo a Eq. (5.22b) na Eq. (5.22a) e rearranjando, tem-se:

$$\frac{dh}{d\omega} = R_{Le} \times \frac{\left(h_s - h \right)}{\left(\omega_s - \omega \right)}, \tag{5.22c}$$

em que a relação de Lewis, R_{Le}, aparece quando a densidade do ar seco é aproximada com a da mistura. Como a R_{Le} é aproximadamente unitária, a Eq. (5.22c) pode ser integrada pelo método da separação de variáveis, resultando em:

$$\frac{\left(h_s - h \right)}{\left(\omega_s - \omega \right)} = C, \tag{5.22d}$$

em que C é uma constante de integração cujo valor pode ser obtido da condição de contorno do ar, ou seja, $\omega = \omega_1$ para $h = h_1$, de forma que:

$$C = \frac{\left(h_s - h_1 \right)}{\left(\omega_s - \omega_1 \right)}.$$

Finalmente, substitui-se o valor dessa constante na Eq. (5.22d), fornecendo:

$$\frac{\left(h_s - h \right)}{\left(\omega_s - \omega \right)} = \frac{\left(h_s - h_1 \right)}{\left(\omega_s - \omega_1 \right)}. \tag{5.22}$$

A relação expressa pela Eq. (5.22) é a chamada *lei da linha reta*. Ela estabelece que o estado (dado pela entalpia específica, h, e pela umidade absoluta, ω) de uma corrente de ar em movimento junto a uma superfície molhada percorre um processo sobre um segmento de reta no diagrama psicrométrico. Esse segmento de reta é formado pela conexão do estado inicial do ar (índice 1) com o estado do ar junto à parede molhada (índice s). Isso vai ficar mais claro com a ajuda da Figura 5.5. Tendo essa figura em consideração, suponha que um fluxo de ar úmido (condição 1) entre em contato com uma superfície molhada (condição s). À medida que o ar escoa sobre a superfície molhada, seus estados termodinâmicos serão sucessivamente 2, 3, ..., até, no limite, atingir o estado s do ar junto à superfície. Essa sucessão de estados obedece à Eq. (5.22), qual seja:

$$\frac{(h_s - h_1)}{(\omega_s - \omega_1)} = \frac{(h_s - h_2)}{(\omega_s - \omega_2)} = \frac{(h_s - h_3)}{(\omega_s - \omega_3)} = \ldots = \frac{(h_s - h_n)}{(\omega_s - \omega_n)} = C. \qquad (5.23)$$

A sucessão de estados mencionada indica uma reta no diagrama, como ilustra a Figura 5.5.

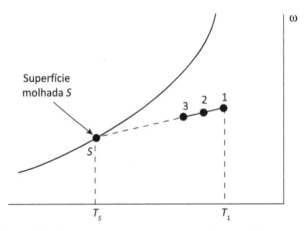

Figura 5.5 Ilustração da lei da linha reta no diagrama psicrométrico $\omega \times h$.

5.3 PSICRÔMETRO

No Capítulo 2, o psicrômetro foi apresentado como o instrumento mais simples e difundido para a medição das propriedades do ar úmido, embora hoje existam muitos instrumentos eletrônicos. Ele fornece a *TBS* e a *TBU* do ar, que são usadas para obter a pressão parcial do vapor de água (ver Capítulo 6) e, por fim, a temperatura de orvalho e as demais propriedades do ar úmido. Também no Capítulo 2, definiu-se o processo de saturação adiabática (Seção 2.10), que culminou com a definição da propriedade *temperatura termodinâmica de bulbo úmido*, a qual é muito próxima do valor lido no termômetro de bulbo úmido do psicrômetro. Esta seção foi incluída a fim de permitir estudar mais detalhadamente o uso do psicrômetro e por que as duas grandezas mencionadas são equiparadas na prática.

Psicrometria e transferência de calor em parede molhada 163

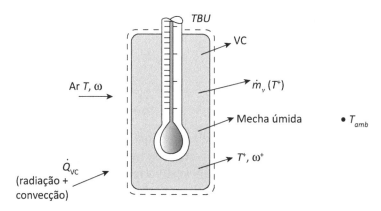

Figura 5.6 Volume em torno do bulbo úmido de um termômetro.

Considere um volume de controle em torno do bulbo úmido de um termômetro, como ilustrado na Figura 5.6. Ar circula pela mecha umedecida que envolve o bulbo. Como consequência, um processo de transferência simultânea de calor e massa entre o ar e a mecha tem curso. Se a diferença entre as temperaturas ambiente e da mecha for significativa, então a transferência de calor por radiação também deverá ser considerada. Na análise, a transferência de calor por condução através da haste do termômetro é desprezada. Aplicando-se a lei da conservação da energia para o volume de controle ilustrado, resulta que o fluxo de calor cedido para a mecha, $\dot{Q}_{VC}$, é dado por:

$$\dot{Q}_{VC} = \dot{m}_L \times h_{LV}^+, \tag{5.24}$$

em que o sinal positivo (+) é usado para indicar a propriedade calculada à temperatura de bulbo úmido T^+. Essa simples expressão indica que o fluxo de calor total fornecido à mecha é usado para evaporar parte da água nela contida, $\dot{m}_L$, que, portanto, é igual à taxa de água na fase vapor, $\dot{m}_v$, que é transferida para a corrente de ar. Relembrando a equação da transferência de massa convectiva (Eq. 5.14b), pode-se escrever que a taxa de água evaporada é, então, dada por:

$$\dot{m}_L = \dot{m}_v = \rho_a h_m A \left(\omega^+ - \omega \right), \tag{5.25a}$$

que, substituindo na Eq. (5.24), resulta em:

$$\dot{Q}_{VC} = \rho_a h_m A h_{LV}^+ \left(\omega^+ - \omega \right). \tag{5.25b}$$

Por outro lado, a troca de calor do volume de controle ocorre por convecção e radiação térmica, de forma que as seguintes expressões podem ser escritas, já substituindo as definições das trocas térmicas convectivas e de radiação:

$$\dot{Q}_{VC} = \dot{Q}_C + \dot{Q}_R, \tag{5.26a}$$

ou

$$\rho_a h_m A h_{LV}^+ (\omega^+ - \omega) = h_c A (T - T^+) + h_R A (T_{amb} - T^+). \tag{5.26b}$$

É importante prestar atenção aos índices na Eq. (5.26b): T sem índice é a temperatura do ar, e o índice *amb* indica a temperatura do meio envolvente. Eventualmente, o ar pode ter a mesma temperatura que o meio envolvente. O coeficiente h_R é uma linearização do efeito de radiação térmica, dado por:

$$h_R = \frac{\sigma\varepsilon \left[\left(T_{amb}^4 - T^+\right)^4 \right]}{T_{amb} - T^+}, \tag{5.27}$$

em que σ é a constante de Stefan-Boltzmann e vale 5,6697 × 10⁻⁸ W/m²K⁴, e ε é a emissividade do bulbo do termômetro (mecha molhada). A emissividade da água varia entre 0,95 e 0,96 na faixa usual de trabalho. O vidro liso tem uma emissividade de 0,94 a 22 °C. Substituindo a Eq. (5.27) na Eq. (5.26b), obtém-se:

$$\omega = \omega^+ - k^+ (T - T^+), \tag{5.27a}$$

em que a constante k^+ é uma constante associada com o termômetro de bulbo úmido, dada por:

$$k^+ = \frac{R_{Le} C_{pu}}{h_{LV}^+} \times \left[1 + \frac{h_R (T_{amb} - T^+)}{h_c (T - T^+)} \right]. \tag{5.28}$$

A temperatura de bulbo úmido, T^+, é prontamente lida no termômetro. Com isso, a correspondente umidade absoluta na saturação, ω^+, pode ser obtida via sua definição, Eq. (2.1), com o auxílio de uma tabela de vapor (Apêndice B), pelo programa de psicrometria PSICRO ou, ainda, de uma tabela psicrométrica. De posse desse valor, a umidade absoluta da corrente de ar pode ser obtida pela Eq. (5.27a). Um problema ainda persiste, que é estimar a constante do psicrômetro. Esse objetivo será perseguido na sequência.

Se o ar que circula pelo bulbo estiver à mesma temperatura que o ambiente, então a Eq. (5.28) é simplificada na seguinte forma:

$$k^+ = \frac{R_{Le} C_{pu}}{h_{LV}^+} \left(1 + \frac{h_R}{h_C} \right). \tag{5.29a}$$

Se, em outra situação, o psicrômetro for do tipo blindado contra radiação térmica, o coeficiente da radiação térmica será bastante reduzido, de forma que a razão entre colchetes da Eq. (5.28) será diminuta quando comparada com a unidade, o que reduz a constante a:

$$k^+ = \frac{R_{Le}C_{pu}}{h^+_{LV}}. \qquad (5.29b)$$

Finalmente, se os efeitos de radiação não puderem ser desprezados, então a forma completa da Eq. (5.28) deverá ser empregada. Para isso, devem-se calcular alguns valores para o coeficiente de transferência de calor, e o comportamento da razão entre os coeficientes será estudada para diversos valores de temperatura. Suponha, numa primeira aproximação, que o movimento do ar em torno do bulbo úmido do termômetro possa ser aproximado pelo escoamento cruzado sobre cilindros. A geometria do psicrômetro tipo reco-reco não está tão longe dessa configuração. Para essa situação, a correlação do tipo da Eq. (5.9) é válida, em que as constantes dependem do número de Reynolds e estão dadas na Tabela 5.2 para o ar (HILPERT, 1933). As propriedades devem ser calculadas à temperatura média e à umidade média. As constantes A e c valem zero, de forma que a correlação se resume a:

$$Nu = aRe^b Pr^{1/3}. \qquad (5.30)$$

Tabela 5.2 Constantes da Eq. (5.30) para escoamento cruzado sobre cilindros

Re (VDρ/μ)	a	b
1 – 40	0,75	0,4
40 – 10^3	0,51	0,5
$10^3 - 2 \times 10^5$	0,26	0,6
$2 \times 10^5 - 10^6$	0,076	0,7

Fonte: Hilpert (1933).

As Figuras 5.7a e 5.7b indicam a razão h_R/h_c para um termômetro de 3 mm de diâmetro de bulbo e outro de 7 mm de diâmetro, respectivamente, como função da velocidade do ar. Diversos valores de temperaturas de bulbo seco e bulbo úmido estão indicados nas curvas. Nessa análise, considerou-se que as temperaturas do ar e do ambiente eram iguais para efeito do cálculo, e a emissividade foi admitida igual a 0,95. Da observação das curvas das figuras pode-se concluir que:

a) Quanto maior a velocidade do ar, tanto menor será o efeito da radiação térmica. Em geral, para baixas velocidades do ar (< 3 m/s), o efeito de radiação pode ser importante e não deve ser desprezado. Nessas condições, é melhor usar técnicas de redução do efeito radiativo, como simples blindagem térmica (ver Exemplo 6.1).

b) O efeito da radiação é mais importante para temperaturas de bulbo seco mais elevadas.

c) Estranhamente, o efeito da radiação é ligeiramente menor para valores decrescentes de temperatura de bulbo úmido, dada uma temperatura de bulbo seco.

Essa análise é válida para o caso em que o bulbo do termômetro pode ser aproximado por um pequeno cilindro e o ar escoa na direção perpendicular a ele. O psicrômetro de aspiração opera de modo ligeiramente diferente, sendo que o ar escoa paralelamente ao bulbo. Assim, a correlação do número de Nusselt para essa situação deve ser usada em vez daquela da Eq. (5.3) e da Tabela 2.4.

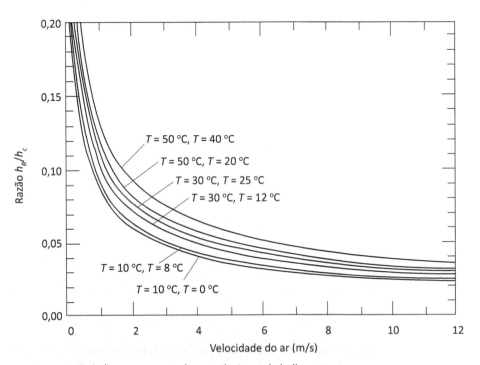

Figura 5.7a Razão h_R/h_c para um termômetro de 4 mm de bulbo.

Psicrometria e transferência de calor em parede molhada

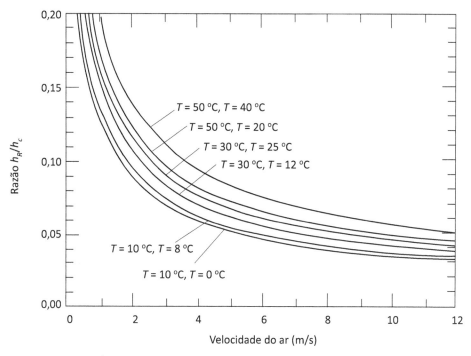

Figura 5.7b Razão h_R/h_c para um termômetro de 7 mm de bulbo.

Exemplo 5.3 Efeitos de radiação

Um termômetro de bulbo úmido indica 22 °C num lugar onde a pressão é normal. Pelo seu bulbo, de diâmetro de 5 mm, circula um fluxo de ar a uma velocidade de 3 m/s e uma temperatura de bulbo seco de 30 °C. Calcule a umidade absoluta da corrente de ar e compare com o valor tabelado. Assumir os seguintes valores médios de (ar seco):

- $h^+_{LV} = 2449$ kJ/kg;
- $k = 0{,}026$ W/m °C;
- $\upsilon = \mu/\rho = 1{,}65 \times 10^{-5}$ m²/s;
- $C_{pu} = 1{,}005$ kJ/kg °C;
- $R_{Le} = 1$;
- $\varepsilon = 0{,}95$ e $Pr = 0{,}707$.

Solução

Primeiramente, deve-se calcular o número de Reynolds, ou seja:

$$Re_D = \frac{VD}{\nu} = \frac{3 \times 0{,}005}{1{,}65 \times 10^{-5}} = 909{,}1$$

Da Tabela 5.2, obtêm-se $a = 0,51$ e $b = 0,5$ como coeficientes. Substituem-se então esses valores, bem como o número de Prandtl, na Eq. (5.30) para obter $Nu_D = 13,70$. Daí sai o valor do coeficiente de transferência de calor por convecção, isto é:

$$h_c = \frac{k \times Nu_D}{D} = \frac{0,026 \times 13,70}{0,005} = 71,24 \text{ W/m}^2 \text{ °C}.$$

Em seguida, o coeficiente linearizado de transferência de calor por radiação deve ser calculado por meio da sua definição (Eq. 5.27):

$$h_R = \frac{\sigma\varepsilon\left[T^4 - (T^+)^4\right]}{T - T^+} = \frac{5,6697 \times 10^{-8} \times 0,95(303,15^4 - 295,15^4)}{8} = 5,769 \text{ W/m}^2\text{K}.$$

Agora, a constante k^+ pode ser calculada pelo emprego da Eq. (5.29b):

$$k^+ = \frac{R_{Le}C_{pu}}{h^+_{LV}}\left(1 + \frac{h_R}{h_c}\right) = \frac{1 \times 1,005}{2449}\left(1 + \frac{5,769}{71,24}\right) = 0,000444$$

Finalmente, a umidade absoluta pode ser calculada. Primeiramente, obtém-se a umidade absoluta na TBU (T^+), $\omega^+ = 0,0167$ kg vapor/kg ar seco (use a Tabela C.1, do Apêndice C, ou calcule pela definição ou use um dos programas de psicrometria), de forma que, da Eq. (5.26), tem-se:

$$\omega = 0,0167 - 0,000444 \times (30 - 22) = 0,0131 \text{ kg vapor/kg ar seco}.$$

5.4 MAIS SOBRE *TBU* E *TBU* TERMODINÂMICA

Esta seção discute-se mais sobre os dois conceitos de *TBU*, particularmente as condições em que os dois valores podem ser equiparados. Primeiro é importante que se relembre a convenção de que um sinal de mais (+) como índice superior indica uma propriedade calculada à temperatura de bulbo úmido (do termômetro), enquanto o asterisco (*) indica uma propriedade calculada à temperatura de bulbo úmido termodinâmica. Ver também Simões-Moreira (1989).

Da modelagem do processo de saturação adiabática (Eq. 2.9), pode-se escrever que:

$$h + (\omega^* - \omega) \times h_L^* = h^* \tag{5.31a}$$

ou

$$(\omega^* - \omega)h_L^* = C_{pa}(T^* - T) + \omega(h_V^* - h_V) + (\omega^* - \omega)h_V^*, \tag{5.31b}$$

Lembrando da definição de C_{pu}, a Eq. (5.31b) pode ser escrita na seguinte forma compacta:

$$\omega = \omega^* - k^*\left(T - T^*\right), \tag{5.31}$$

em que:

$$k^* = \frac{C_{pu}}{h_{LV}^*}. \tag{5.32}$$

Perceba que a Eq. (5.31) é totalmente análoga à Eq. (5.26). A questão agora é descobrir sob que condições as duas temperaturas, T^* e T^+, serão iguais. Para isso, impõe-se a igualdade entre as duas equações, mantidas as mesmas temperatura, T, e pressão de mistura, de forma que:

$$\omega^* - k^*\left(T - T^*\right) = \omega^+ - k^+\left(T - T^+\right) \tag{5.33a}$$

ou, rearranjando:

$$\underbrace{\omega^* + k^*T^*}_{f_1(T^*)} - k^*T = \underbrace{\omega^+ + k^+T^+}_{f_2(T^+)} - k^+T. \tag{5.33b}$$

Os termos entre chaves horizontais são funções apenas das temperaturas indicadas. Assim, pode-se ainda escrever que:

$$f_1(T^*) - f_2(T^+) = k^*T\left(1 - \frac{k^+}{k^*}\right). \tag{5.33}$$

A igualdade entre as duas temperaturas ocorrerá quando o termo entre colchetes à direita da Eq. (5.33) for nulo, isto é, $f_1(T^*) = f_2(T^+)$. Dois casos serão analisados.

Primeiramente, considere o caso em que o termômetro é blindado contra radiação térmica. Então, k^+ é obtido da Eq. (5.29b), e k^* é dado pela Eq. (5.32). Assim,

$$\frac{k^+}{k^*} \cong R_{Le} \cong 1. \tag{5.34}$$

Nessa dedução, admitiu-se que $h_{LV}^+ \cong h_{LV}^*$. Como já discutido, a relação de Lewis é próxima da unidade e, mais precisamente, ligeiramente inferior à unidade nas condições ambientes. Então, $k^+ < k^*$, o que significa que a temperatura lida em um termômetro de bulbo úmido blindado, T^+, é pouco menor que a temperatura de saturação adiabática, T^*, dado que $f(T^+) < f(T^*)$.

Quando o termômetro não for blindado contra radiação térmica, ou a relação de Lewis diferir da unidade (mistura de outros gases e vapor de água) a expressão completa da constante associada com o psicrômetro deverá ser utilizada: Eq. (5.28). De forma análoga, a igualdade de temperaturas será obtida quando:

$$\frac{k^+}{k^*} = R_{le} \times \left[1 + \frac{h_R\left(T_{amb} - T^+\right)}{h_c\left(T - T^+\right)}\right] = 1. \tag{5.35}$$

Uma conclusão interessante dessa expressão é que pequenos efeitos de radiação poderão compensar o fato de que a relação de Lewis é pouco inferior à unidade.

Finalmente, veja o artigo de Simões-Moreira (1999a) para um estudo mais detalhado e preciso do psicrômetro e das implicações do seu uso correto, bem como das aproximações de temperaturas usando uma abordagem precisa do ponto de vista termodinâmico da mistura de gases reais para o ar úmido.

Exemplo 5.4 Equação de Carrier

Existe uma relação prática entre as propriedades que fornece a pressão parcial do vapor de água, P_v, muito parecida com a equação do psicrômetro (Capítulo 7). Trata-se da *equação de Carrier*. Essa relação, que no passado foi muito utilizada, é do tipo:

$$P_v = P_{vs}^* - \frac{\left(P - P_{vs}^*\right) \times \left(T - T^*\right)}{1547 - 1{,}44 \times T^*}.$$

O interesse dessa equação tem um fundamento histórico. Proposta em 1911, originalmente seu denominador tinha outros valores, em virtude dos dados das tabelas de vapor vigentes na época. Para temperaturas abaixo de 0 °C, outra correlação é usada no denominador. Pede-se mostrar que a equação de Carrier é do tipo da equação de saturação adiabática modificada, Eq. (5.31).

Solução

A equação sendo dividida por $(P - P_{vs}^*)$ e convenientemente manipulada, pode ser escrita como:

$$\frac{P_v}{\left(P - P_{vs}^*\right)} \times \frac{\left(P - P_v\right)}{\left(P - P_v\right)} = \frac{P_{vs}^*}{\left(P - P_{vs}^*\right)} - \frac{\left(T - T^*\right)}{1547 - 1{,}44 \times T^*}.$$

Note que $\frac{\left(P - P_v\right)}{\left(P - P_{vs}^*\right)} \cong 1$, já que as pressões parciais do vapor são, em geral, reduzidas.

Lembrando da expressão da umidade absoluta, Eq. (2.1), e fazendo as devidas manipulações, chega-se na seguinte forma final:

$$\omega \cong \omega^* - \frac{T - T^*}{2487 - 2{,}32 \times T^*}.$$

Comparando esse valor com a forma da Eq. (5.32), tem-se que:

$$\frac{1}{2487 - 2{,}32 \times T^*} = \frac{C_{pu}}{h_{LV}^*} \cong \frac{1}{h_{LV}^*}.$$

O calor específico do ar úmido é muito próximo da unidade. Daí resulta que o denominador nada mais é que uma correlação para a entalpia de vaporização da água. Essa equação é uma forma aproximada da equação do psicrômetro, como discutido na Seção 7.2.3.

CAPÍTULO 6
Equipamentos de transferência de calor e massa de ar úmido

A análise do processo de transferência simultânea de calor e massa que ocorre entre uma corrente de ar e uma parede molhada foi objeto do Capítulo 5. No presente capítulo apresentam-se as aplicações mais imediatas daquela teoria nos equipamentos envolvendo o ar úmido em contato direto com a água líquida. O primeiro tópico a ser abordado são as torres de resfriamento, as quais constituem os principais equipamentos de resfriamento da água proveniente de processos térmicos e de unidades de condensação a água de sistemas de refrigeração e ar-condicionado. Outros tipos de equipamentos de contato direto ar-água também serão analisados, como as unidades de condensação evaporativa.

6.1 TORRES DE RESFRIAMENTO

As *torres de resfriamento* constituem de longe os mais importantes equipamentos para o resfriamento por contato direto de água aquecida proveniente de algum processo industrial ou do condensador de sistemas de refrigeração e de ar-condicionado. No passado, era comum rejeitar o calor produzido por algum processo industrial diretamente em águas originárias de algum rio, represa ou mar por meio de trocadores de calor. Entretanto, considerações ambientais e outras dificuldades de acesso a essas fontes de água limitaram, e ainda limitam, o seu emprego. Como forma alternativa, a água aquecida pode ser resfriada por ar atmosférico por meio de trocadores de calor compactos, às vezes chamados de *torres secas*. O problema da troca de calor com o ar atmosférico é que os equipamentos exigem enormes áreas de troca térmica, além de consumo considerável de energia elétrica para acionamento de ventiladores. Grandes áreas de trocas térmicas são exigidas porque o coeficiente de troca de calor em gases (no caso, o ar) é relativamente baixo e, por consequência, maiores superfícies de contato são necessárias para a promoção da troca térmica. Dessa forma, as torres de resfriamento se apresentam no cenário como a solução mais eficaz e econômica, as quais se baseiam no processo de transferência simultânea de calor e massa estudado no capítulo anterior. Elas permitem o resfriamento da água aquecida até cerca de 5 °C da temperatura de bulbo úmido do ar ambiente às custas de uma pequena percentagem de perda de água (3% a 5%) por evaporação ou arrasto com o fluxo de ar.

Numa torre de resfriamento elementar, o fluxo de água aquecida a ser resfriada é trazido para o contato direto com o ar atmosférico. Como consequência, parte da água aquecida vai sofrer um processo evaporativo para o ar às custas do desejado efeito de rebaixamento da sua própria temperatura. Isso se dá porque certa quantia de calor (latente) deve ser fornecido para uma parcela da água em evaporação pelo próprio filme de água aquecida, que, portanto, vai se resfriar. A geometria da interface água-ar é crucial no processo de evaporação da água. Assim, tem-se como parâmetro de projeto do enchimento das torres o objetivo de maximizar as áreas de contato entre os fluxos de ar e água, bem como aumentar o tempo de exposição entre os dois fluxos. Existem diversas geometrias, tamanhos e modelos de torres, sendo que elas podem, em geral, ser classificadas quanto à direção do escoamento do ar em contracorrente, fluxo cruzado, ou uma combinação desses dois tipos. Quanto ao tipo de tiragem do ar, as torres podem ser de convecção natural ou de convecção forçada. Finalmente, elas podem ser dotadas de um meio de melhoria dos processos de transferência, como um material de enchimento, ou ser de contato direto sem a presença de qualquer meio. A Figura 6.1 ilustra uma torre de resfriamento, mostrando parcialmente o enchimento e os bicos de aspersão de água.

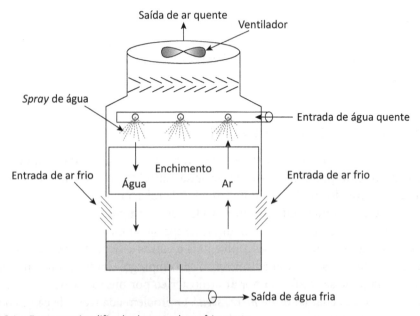

Figura 6.1   Esquema simplificado de torre de resfriamento.

Equipamentos de transferência de calor e massa de ar úmido 175

6.1.1 TORRES DE RESFRIAMENTO DE FLUXO DE CONTRACORRENTE

Existem diversas configurações de torres de *contracorrente*, ou *contrafluxo*. A característica distinta desses equipamentos é que o fluxo de água é descendente, em sentido oposto ao do fluxo ascendente de ar. Esses são os modelos comerciais mais difundidos. Os elementos principais de uma típica torre de contracorrente encontram-se esquematizados na Figura 6.2. Um fluxo de água de vazão mássica $\dot{m}_L$, à temperatura T_{L1}, deve ser resfriado até a temperatura de retorno T_{L2}. O ventilador promove a circulação de ar no sentido ascendente no contrafluxo. Em virtude do contato direto entre o ar e a água, a umidade do ar aumenta por causa da evaporação da água aquecida, a qual vai resfriar no seu percurso descendente. Vazão mássica de ar, $\dot{m}_a$, circula pela torre, sendo que na entrada tem propriedades indicadas pelo índice "1". Na saída, as propriedades são indicadas pelo índice "2".

O fluxo de massa de água evaporada é pequeno quando comparado com o fluxo total de água de processo. Isso permite que se considere que a vazão de água permaneça constante ao longo da torre.

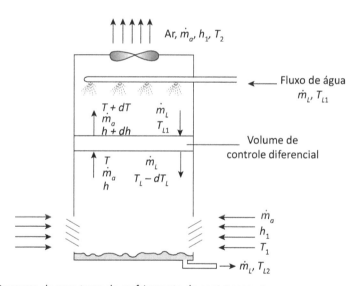

Figura 6.2 Esquema de uma torre de resfriamento de contracorrente.

No volume de controle diferencial indicado na Figura 6.2, o fluxo de calor total removido da água será dado por:

$$\delta \dot{Q}_T = \dot{m}_L dh_L = \dot{m}_a dh, \tag{6.1}$$

em que as grandezas têm o significado usual e h_L é a entalpia específica do líquido. Esse é o resultado do princípio da conservação da energia aplicado à água líquida e ao ar. Essa igualdade precisa ser suplementada com a expressão para considerar os efeitos de transferência simultânea de calor e massa. Nesse sentido, do capítulo anterior (Eq. 5.18), o fluxo de calor também pode ser obtido por meio da Eq. (5.18), já considerando como unitário o valor da relação de Lewis. Os símbolos das grandezas já foram definidos no capítulo anterior (veja a Seção 5.2).

$$\delta \dot{Q}_T = \frac{h_c dA}{C_{pu}} \times (h_s - h). \tag{5.18}$$

Como os dois fluxos de calor devem ser iguais, já que a torre é considerada adiabática, tem-se, igualando as Eqs. (6.1) e (5.18):

$$\dot{m}_L c_L dT_L = \frac{h_c dA}{C_{pu}} \times (h_s - h), \tag{6.2a}$$

em que a variação da entalpia específica da água é dada por $dh_L = c_L dT_L$ e c_L é o calor específico da água. No próximo passo, a equação é dividida pela diferença de entalpias, para, então, ser integrada com o objetivo de obter a Eq. (6.2), ou seja:

$$NUT = \dot{m}_L \int_{T_{L1}}^{T_{L2}} \frac{c_L dT_L}{(h_s - h)} = \int_0^A \frac{h_c dA}{C_{pu}} = \frac{h_c A}{C_{pu}}. \tag{6.2}$$

O valor dessa integral é chamado de *NUT, número de unidades de transferência* (em inglês, NTU, de *number of transfer units*). Essa grandeza é aproximadamente constante para uma dada torre de resfriamento. Como se depreende da sua definição, ela depende da geometria de contato ar-água e das características do escoamento (regime, velocidade etc.) via coeficiente de transferência de calor, h_c. A área de contato superficial, A, inclui não só a interface filme de líquido-ar, mas também as superfícies das gotas presentes. Um valor elevado do *NUT* indica que a temperatura da água de saída se aproxima da *TBU* do ar de admissão. Essa equação é uma variância do trabalho de Merkel, realizado em 1925.

A análise da Eq. (6.2) é normalmente realizada com o auxílio de um gráfico entalpia específica × temperatura, como o da Figura 6.3. As duas curvas da figura representam a entalpia específica do ar saturado junto ao filme de água (superior) e a entalpia específica do ar que circula pela torre (inferior) como função da temperatura. A água entra no topo da torre a T_{L1} e deixa o dispositivo à temperatura T_{L2}. Nessas condições, as entalpias do ar saturado em contato com o filme de água junto à entrada e à saída são, na ordem, h_{s1} e h_{s2}, como ilustrado no eixo vertical da curva superior da figura. A entalpia específica do ar de entrada é h_1, e h_2 é a entalpia específica do ar na saída, como representado pela curva inferior da figura. A curva inferior é aproximadamente uma reta, e isso pode ser facilmente demonstrado a partir da Eq. (6.1), que pode ser escrita como:

$$\frac{dh}{dT_L} = \frac{\dot{m}_L}{\dot{m}_a} c_L \cong \text{constante}. \tag{6.3}$$

Como o calor específico da água é aproximadamente constante e a razão entre as vazões mássicas é invariante para uma dada condição de operação, a curva de operação do ar é uma reta.

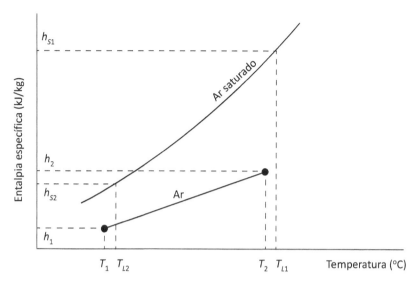

Figura 6.3 Diagrama entalpia-temperatura para os fluxos de ar que atravessam a torre.

O problema seguinte é integrar a Eq. (6.2) para obter o *NUT* da torre. Dois métodos serão ilustrados: o primeiro é uma integração discreta usando o método de Simpson, preferido pela Sociedade Americana de Engenheiros de Aquecimento, Refrigeração e Ar-Condicionado (ASHRAE); e o segundo é analítico.

6.1.1.1 Integração discreta

Este é um método usado largamente pela ASHRAE (2017). Basicamente, é o método de integração discreta de Simpson. O primeiro passo consiste em discretizar a função integral da Eq. (6.2). Para isso, a torre é subdividida em seções menores (Figura 6.4), de área de contato A_i cada uma. Dessa forma, aquela equação pode ser escrita como:

$$\dot{m}_L c_L \Delta T \sum \frac{1}{(h_s - h)_m} = \frac{h_c}{C_{pu}} \sum A_i. \qquad (6.4)$$

O índice "*m*" na Eq. (6.4) significa que se devem tomar as médias das entalpias específicas entre as seções adjacentes. Supõe-se que a torre seja preenchida uniformemente, de forma que a área de contato ar-água seja a mesma para cada seção. O processo de integração começa de baixo para cima, como será visto mais adiante no Exemplo 6.1.

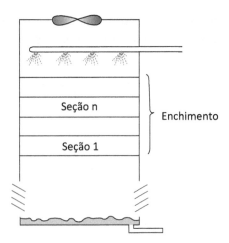

Figura 6.4 Discretização de uma torre em contracorrente.

Por definição, o fluxo de calor sensível é o responsável pelo aumento (ou diminuição) da temperatura de bulbo seco do ar (veja a Seção 5.2), ou:

$$\delta \dot{Q}_s = \dot{m}_a C_{pu} dT, \tag{6.5}$$

em que as grandezas com seus significados usuais foram empregadas. Note que o fluxo de calor sensível também é dado pela Eq. (5.13), de forma que, na formulação da equação discretizada válida para uma seção da torre, tem-se:

$$h_c A_i \left(T_L - T \right) = \dot{m}_a C_{pu} \Delta T. \tag{6.6}$$

No contexto, a temperatura do ar saturado, T_s, foi substituída pela temperatura da água, T_L, pois ambas são admitidas iguais como hipótese. Discretizando essa equação para uma seção "n" genérica, tem-se:

$$h_c A_i \left(\frac{T_{L(n)} + T_{L(n+1)}}{2} - \frac{T_{(n)} + T_{(n+1)}}{2} \right) = \dot{m}_a C_{pu} \left(T_{(n+1)} - T_{(n)} \right). \tag{6.7}$$

Manipulando essa expressão, a temperatura da seção seguinte do ar, $T_{(n+1)}$, pode ser escrita de forma explícita como:

$$T_{(n+1')} = \frac{T_{(n)} + \left(N_i / 2\dot{m}_a \right) \times \left(T_{L(n)} + T_{L(n+1)} - T_{(n)} \right)}{1 + \left(N_i / 2\dot{m}_a \right)}, \tag{6.8}$$

em que:

$$N_i = \frac{h_c A_i}{C_{pu}}. \tag{6.9}$$

Por outro lado, os valores N_i podem ser calculados a partir da Eq. (6.4). Daí:

$$N_i = \frac{h_c A_i}{C_{pu}} = \frac{\dot{m}_L c_L \Delta T_L}{\dfrac{h_{s(n)} + h_{s(n+1)}}{2} - \dfrac{h_{(n)} + h_{(n+1)}}{2}}. \tag{6.10}$$

É claro que:

$$NUT = \sum N_i = \frac{h_c}{C_{pu}} \sum A_i = \frac{h_c A}{C_{pu}}. \tag{6.11}$$

O *NUT* é aproximadamente constante para uma torre de resfriamento, como já mencionado. Ele depende da geometria e das características do escoamento do ar e da água e da sua geometria de contato. A área de contato ar-água inclui também a área superficial das gotas de água, as quais, por sua vez, são admitidas como tendo temperatura uniforme em cada seção durante o processo. Um valor elevado do *NUT* indica que a temperatura da água de saída está próxima da *TBU* da água de admissão. O exemplo seguinte ilustra o emprego do método.

Exemplo 6.1 Cálculo de uma torre de contracorrente – método discreto

Calcule o *NUT* de uma torre de resfriamento cujo ensaio indicou os seguintes dados:

Água:

- vazão mássica: 20 kg/s;
- *TBS* na entrada: 35 °C;
- *TBS* na saída: 28 °C.

Ar:

- vazão mássica: 18 kg/s;
- *TBS* na entrada: 26 °C;
- $\phi = 60\%$;
- pressão normal.

Solução

A essência do método consiste em dividir a torre em um certo número de seções menores. No exemplo, 7 é um número bom, pois pode-se admitir que a queda da temperatura média da água de uma seção para a outra é de 1 °C. Os cálculos se iniciam a partir da seção mais inferior e progridem até a última camada. Dessa forma, o acréscimo da entalpia específica média do ar de uma seção para outra será (Eq. 6.3):

$$\Delta h = \frac{\dot{m}_L}{\dot{m}_a} c_L \Delta T,$$

mas $c_L \cong 4{,}19$ kJ/kg °C, então:

$$\Delta h = h_{(n+1)} - h_{(n)} = \frac{20}{18} \times 4{,}19 \times 1 = 4{,}66 \text{ kJ/kg}.$$

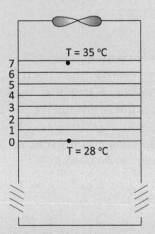

Figura E6.1 Numeração das seções e dos níveis.

A Figura E6.1 indica a numeração das seções e dos níveis. Por exemplo, a seção 12 está localizada entre os níveis 1 e 2. A temperatura da água nos níveis 7 (entrada) e 0 (saída) são conhecidas. Os cálculos se darão na direção do nível 0 para o nível 7.

- **Nível 0**

Pela entalpia específica do ar nas condições de entrada ($TBS = 26$ °C, $\phi = 60\%$) do programa de psicrometria PSICRO, tem-se:

$h_{(0)} = 58{,}34$ kJ/kg

Entalpia específica do ar na saturação à temperatura da água aquecida na saída:

$hs_{(0)} = 89{,}74$ kJ/kg

- **Nível 1**

Entalpia específica do ar:

$h_{(1)} = h_{(0)} + \Delta h = 58{,}34 + 4{,}66 = 63{,}04$ kJ/kg

Entalpia específica do ar na saturação à temperatura da água aquecida na saída:

$hs_{(0)} = 89{,}74 \text{ kJ/kg}$

Os cálculos prosseguem de forma análoga para os demais níveis da torre até a saída. Os resultados estão resumidos na tabela a seguir.

Nível	0	1	2	3	4	5	6	7
Temperatura da água (°C)	28	29	30	31	32	33	34	35
Entalpia do ar saturado (kJ/kg)	89,74	94,63	99,73	105,08	110,67	116,52	122,65	129,06
Entalpia do ar (kJ/kg)	58,38	63,04	67,70	72,36	77,02	81,68	86,34	91,00

O passo seguinte constitui o cálculo das entalpias específicas médias das seções com o objetivo de calcular os *NUT* individuais, como dado pela Eq. (6.10).

- **Seção 01**

Entalpia específica média do ar:

$h_{(01)} = \left(h_{(0)} + h_{(1)}\right)/2 = 60{,}71 \text{ kJ/kg}$

Entalpia específica média do ar na saturação à temperatura da água aquecida:

$h_{s(01)} = \left(h_{s(0)} + h_{s(1)}\right)/2 = 92{,}19 \text{ kJ/kg}$

Assim, o *NUT* da seção 01 é:

$NUT_{(01)} = (20 \times 4{,}19 \times 1)/(92{,}19 - 60{,}71) = 2{,}66 \text{ kg/s}$

Os cálculos prosseguem de forma análoga para as demais seções da torre, até a saída. Os resultados estão resumidos na tabela a seguir:

Seção	Entalpia média do ar, h (kJ/kg)	Entalpia média do ar saturado, h_s (kJ/kg)	Diferenças de entalpias $(h_s - h)$	Inverso da diferença $1/(h_s - h)$
01	60,71	92,19	31,48	0,03177
12	65,37	97,18	31,81	0,03144
23	70,03	102,41	32,38	0,03088
34	74,69	107,88	33,19	0,03013
45	79,35	113,60	34,25	0,02920
56	84,01	119,59	35,58	0,02811
67	88,67	125,86	37,19	0,02689
			Soma	0,20842

Portanto, o *NUT* dessa torre vale (Eq. 6.4):

$NUT = 20 \times 4,19 \times 1 \times 0,20842 = 17,47$ kg/s.

O problema do Exemplo 6.1 ilustra o caso da avaliação do *NUT* para uma dada torre de resfriamento, cujos dados operacionais são conhecidos de início (por meio de um ensaio de campo, por exemplo). Uma vez conhecido o número de unidades de transferência de uma torre, o problema seguinte consiste em prever as condições de operação dessa mesma torre para situações diferentes das condições ensaiadas, por exemplo, a temperatura de saída da água. Nesse caso, os cálculos não serão diretos, mas um procedimento iterativo será necessário. O método exige que se admita uma temperatura de saída da água. Com esse valor, o procedimento do Exemplo 6.1 é executado para se calcular o *NUT* correspondente. Se o *NUT* calculado for maior (menor), então aumenta-se (diminui-se) a temperatura da água na saída. Novos cálculos são efetuados até que a aproximação desejada seja alcançada. O diagrama de blocos desse procedimento encontra-se na Figura 6.5. Um valor inicial bom para se começar a marcha de cálculos é admitir que a temperatura de saída da água vale a *TBU* do ar de entrada.

Equipamentos de transferência de calor e massa de ar úmido 183

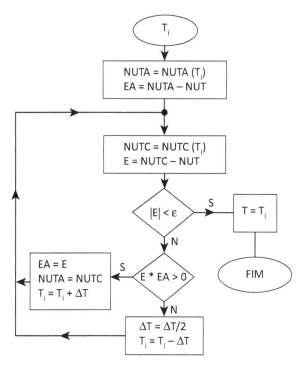

Figura 6.5 Diagrama de blocos para se estimar a temperatura de saída da água de uma torre de resfriamento de contracorrente. Temperatura inicial da água de saída (admitir inicialmente T$_i$ = TBU ar) → Calcula o NUTA inicial e o erro associado → Calcula o NUTC e o erro associado → Testa o critério de convergência → Se não convergiu, recalcula o novo NUTA e incrementa/decrementa a temperatura conforme o caso. Se convergiu, o programa termina.

6.1.1.2 Integração analítica

Além da integração numérica, a Eq. (6.2) também pode ser integrada de forma analítica. Para isso, é preciso que se estabeleçam as relações funcionais entre a entalpia específica do ar úmido saturado, h_s, e a entalpia específica da corrente de ar, h, como função da temperatura da água, T_L. A seguinte curva foi ajustada (usando o método dos mínimos quadrados) para o ar saturado na faixa de temperaturas de 20 °C < T_L < 40 °C:

$$h_s = a_0 + a_1 T_L + a_2 T_L^2, \tag{6.12}$$

em que a_0 = 35,437; a_1 = −0,973 e a_2 = 0,104.

Por outro lado, a equação da entalpia específica do ar pode ser obtida a partir da Eq. (6.3), cuja integração fornece:

$$h = h_1 + \frac{\dot{m}_L c_L}{\dot{m}_a}(T_L - T_{L2}), \tag{6.13}$$

em que h_1 é a entalpia específica do ar na entrada do equipamento e T_{L2} é a temperatura da água na seção de saída.

As Eqs. (6.12) e (6.13) são as funções dependentes da temperatura procuradas. Substituindo-as na Eq. (6.2), tem-se:

$$NUT = \dot{m}_L c_L \int_{T_{L1}}^{T_{L2}} \frac{dT_L}{(h_s - h)} = \dot{m}_L c_L \int_{T_{L1}}^{T_{L2}} \frac{dT_L}{\left[\left(a_0 + a_1 T_L + a_2 T_L^2 \right) - \left(h_1 + \frac{\dot{m}_L c_L}{\dot{m}_a}(T_L - T_{L2}) \right) \right]} =$$

$$= \dot{m}_L c_L \int_{T_{L1}}^{T_{L2}} \frac{dT_L}{a_2 (T_L - T_{L2}) + k(T_L - T_{L2}) + \underbrace{a_0 + a_1 T_{L2} + a_2 T_{L2}^2 - h_1}_{h_{s2}}}, \qquad (6.14a)$$

em que $k = a_1 + 2a_2 T_{L2} - \frac{\dot{m}_L c_L}{\dot{m}_a}$. Agora, procedendo com a integral entre a entrada e a saída da torre, a seguinte expressão analítica do número de unidades de transferência será obtida:

$$NUT = \frac{2\dot{m}_L c_L}{\sqrt{4a_2 (h_{s2} - h_1) - k^2}} \, \text{arctg} \left[\frac{(T_{L1} - T_{L2})\sqrt{4a_2 (h_{s2} - h_1) - k^2}}{2(h_{s2} - h_1) + k(T_{L1} - T_{L2})} \right]. \qquad (6.14)$$

Essa é a função desejada.

Exemplo 6.2 Cálculo de uma torre de contracorrente – método analítico

Calcule o NUT da torre do Exemplo 6.1.

Solução
Cálculo de k: $k = -0{,}973 + 2 \times 0{,}104 \times 28 - \frac{20 \times 4{,}19}{18} = 0{,}1954$.

Cálculo de $\sqrt{\,}$: $\sqrt{4 \times 0{,}104 \times (89{,}7 - 58{,}4) - 0{,}1954^2} = 3{,}603$.

Equação (6.14):

$$NUT = \frac{2 \times 20 \times 4{,}19}{3{,}603} \text{arctg} \left[\frac{(35 - 28) \times 3{,}603}{2 \times (89{,}7 - 58{,}4) + 0{,}1954 \times (35 - 28)} \right] = 17{,}47 \text{ kg/s}.$$

Compare esse resultado com o valor obtido da integração discreta (Exemplo 6.1). O mesmo valor foi obtido, como era de se esperar. Em algumas situações, pequenas diferenças podem ocorrer em virtude da aproximação numérica do método discreto.

O método analítico também permite estimar a temperatura da água na saída para condições diferentes das de ensaio ou fornecidas pelo fabricante. Note que a temperatura de saída da água está implicitamente definida pela Eq. (6.14) para uma dada torre de *NUT* conhecido.

A Figura 6.6 ilustra tipicamente os estados termodinâmicos do ar úmido à medida que ele atravessa a torre de resfriamento no diagrama psicrométrico. Os dados são oriundos dos problemas dos exemplos anteriores. Note que o ar úmido saturado junto à água percorre a curva de saturação do diagrama, como era de se esperar. Pela lei da linha reta, a linha tangente a um dado estado do ar úmido (por exemplo, o da seção 3) está sempre "apontando" para a linha de saturação correspondente à temperatura da água naquela seção.

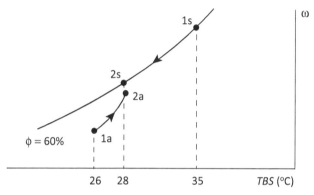

Figura 6.6 Estados termodinâmicos do ar úmido através de uma torre de resfriamento de contracorrente no diagrama psicrométrico (Exemplos 6.1 e 6.2).

O desempenho térmico das torres depende sobretudo da temperatura de bulbo úmido do ar atmosférico. É costume definir o rebaixamento total da temperatura da água por *faixa de temperatura* (do inglês: *temperature range*). A diferença entre a temperatura da água que deixa a torre e a temperatura de bulbo úmido do ar que entra na torre é definida por *aproximação de temperatura* (do inglês: *approach temperature*). Menores aproximações são obtidas nas torres maiores, em geral.

6.1.2 TORRES DE RESFRIAMENTO DE FLUXO CRUZADO

As torres de contracorrente são as mais usadas comercialmente; entretanto, existem situações nas quais, em virtude do pouco espaço disponível e de outras razões construtivas, as torres de fluxo cruzado são mais adequadas em função de sua menor altura. Nessa configuração de torre, a água entra na parte superior (Figura 6.7) e a deixa na parte inferior, como ocorre na torre de contracorrente. A diferença entre as duas configurações se dá no escoamento do ar, que é horizontal no tipo de fluxo cruzado.

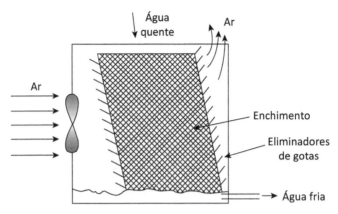

Figura 6.7   Ilustração de uma torre de resfriamento de fluxo cruzado.

As equações deduzidas para a configuração de contracorrente continuam válidas para a torre de fluxo cruzado. Deve-se prestar atenção, entretanto, ao fato de as geometrias das torres serem diferentes. No método de integração discreta, a torre é dividida em diversas seções retangulares. Sugere-se o trabalho de Baker e Shryock (1961) para informações adicionais sobre o método de integração. O manual de equipamentos da Ashrae (2009) e outros textos específicos também apresentam o assunto.

6.1.3   LAVADORES DE AR POR BORRIFAMENTO DE ÁGUA

Lavadores de ar por borrifamento de água são equipamentos de contato direto usados para alterar a temperatura e a umidade de uma corrente de ar, bem como para remover particulados e odores. Os processos que o ar pode sofrer são:

a) redução simultânea da temperatura e da umidade absoluta;

b) redução da temperatura e aumento da umidade absoluta; e

c) aumento simultâneo da temperatura e da umidade absoluta.

A Figura 6.8 ilustra os elementos principais de um lavador de ar básico. Na ilustração, a água é borrifada na direção paralela ao movimento do fluxo de ar. As gotículas de água são recolhidas num reservatório de água, de onde uma bomba de recirculação mantém o processo em regime. Para compensar as perdas de água no processo, água de reposição é constantemente fornecida por meio de uma válvula de boia. Em torno de 10% da água precisa ser removida para evitar o aumento exagerado de concentrações de material removido. Alguns dados operacionais do equipamento (ASHRAE, 2009) são: velocidade do ar em torno de 1,5 m/s a 3 m/s (mas pode ser aumentada em situações especiais) e pressão da água de bombeamento na faixa de 160 kPa a 300 kPa para uma vazão em torno de 0,5 l/s a 1,3 l/s nos bocais de borrifamento. As exigências dos bocais são que eles forneçam gotículas de distribuição uniforme e de diâmetros bastante reduzidos. Para evitar o entupimento dos bocais, uma rede ou tela muito fina

Equipamentos de transferência de calor e massa de ar úmido 187

(com orifícios de diâmetros menores que o diâmetro do bocal) deve ser instalada no tubo de captação da água de bombeamento. O comprimento da câmara deve ser tal que permita incluir toda a região de borrifamento. Um eliminador de gotículas deve ser instalado junto à saída do fluxo de ar.

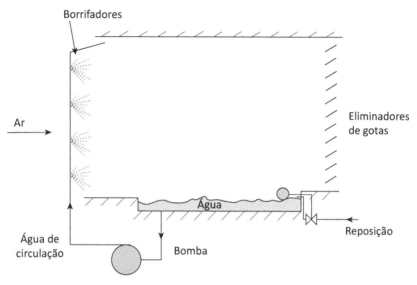

Figura 6.8 Ilustração dos elementos de um lavador de ar.

6.1.4 LAVADORES DE AR ADIABÁTICOS

O lavador ilustrado na Figura 6.8 constitui, na verdade, um dispositivo de saturação adiabática (Seção 2.10), uma vez que, após algum tempo de operação, a temperatura da água de circulação de borrifamento atingirá a temperatura de bulbo úmido da corrente de ar de entrada, como ilustrado esquematicamente no diagrama da Figura 6.9.

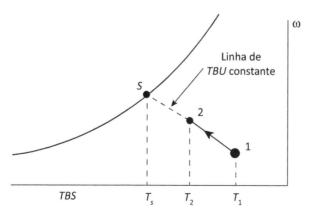

Figura 6.9 Processo de saturação adiabática em um lavador adiabático.

Na Figura 6.9, T_s é a temperatura do ar saturado da interface água-ar, que é a própria temperatura da água, a qual, ainda, corresponde à *TBU* do ar de entrada. O fluxo de calor sensível, $\delta\dot{Q}_s$, trocado pelo ar é dado pela Equação (6.5), reproduzida a seguir:

$$\delta\dot{Q}_s = \dot{m}_a C_{pu} dT. \tag{6.5}$$

Isso já foi analisado no estudo da torre de resfriamento. Como o fluxo de calor sensível é trocado por convecção:

$$\delta\dot{Q}_s = h_c dA (T_s - T). \tag{6.15}$$

Combinando as duas expressões anteriores, tem-se:

$$h_c dA (T_s - T) = \dot{m}_a C_{pu} dT, \tag{6.16a}$$

que pode ser integrada, do que resulta:

$$\frac{h_c}{\dot{m}_a C_{pu}} \int_0^A dA = \int_{T_1}^{T_2} \frac{dT}{(T_s - T)}. \tag{6.16b}$$

A solução dessa integral fornece, após certa manipulação:

$$1 - \frac{T_1 - T_2}{T_1 - T_s} = \exp\left(-\frac{h_c A}{\dot{m}_a C_{pu}}\right). \tag{6.16}$$

Define-se a efetividade, η, de um lavador de ar adiabático por:

$$\eta = \frac{T_1 - T_2}{T_1 - T_s} = 1 - \exp\left(-\frac{h_c A}{\dot{m}_a C_{pu}}\right). \tag{6.17}$$

O exame dessa expressão nos indica que uma efetividade de 100% representaria o ar deixando o equipamento à sua temperatura de bulbo úmido de entrada. Isso corresponderia à combinação de uma grande área de exposição com um coeficiente alto de troca de calor aliado a uma baixa vazão mássica. Outra conclusão importante é que a efetividade permanece constante se as vazões mássicas de ar e de água permanecerem inalteradas, já que elas controlam direta ou indiretamente os valores das grandezas do lado direito da expressão.

6.1.5 LAVADORES DE AR DE ÁGUA FRIA OU QUENTE

O lavador de ar por borrifamento de água fria (ou quente) consiste no mesmo equipamento ilustrado na Figura 6.8. A exceção reside no fato de que a água de circulação é resfriada (ou aquecida) antes de ser borrifada. As aplicações principais desses equipamentos estão voltadas para situações em que o controle da umidade de um dado processo ou ambiente é importante, uma vez que a umidade do ar pode ser controlada pela temperatura da água de borrifamento. A descrição seguinte é para um processo de resfriamento e desumidificação do ar.

O caminho dos estados termodinâmicos do ar que está sendo resfriado e desumidificado está ilustrado na Figura 6.10. Ar adentra na condição 1 e entra em contato com a água que está sendo borrifada na condição A. Os estados sucessivos do ar tenderiam a seguir o caminho tracejado, por causa da lei da linha reta, já discutida. Entretanto, como a água sofre um aquecimento contínuo, o caminho seguido pelo ar se "curva" formando o processo 1-2 da figura, cuja tangente está sempre "apontando" para a linha de saturação. O ponto 2 representa o estado de saída do ar, e o ponto B, a saída da água (na verdade, a condição do ar saturado em contato com a água). Se a área de contato ar-água for infinita, os pontos 2 e B serão coincidentes.

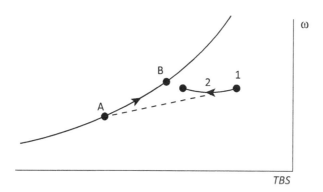

Figura 6.10 Processo em um lavador adiabático de água fria.

Exemplo 6.3 Cálculo de um lavador adiabático de água fria

Determine as condições de saída do ar de um lavador (fluxo paralelo) que recebe uma vazão de 30 ton/h de água a 8 °C e de 50 ton/h de ar a 30 °C e 50% de umidade relativa. O valor do $NUT = h_c A/C_{pu}$ é 30.000 kg/s.

Solução

A solução deste problema exige uma integração numérica. Primeiramente, o equipamento é discretizado em seções verticais. Suponha, por exemplo, que a água sofra um aquecimento de 2 °C ao atravessar cada seção do equipamento, como ilustrado na Figura E6.3.

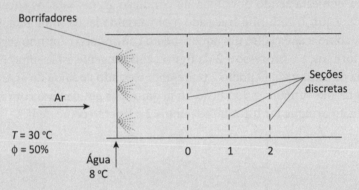

Figura E6.3 Processo em um lavador adiabático de água fria.

Seguindo um procedimento semelhante ao de torres, tem-se:

- **Seção 01**

Água:

$T_{ent} = 8\ °C$

$T_{saída} = 10\ °C$

$\overline{T}_{01} = 9\ °C \Rightarrow \overline{h}_{s01} = 27{,}0$ kJ/kg (programa de psicrometria PSICRO)

Ar:

$T_{ent} = 30\ °C$ e $\phi = 50\% \Rightarrow h_0 = 64{,}2$ kJ/kg (programa de psicrometria PSICRO)

deixa a seção com $h_1 = h_0 - \Delta h$, em que:

$$\Delta h = \frac{\dot{m}_L}{\dot{m}_a} C_L \Delta T = \frac{30}{50} \times 4{,}19 \times 2 = 5{,}03$$

logo, $h_1 = 64{,}2 - 5{,}03 = 59{,}17$ kJ/kg ar seco.

Agora, o número de unidades de transferência da seção pode ser calculado, NUT_{01}, segundo a Eq. (6.10). Note que nessa equação utilizou-se a entalpia específica média do ar saturado, dada anteriormente. Ainda foi necessário um ajuste de sinal, pois a água se aquece em oposição ao que ocorre na torre de resfriamento.

$$NUT_{01} = \frac{h_C A_{01}}{C_{pu}} = \frac{30000 \times 4{,}19 \times 2}{\frac{64{,}2 + 59{,}17}{2} - 27{,}0} = 7248.$$

A temperatura de saída da água é dada pela Eq. (6.8), ou seja:

$$T_1 = \frac{30 + 7248/(2 \times 50000) \times (10 + 8 - 30)}{1 + 7248/(2 \times 50000)} = 27{,}16\ °C$$

Para as seções seguintes, os cálculos prosseguem de maneira semelhante. A Tabela E6.3 indica um resumo dos cálculos para as demais seções.

Tabela E6.3 Resumo dos cálculos do Exemplo 6.3

Seção	Água $T_{ent.}$	Água $T_{saída}$	Ar $h_{ent.}$	Ar $h_{ent.}$	N_i	$T_{a,n}$	N_i acumulado
01	8	10	64,2	59,17	7248	30	7248
12	10	12	59,17	54,14	10034	27,16	17282
23	12	14	54,14	53,03	14801	24,21	32083

Note que o valor acumulado do NUT ultrapassou ligeiramente o valor de 30.000, que é característico do equipamento. Assim, os cálculos podem ser refinados usando um procedimento iterativo semelhante ao do diagrama de blocos ilustrado na Figura 6.5, caso haja necessidade de uma melhor aproximação.

6.1.6 PROCESSOS DE OBTENÇÃO DE ÁGUA LÍQUIDA A PARTIR DO AR ATMOSFÉRICO

Nos últimos tempos, muito se tem falado de processos para obter água líquida diretamente do ar atmosférico em regiões áridas ou mesmo em épocas de estiagem. Uma técnica simples para isso consiste no emprego de um ciclo de refrigeração cuja temperatura de evaporação esteja abaixo da temperatura de orvalho do ar atmosférico local (T_o). Com base nesse princípio, o equipamento esquemático ilustrado na Figura 6.12 é proposto.

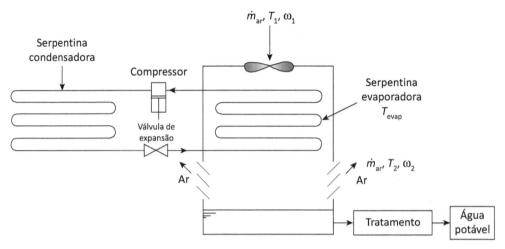

Figura 6.11 Esquema de um arranjo para obtenção de água potável a partir da condensação do vapor de água presente no ar atmosférico.

Um ciclo de refrigeração normal é suficiente para se obter água, ou seja, um equipamento formado por serpentinas de evaporação e condensação, um compressor e um válvula de expansão ou outro dispositivo de expansão (tubo capilar ou orifício). Em operação, uma temperatura de evaporação T_{evap} será estabelecida na serpentina evaporadora. Basta que essa temperatura de evaporação seja menor que a temperatura de orvalho do ar atmosférico local para que ocorra a condensação de parte do conteúdo de vapor presente no ar no equipamento ilustrado que envolve a serpentina evaporadora (Figura 6.11). Água condensada sobre os tubos frios da serpentina evaporadora escorre na direção vertical, vindo a se acumular no reservatório da base do equipamento. O ar, agora mais seco, deixa a parte inferior do equipamento pelas janelas tipo *louvre*. Evidentemente, quanto menor a temperatura de evaporação (desde que não forme gelo) com que o ciclo de refrigeração trabalhar e maior a umidade relativa do ar no local, maior será a vazão mássica de água líquida, $\dot{m}_L$, que se obtém. Na figura, ainda se ilustra um sistema de tratamento da água a fim de eliminar impurezas de origem orgânica e inorgânica, bem como adicionar sais minerais para que a água se torne potável. Se a finalidade for água para banho ou de não consumo humano ou animal, essa etapa pode ser dispensada.

Os processos termodinâmicos envolvidos estão ilustrados no diagrama psicrométrico da Figura 6.12. Seja um fluxo de ar $\dot{m}_a$ (kg ar seco/s) que entra na serpentina evaporadora (ver Figura 6.11) na condição 1, isto é, de temperatura T_1 e umidade absoluta ω_1. Esse ar passa pela serpentina evaporadora que se encontra a uma temperatura T_{evap} menor que a temperatura de orvalho T_{o1} do ar atmosférico. O ar passa pela serpentina evaporadora, enquanto o vapor de água se condensa. Caso o equipamento tenha uma serpentina longa o suficiente, o ar sairá saturado com a temperatura T_{evap}. Na maior parte dos casos, o ar sairá num estado intermediário, representado pelo estado 2 no diagrama da Figura 6.12. Nessa situação, sua temperatura será T_2, e a umidade absoluta, ω_2. Do ponto de vista termodinâmico, esse processo é o mesmo do caso de desumidificação por resfriamento, analisado na Seção 3.3.2. A vazão mássica de líquido condensado, $\dot{m}_L$, conforme dado pela Eq. (3.13), é reproduzida a seguir.

$$\dot{m}_L = \dot{m}_a \times (\omega_1 - \omega_2) \tag{3.13}$$

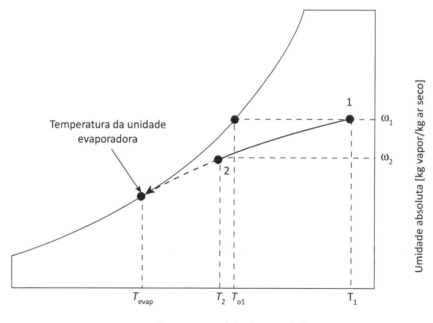

Figura 6.12 Processo de condensação da água a partir do ar úmido.

Exemplo 6.4 Cálculo da vazão de ar para produzir água líquida

Determine as vazões volumétrica e mássica de ar úmido para produzir 10 ℓ/h de água líquida para as seguintes condições (pressão normal) em contato com uma serpentina de evaporação a $T_{evap} = 10\,°C$:

a) $\phi = 60\%$ e $TBS = 30\,°C$;

b) $\phi = 30\%$ e $TBS = 30\,°C$; e

c) $\phi = 60\%$ e $TBS = 40\,°C$.

Solução

Para resolver este problema, em primeiro lugar temos de estimar a temperatura de saída do ar. Por hipótese, vamos admitir uma condição excelente de operação para a qual o ar sai saturado à temperatura de evaporação, isto é, 10 °C. Assim, em todos os casos, $T_2 = 10\,°C$, $\phi_2 = 100\%$ e a pressão atmosférica é de 101,325 kPa. Consultando o programa PSICRO, tem-se $\omega_2 = 0{,}00766$ kg vapor/kg ar seco. No caso da água condensada, pode-se tomar sua densidade como 1.000 kg/m³, de forma que a vazão mássica de água condensada correspondente à vazão volumétrica de 10 ℓ/h vale $\dot{m}_L = 0{,}00278$ kg/s. A tabela a seguir resume os valores das propriedades necessárias para três casos.

Caso	T_1 (°C)	ϕ_1 (%)	ω_1 (kg vapor/ kg ar seco)	v_1 (m³/ kg ar seco)
a	30	60	0,01612	0,88
b	30	30	0,00796	0,87
c	40	60	0,02858	0,93

Para esses casos, os resultados obtidos utilizando a Eq. (3.13) são apresentados na tabela a seguir:

Caso	T_1 (°C)	ϕ_1 (%)	$\dot{m}_a$ (kg ar seco/s)	$\dot{V}_a$ (m³/s)
a	30	60	0,33	0,29
b	30	30	9,50	8,26
c	40	60	0,13	0,12

6.2 RESFRIAMENTO EVAPORATIVO

O processo de resfriamento evaporativo consiste em promover o resfriamento de um fluxo de ar por meio da transferência de calor e massa com um fluxo de água, usualmente a uma temperatura mais baixa que a temperatura de bulbo seco do ar. A transferência de calor e massa ocorre em uma seção do equipamento de resfriamento evaporativo denominada enchimento, conforme mostra a Figura 6.13. A Figura 6.14 exibe a imagem de um equipamento comercial de resfriamento evaporativo.

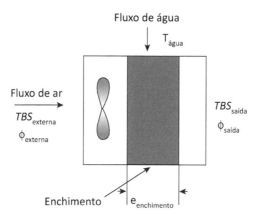

Figura 6.13 Esquema simplificado de um equipamento de resfriamento evaporativo.

Figura 6.14 Exemplo de um equipamento de resfriamento evaporativo. *Fonte*: iStockphoto.

A eficiência de um sistema de resfriamento pode ser definida como:

$$\varepsilon_{\text{resfriador evaporativo}} = \frac{TBS_{\text{entrada}} - TBS_{\text{saída}}}{TBS_{\text{entrada}} - TBU_{\text{superfície da água}}} \tag{6.9}$$

Pode-se aproximar o processo que ocorre no sistema de resfriamento evaporativo com um processo com temperatura de bulbo úmido constante ou de entalpia constante denominado processo de saturação adiabática. Também se pode aproximar essa temperatura de bulbo úmido como a temperatura em que a água é fornecida para o sistema. Dessa forma, se a eficiência fosse de 100%, a temperatura de bulbo seco na saída do equipamento seria igual à temperatura da água fornecida para o equipamento (veja a Figura 6.15) (ENERGY PLUS, 2016).

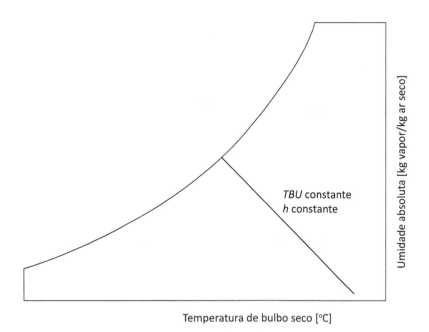

Figura 6.15 Processo a temperatura de bulbo úmido/entalpia constante.

Alguns aspectos podem distanciar o processo no equipamento de resfriamento evaporativo do processo de saturação adiabática, como:

- diferentes temperaturas na água de reposição;
- atrito no processo de bombeamento devido a recirculação;
- transferência de calor pelo meio externo;
- radiação solar incidente no equipamento.

Apesar de a hipótese de processo de saturação adiabática não poder ser estendida para todo o equipamento, ela pode ser considerada válida na região do enchimento, pois a água circula com uma velocidade rápida e, assim, pode se aproximar da condição em regime permanente de temperatura de bulbo úmido constante.

A eficiência de um sistema evaporativo também depende da velocidade do ar e da espessura do enchimento, como mostra a Figura 6.16.

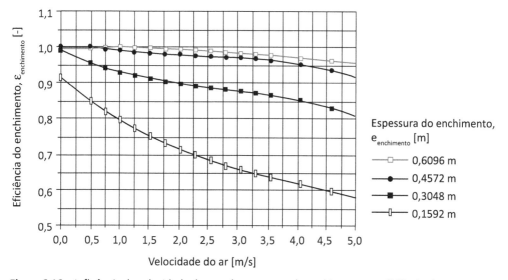

Figura 6.16 Influência da velocidade do ar e da espessura do enchimento na eficiência de um equipamento de resfriamento evaporativo.

Fonte: Energy Plus (2016).

Exemplo 6.5 Cálculo de um equipamento de resfriamento evaporativo

Considere um equipamento operando no verão em São Paulo (*TBS* = 31 °C, *TBU* = 20,4 °C, pressão atmosférica = 96,5 kPa), que fornece uma vazão de ar de 6.000 m³/h a uma temperatura de bulbo seco externa de 31 °C e uma temperatura de bulbo úmido de 20,4 °C, que atravessa um enchimento de espessura igual a 0,3048 m com área de seção transversal de 0,72 m × 0,90 m. Sabendo que a água de alimentação é fornecida a 20 °C, qual seria a condição de saída (temperatura de bulbo seco e umidade relativa) no equipamento para essas condições?

Solução

Inicialmente, deve-se determinar a velocidade do ar na seção do enchimento da seguinte forma:

$$\dot{Q}_{ar} = V_{ar} A_{enchimento} \rightarrow V_{ar} = \frac{\dot{Q}_{ar}}{A_{enchimento}}$$

Logo: $V_{ar} = \dfrac{\dot{Q}_{ar}}{A_{enchimento}} = \dfrac{6.000 \text{ m}^3/\text{h}}{(0,72 \text{ m} \times 0,90 \text{ m}) \times 3.600} = 2,57 \text{ m/s}$

Como a espessura de enchimento é igual a 0,3048 m, temos pela Figura 6.16 que a eficiência do enchimento é de 0,87. Utilizando a Eq. (6.9) temos:

$$0,87 = \frac{31 - TBS_{saída}}{31 - 20} \rightarrow TBS_{saída} = 21,4\ °C$$

Sendo um processo a temperatura de bulbo úmido constante, pode-se utilizar o programa PSICRO para avaliar a condição de saída, tendo como dados de entrada TBS = 21,4 °C e TBU = 20 °C, como mostra a Figura E6.5a.

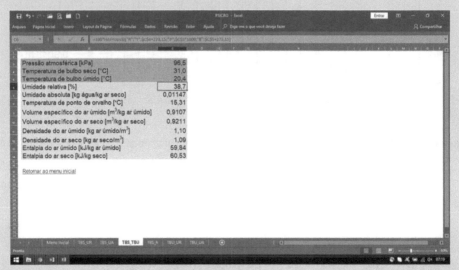

a) Condição externa

b) Condição interna

Figura E6.5a   Apresentação da avaliação dos dados do Exemplo 6.5 utilizando o programa PSICRO.

Logo, temos o ar entrando a uma temperatura de bulbo seco de 31 °C e umidade relativa de 38,7% e saindo do equipamento a 21,4 °C e umidade relativa de 88,3%. O processo é apresentado na Figura E6.5b.

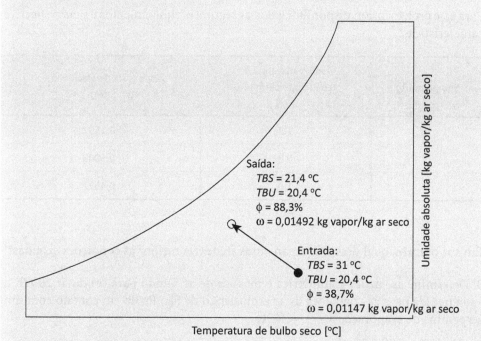

Figura E6.5b Apresentação da avaliação dos dados do Exemplo 6.5 utilizando o programa PSICRO.

PROBLEMAS PROPOSTOS

1. Avalie a condição de saída de um equipamento de resfriamento evaporativo com os seguintes dados:

- local: Recife (pressão atmosférica = 101,1 kPa; TBS = 32,8 °C; TBU = 25,9 °C);
- vazão de ar = 8.000 m³/h;
- área da seção de enchimento = 0,82 m × 1,215 m;
- temperatura de fornecimento da água = 20 °C;
- espessura do enchimento = 0,1592 m.

2. Deseja-se fornecer uma vazão de ar para um ambiente nas seguintes condições:

- local: Brasília (pressão atmosférica = 89,21 kPa; TBS = 31,1 °C; TBU = 18,3 °C);
- vazão de ar = 10.000 m³/h;

- temperatura de fornecimento da água = 21 °C;
- temperatura máxima de bulbo seco na saída do equipamento = 25 °C;
- umidade relativa máxima na saída do equipamento = 80%.

Para este projeto foram disponibilizados os seguintes equipamentos e suas respectivas características:

Equipamento	Área transversal da seção do enchimento (m²)	Espessura do enchimento (m)
A	1,2	0,1592
B	0,8	0,3048
C	1,0	0,4572

Em sua opinião, qual desses equipamentos atenderia melhor às condições exigidas?

3. Determine as vazões volumétrica e mássica de ar úmido para produzir 20 ℓ/h de água líquida para as condições de ar atmosférico de São Paulo em contato com uma serpentina de evaporação a $T_{evap} = 12\,°C$:

a) $\phi = 60\%$ e $TBS = 30\,°C$;

b) $\phi = 40\%$ e $TBS = 30\,°C$;

c) $\phi = 55\%$ e $TBS = 40\,°C$.

CAPÍTULO 7
Instrumentação

Este capítulo é devotado à apresentação dos princípios de funcionamento de diversos tipos de instrumentos de medição direta ou indireta das propriedades do ar úmido. O capítulo se inicia com uma breve revisão de técnicas de medição de temperatura e segue apresentando, em destaque, o psicrômetro. Sensores de umidade relativa e de temperatura de orvalho, bem como métodos de calibração, são apresentados na sequência.

7.1 TEMPERATURA

7.1.1 TERMÔMETROS

Em princípio, qualquer instrumento que indique temperatura é um termômetro. Na prática, o termo é usualmente empregado para designar um instrumento formado por um tubo de vidro cheio com um líquido que se dilata com a temperatura, como ilustrado na Figura 7.1. Mercúrio é normalmente usado, e sua faixa de utilização abrange desde cerca de −38 °C, ponto de solidificação do mercúrio, até pouco acima de 500 °C. Um limite superior tão elevado ocorre graças à técnica de pressurizar internamente o instrumento para aumentar o ponto de vaporização do mercúrio. Entretanto, o mercúrio tem caído em desuso em função dos seus potenciais danos à saúde e ao meio ambiente. Termômetros preenchidos com álcool permitem medir temperaturas na faixa de cerca de −70 °C até 120 °C. Hidrocarbonetos, puros ou em mistura, também são usados. Por exemplo, pentano permite estender o limite inferior até cerca de −200 °C.

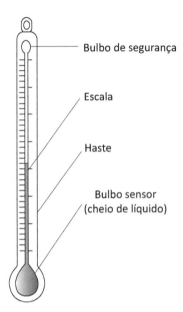

Figura 7.1 Elementos principais de um termômetro de vidro.

Do ponto de vista construtivo, o termômetro é formado por um bulbo cheio de líquido que deve ser inserido no meio de temperatura desconhecida para a avaliação dessa temperatura. Em se aquecendo (ou resfriando), o líquido se dilata (ou contrai) dentro do tubo capilar da haste, o qual possui uma escala graduada em temperatura. A haste do termômetro está submetida, em um dos seus extremos, à temperatura do bulbo, e também, no seu comprimento, à temperatura do meio ambiente que o envolve. Nesse sentido, uma perda de calor por condução do bulbo para a haste e por convecção da haste para o meio vai ocorrer. Essa perda é uma das duas fontes principais de erros de medição. Por essa razão, o uso correto de alguns tipos de termômetro exige que uma certa porção da haste seja inserida no ambiente ou meio de temperatura desconhecida até uma certa profundidade. Para isso, os termômetros são inseridos nos chamados *poços de termômetro*, que nada mais são que um pequeno tubo voltado para o interior da região a ser medida, como no caso de um fluido que escoa numa tubulação. Essa técnica é usada quando precisões muito altas são desejadas (até 0,05 °C), como no caso dos termômetros de calibração. Para pequenas diferenças de temperatura entre o ambiente e o meio cuja temperatura se quer medir, ou quando o termômetro está completamente inserido no meio, a perda de calor por condução do bulbo para a haste é desprezível.

A outra fonte importante de erro na medição de temperatura é o problema da radiação térmica. Nesse caso, o bulbo sensor está não só submetido ao meio de temperatura desconhecida, como também exposto a um ambiente de temperatura que pode ser muito distinta da do meio, como quando se está próximo de uma fonte intensa de radiação térmica. Por exemplo, a medição da temperatura do ar externo vai ser influenciada pela radiação solar se não for providenciada uma forma de eliminar ou reduzir a radiação solar incidente sobre o bulbo de um termômetro. Existem técnicas para

Instrumentação

eliminar o efeito da radiação por meio do uso de escudo de radiação. Escudos de radiação são superfícies altamente polidas e refletoras instaladas em torno do termômetro para minimizar o efeito da radiação externa incidente. O problema da radiação será investigado por meio do Exemplo 7.1

Exemplo 7.1 Medição de temperatura – efeito de radiação

Um problema que deve ser abordado quando se está medindo temperatura é o efeito da radiação térmica. Considere a medição da temperatura dos produtos de combustão de uma chaminé, como ilustrado na Figura E7.1. O termômetro indica a temperatura de T_t = 340 °C, e o ambiente está a uma temperatura de T_{amb} = 20 °C. O coeficiente de convecção de calor forçada da troca térmica entre os gases quentes e o bulbo do termômetro vale h_c = 50 W/m² °C. Pede-se calcular a temperatura real dos gases e o erro na leitura.

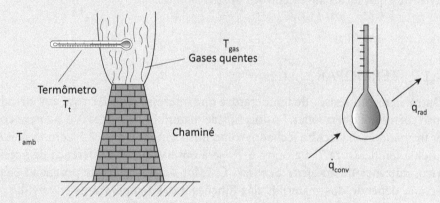

Figura E7.1 Efeito da radiação térmica na medição de temperatura.

Solução

Para resolver o problema, é preciso fazer um balanço de energia no bulbo do termômetro. A figura da direita mostra o esquema do balanço dos meios de transferência de calor no bulbo do termômetro, que são radiação térmica e convecção. No equilíbrio, tem-se que $\dot{q}_{rad} = \dot{q}_{conv}$. Agora, substituindo as expressões para esses termos de fluxos térmicos, tem-se:

$$\varepsilon\sigma\left(T_t^4 - T_{amb}^4\right) = h_c\left(T_{gas} - T_t\right),$$

em que o lado esquerdo é a lei de Stefan-Boltzmann de radiação térmica, ε é a emissividade térmica (adotado o valor de 0,92) e σ é a constante de Stefan-Boltzmann. O lado direito representa as perdas de convecção de calor. Essa expressão pode ser rearranjada para se obter a temperatura do gás, T_{gas}:

$$T_{gas} = T_t + \frac{\varepsilon\sigma}{h_c}\left(T_t^4 - T_{amb}^4\right) =$$

$$= 613,15 + \frac{0,92 \times 5,67 \times 10^{-8}}{50}\left(613,15^4 - 293,15^4\right) = 752,9 \text{ K} = 479,6 \text{ °C}$$

Note que os cálculos foram feitos em temperatura absoluta (Kelvin). A indicação do termômetro seria de apenas 340 °C, enquanto a temperatura correta dos gases seria de 479,6 °C. Portanto, um erro substancial de cerca de 140 °C ocorreria. O que acontece é que a parte do fluxo de calor que o bulbo do termômetro recebe por convecção é perdida por radiação térmica para o ambiente. Assim, a temperatura indicada pelo termômetro não é a temperatura dos gases, mas a temperatura de equilíbrio entre aqueles dois processos de trocas térmicas. O problema poderia ser minimizado se o bulbo do termômetro fosse instalado no interior de um pequeno tubo altamente polido e refletor para diminuir o efeito da radiação perdida para o meio. Para mitigar ou minimizar esse efeito, o bulbo do termômetro deveria estar envolto por uma superfície altamente refletiva, a qual forma um escudo de radiação térmica.

7.1.2 TERMOPAR

Outro elemento sensor de temperatura que interessa abordar aqui em virtude do seu uso corrente é o termopar. Se dois fios de materiais diferentes A e B forem conectados formando um circuito fechado, como ilustrado na Figura 7.2, com uma junção mantida à temperatura T_1 e a outra à T_2, será observada uma diferença de potencial elétrico, ddp, devida ao *efeito Seebeck*. O valor da diferença de potencial elétrico observada depende dos materiais das junções e das temperaturas envolvidas. Se a temperatura de uma das junções, por exemplo T_1, for conhecida, então o arranjo permitirá determinar o valor da temperatura incógnita (T_2).

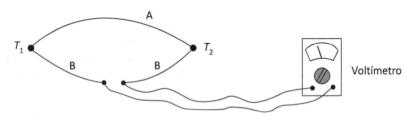

Figura 7.2 Circuito elétrico elementar para se observar o efeito termoelétrico.

O princípio da utilização prática dos termopares consiste em se introduzir uma das junções em uma mistura de gelo e água líquida em equilíbrio, cuja temperatura é conhecida e vale 0 °C (aproximadamente, pois o ponto triplo da água é 0,01 °C), como ilustrado na Figura 7.3. Dois arranjos convencionais estão ilustrados na figura. No arranjo (a) existe a inserção de um terceiro fio ordinário de cobre para instalação do indicador de temperatura por razões de economia. Isso, entretanto, não afeta os valores de temperatura, como será visto mais adiante nas leis de utilização dos termopares; o arranjo (b) é o método clássico. A junção da mistura gelo-água líquida é chamada de junção de referência, ou junção fria, e a outra junção é instalada no meio de temperatura desconhecida.

Cuidados especiais devem ser tomados na confecção do recipiente da mistura, como: (1) deve-se providenciar um isolamento térmico adequado do ambiente mediante a utilização de uma garrafa térmica (frasco de Dewar) para permitir tempos de uso mais prolongados e uniformidade da temperatura da mistura; (2) imersão em profundidade suficiente da junção; (3) eventualmente, óleo ou outro líquido de baixo ponto de fusão deve preencher os tubos que contêm as junções frias para promover um bom contato térmico.

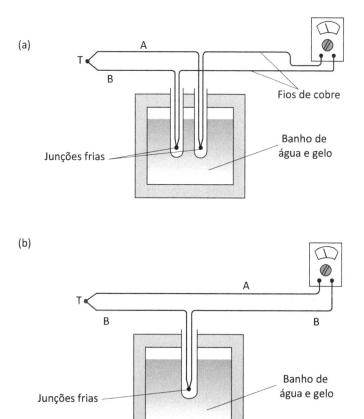

Figura 7.3 Obtenção da temperatura de referência (banho de gelo): (a) com a inserção de um terceiro fio; (b) sem essa inserção.

Os tipos de materiais mais usados e disponíveis comercialmente estão indicados na Tabela 7.1, bem como valores selecionados de diferença de potencial elétrico em mV (milivolts – 10^{-3} V) em função da temperatura para a temperatura de referência da junção fria mantida em 0 °C. O símbolo designativo da liga está indicado entre parênteses. Polinômios de aproximação das curvas dos termopares podem ser obtidos de tabelas de fabricantes e também de livros-texto (POWELL et al., 1974).

Tabela 7.1 Diferença de potencial em mV observada em diversos termopares (a temperatura da função de referência é 0 °C)

Temperatura (°C)	Cromel – constantan (E)	Ferro – constantan (J)	Cromel – alumel (K)	Platina – platina e 10% ródio (S)	Cobre – constantan (T)
–200	–8,824	–7,890	–5,891	–	–5,603
–150	–7,279	–6,499	–4,912	–	–4,648
–100	–5,237	–4,632	–3,553	–	–3,378
–50	–2,787	–2,431	–1,889	–	–1,819
0	0	0	0	0	0
10	0,591	0,507	0,397	0,055	0,391
20	1,192	1,019	0,798	0,113	0,789
30	1,801	1,536	1,203	0,173	1,196
40	2,419	2,058	1,611	0,235	1,611
50	3,047	2,585	2,022	0,299	2,035
100	6,317	5,268	4,095	0,645	4,277
150	9,787	8,008	6,137	1,029	6,702
200	13,419	10,777	8,137	1,440	9,286

As leis de utilização dos termopares podem ser agrupadas da seguinte forma, segundo Doebelin (1990):

1. A ddp de um termopar cujas junções são mantidas a T_1 e T_2 não é afetada pela temperatura da vizinhança do circuito se os dois materiais empregados forem homogêneos (Figura 7.4a).

2. Se um terceiro material homogêneo C for inserido no condutor A ou B, de forma que as duas novas junções formadas sejam mantidas à mesma temperatura T_3, a ddp do circuito não é afetada (Figura 7.4b).

3. Se um terceiro material homogêneo C for inserido entre A e B numa de suas junções que estava, por exemplo, a T_1, e mesmo que a temperatura do condutor C seja não uniforme, por exemplo T_3 e T_4, mas nas novas junções permaneça

em T_1, então a ddp do circuito é a mesma, como se C não estivesse presente (Figura 7.4c).

4. Se a ddp da junção de dois materiais A e C é V_{AC} e a da junção dos materiais B e C é V_{BC}, então a ddp das junções A e B é $V_{AB} = V_{AC} + V_{BC}$ (Figura 7.4d).
5. Se um termopar produz uma ddp V_1 quando suas junções estão a T_1 e T_2, e V_2 quando as junções estão submetidas a T_2 e T_3, então a indicação será $V_1 + V_2$ quando suas junções estiverem a T_1 e T_3 (Figura 7.4e).

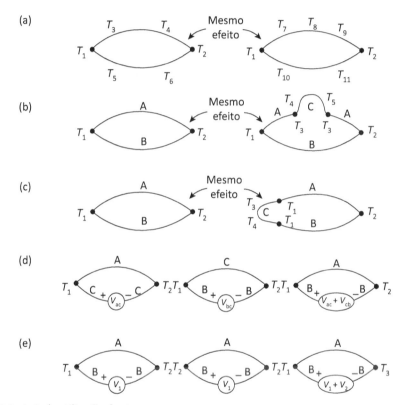

Figura 7.4 Leis de utilização dos termopares.

Fonte: adaptada de Doebelin (1990).

7.1.3 TERMORRESISTIVOS

Medidores termorresistivos ou termorresistores são sensores de temperatura largamente empregados como elementos de compensação de efeitos térmicos em circuitos eletrônicos, em virtude de seu coeficiente térmico negativo de resistência, ou mesmo usados na medição direta da temperatura. Nesse último caso ele fica um pouco restrito quanto ao seu emprego em medições numa faixa muito grande de temperaturas porque seu comportamento é altamente não linear, já que sua curva da resistência em função da temperatura é uma exponencial do tipo:

$$R = R_0 \exp\beta\left(\frac{1}{T} - \frac{1}{T_0}\right), \tag{7.1}$$

em que o índice "0" indica uma condição de referência, R é a resistência ôhmica e β é o coeficiente do termistor e varia em torno de 4.000 K. Os valores apropriados dessas grandezas dependem do material do termistor e podem ser levantados experimentalmente. Em faixas mais restritas de temperaturas o termistor pode ser empregado, desde que meios de linearização, aproximação polinomial, ou mesmo computação direta da Eq. (7.1) sejam usados. Óxidos de manganês e níquel são alguns dos materiais empregados.

Já o termômetro de resistência elétrica (RTD) pode ser considerado bastante preciso e se baseia na variação da resistência ôhmica de metais e outros materiais. Entre as diferenças dos RTD para os termistores, pode-se destacar o fato de o coeficiente térmico dos primeiros sensores serem positivos, ou seja, sua resistência aumenta com a temperatura, ao contrário do que ocorre com os termistores. Outra diferença relaciona-se ao fato de os termistores serem relativamente mais sensíveis a variações de temperatura, isto é, a sensibilidade, dR/dT, é maior. Um polinômio do segundo grau é normalmente suficiente para ajustar as curvas dos RTD do tipo:

$$R = R_0\left(1 + aT + bT^2\right), \tag{7.2}$$

em que R_0 é a resistência de referência e a e b são constantes ajustadas experimentalmente, sendo que, para faixas mais restritas de temperatura, uma simples relação linear da resistência com a temperatura é suficiente.

Os termorresistores têm como principais vantagens:

- exatidão alta;
- ampla faixa de medição;
- variação linear da resistência com a temperatura;
- não necessita de utilização de fios especiais; e
- sem limitação para distância do ponto de medição.

Por outro lado, eles são mais frágeis quando comparados ao termopar, além de requererem cuidados para evitar o aparecimento de efeitos indesejados, como:

- autoaquecimento em função da dissipação de calor na termorresistência quando da passagem da corrente elétrica. Esse efeito pode ser reduzido se a tensão de alimentação for reduzida; e
- em função de a extensão do bulbo não estar em uma temperatura homogênea, pode ocorrer imprecisão nas medições.

7.1.4 SENSORES CERÂMICOS RESISTIVOS E CAPACITIVOS

Esses sensores podem ser usados para medição e monitoramento de temperatura de bulbo seco, umidade relativa e pressão. No caso da temperatura de bulbo seco, foi apresentado no item 7.1.3 o funcionamento e as principais características dos termorresistores.

Para a medição de umidade relativa, os sensores cerâmicos podem ser resistivos ou capacitivos. Os sensores capacitivos são construídos em materiais com base em cerâmicas protônicas que absorvem água e modificam a sua constante dielétrica. Dessa forma, se a umidade relativa aumenta, a constante dielétrica também aumenta e a capacitância elétrica diminui linearmente. Podem-se utilizar ligas de materiais cerâmicos e metais de forma a melhorar a resposta dos sensores, como óxido de alumínio (Al_2O_3), óxido de titânio (TiO_2), óxido de silício (SiO_2) ou ligas de magnésio e cloreto de lítio ($LiCl-MnWO_4$) (CHEN; LU, 2005).

No caso de sensores resistivos, são utilizadas bases poliméricas com dois tipos de materiais: polieletrolíticos e polímeros conjugados. Nos dois materiais, a condutividade térmica diminui com o aumento de umidade. Também é possível ter sensores capacitivos utilizando bases poliméricas e materiais orgânicos hidrofóbicos.

Para a medição da pressão, utiliza-se um diafragma de metal cuja resistência elétrica varia quando tensionado. Quando se utiliza um material semicondutor em conjunto com o diafragma, temos o chamado efeito piezoelétrico. Neste caso, um circuito eletrônico detecta a variação de resistência e converte o sinal de saída em unidades de pressão, como se pode observar na Figura 7.5.

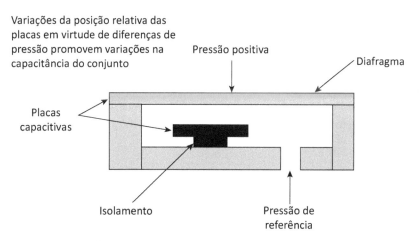

Figura 7.5 Esquema simplificado de um transdutor de pressão capacitivo.

Fonte: adaptada de Ashrae (2009).

7.1.5 OUTROS MÉTODOS

As seções anteriores foram dedicadas à medição da temperatura usando termômetros de vidro, termopares e termorresistores, além de sensores cerâmicos devido à sua relevância e seu emprego em medições de campo. Entretanto, existem diversos outros instrumentos que são importantes, entre os quais se destacam:

1. *Lâminas bimetálicas* consistem em duas tiras de metais de coeficientes de expansão térmica distintos. Quando expostas a uma dada temperatura, o conjunto das duas lâminas vai se deformar. Esse movimento pode ser multiplicado e aproveitado para acionar algum mecanismo de indicação da temperatura. Entretanto, o seu maior uso se dá como elemento de controle de sobrecarga de corrente elétrica do tipo liga-desliga.

2. *Termômetros de pressão de gás* são largamente usados comercialmente. Eles consistem em um bulbo cheio de um gás (ou vapor) que é exposto ao ponto de medição da temperatura. Na outra extremidade, existe um indicador de pressão do tipo tubo de Bourdon. À medida que a temperatura do bulbo aumenta, a pressão do gás (vapor) tende a aumentar proporcionalmente, já que todo o conjunto é mantido a um volume constante. O medidor de pressão é calibrado em termos de temperatura.

7.2 PSICRÔMETRO

As Seções 5.3 e 5.4 deste livro foram devotadas a uma análise bem acurada do uso e das limitações do termômetro de bulbo úmido à luz da teoria dos fenômenos de transferência de calor e massa que ocorrem no bulbo umedecido. Os psicrômetros indicam as temperaturas de bulbo seco e de bulbo úmido, dadas as aproximações já discutidas anteriormente. Na presente seção, discute-se o psicrômetro tendo em vista sua aplicação e suas formas construtivas. Os diversos tipos comumente encontrados no mercado e suas características são revistos. Uma discussão concisa do instrumento foi apresentada pelo primeiro autor (SIMÕES-MOREIRA, 1989; 1997a; 1999a).

7.2.1 PSICRÔMETROS DE TERMÔMETROS DE VIDRO

O psicrômetro de termômetros de vidro é amplamente utilizado e satisfaz as necessidades normais da medição da umidade do ar. O seu desempenho adequado depende de:

1. circulação do ar no entorno do bulbo úmido com uma velocidade mínima de 3 m/s a 5 m/s, dependendo do tamanho de sensor, sendo que tamanhos maiores exigem velocidades mais elevadas;

2. blindagem contra fontes de radiação térmica intensas;

3. alimentação com água pura e, preferivelmente, a uma temperatura próxima à *TBU* do ar (o que, na verdade, não se sabe *a priori*);

4. o material umedecido ser higroscópico (algodão, por exemplo);

5. os bulbos sensores serem, preferencialmente, de tamanhos reduzidos (veja a Figura 5.7), a fim de reduzir o efeito da radiação térmica incidente.

A seguir, passa-se a examinar os tipos mais difundidos.

7.2.1.1 Tipo rotativo

O psicrômetro tipo rotativo é também conhecido como tipo "reco-reco". Esse tipo de instrumento é bastante empregado devido à sua simplicidade construtiva. Basicamente, ele é formado por um par de termômetros de vidro, bulbo seco e bulbo úmido, fixados em uma base giratória, como ilustrado na Figura 7.6a. O ato de girar o conjunto provoca o movimento relativo necessário do ar em torno dos bulbos dos termômetros, em particular do bulbo úmido. Efeitos de radiação são sentidos nesse tipo de instrumento. O psicrômetro rotativo deve ser posto a girar um número suficiente de vezes, até que o termômetro de bulbo úmido alcance um valor mínimo de regime. Uma vez alcançado aquele valor, é imperativo que a leitura seja feita rapidamente.

7.2.1.2 Tipo de aspiração

Neste tipo de psicrômetro, também conhecido como psicrômetro de Assmann, os dois termômetros são blindados contra radiação térmica e o ar é forçado a circular pelos bulbos com razoável velocidade. Um ventilador, acionado manualmente por corda ou eletricamente por um pequeno motor elétrico, movimenta o ar que passa através de dois tubos que envolvem os termômetros, como mostrado na Figura 7.6b. Em ambientes em que existam fontes de radiação térmica intensa (sol, paredes de fornos etc.), esse tipo deve ser usado preferencialmente ao anterior.

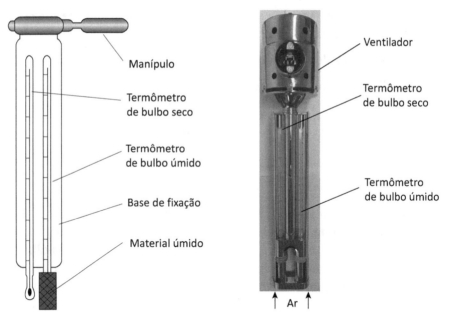

Figura 7.6 Psicrômetros de termômetros de vidro tipo (a) rotativo ou de reco-reco e (b) de aspiração ou de Assmann.

7.2.2 PSICRÔMETROS DE TERMOPARES

O psicrômetro de termopares é muito empregado em laboratórios em substituição aos termômetros de vidro. Ele é preferido aos psicrômetros de termômetros de mercúrio de vidro porque as leituras podem ser remotas e por introduzir menos perturbações no fluxo de ar. Em virtude do reduzido tamanho das junções, velocidades menores do ar também são permitidas (ordem de 2 m/s). Além disso, o uso de mercúrio tem sido banido de muitos laboratórios por causa de seus potenciais efeitos nocivos à saúde e ao meio ambiente. O elemento sensor pode ser também ser de termorresistência, como os do tipo pt-100.

7.2.3 PSICRÔMETROS – CONSIDERAÇÕES FINAIS

Precauções necessárias nem sempre são alcançadas na prática em medições do ar em dutos. Às vezes, em virtude da grande área transversal do duto, a velocidade da corrente de ar cai abaixo dos 3 m/s mínimos necessários. Outro problema é que, se a diferença entre a temperatura de bulbo úmido e a da parede do duto for muito grande (mais que 6 ºC), efeitos de radiação térmica deverão ser considerados. Nesse caso, use a Eq. (5.28) para corrigir a *TBU* lida. Essa equação também pode ser empregada para corrigir a *TBU* obtida do psicrômetro rotativo e do termopar. Se a umidade do ar for muito baixa, é preferível alimentar a mecha do bulbo úmido com água fria, mais próximo da *TBU*.

Medições de temperaturas de bulbo úmido abaixo de 0 °C ficam prejudicadas pelo problema de congelamento da água. Na faixa de temperatura moderada e alta (acima de 40 °C) e baixa umidade relativa, novamente problemas são esperados devido à diferença muito grande entre a *TBU* e a *TBS*, e efeitos de radiação e do alto valor da temperatura de alimentação da água podem induzir a erros apreciáveis. Entretanto, alguns fabricantes alegam que seus instrumentos podem medir *TBS* até cerca de 90 °C. Para essas situações extremas, recomenda-se que higrômetros e sensores de umidade de outros tipos sejam empregados.

Em muitas situações, as propriedades do ar úmido são obtidas por meio da chamada equação do psicrômetro, dada por:

$$P_v = P_v^+ - AP(T - T^+), \tag{7.3}$$

em que A é a chamada constante do psicrômetro em °C^{-1}, P é a pressão barométrica local em kPa, T é a temperatura de bulbo seco em °C, T^+ é a temperatura de bulbo úmido, P_v^+ é a pressão parcial do vapor de água tomada à temperatura T^+ em kPa e P_v é a pressão parcial do vapor de água na mistura. Essa equação é empregada da seguinte forma:

a) Obtêm-se as duas temperaturas do psicrômetro (bulbos seco e úmido).

b) Obtém-se a pressão local.

c) Com a ajuda de uma tabela de vapor (Apêndice B), obtém-se a pressão parcial de água à T^+, isto é, P_v^+.

d) Conhecida a constante do psicrômetro A, finalmente a pressão parcial do vapor de água na mistura é obtida pela Eq. (7.3).

e) Conhecidas a pressão da mistura, a pressão parcial do vapor de água e a temperatura, todas as demais propriedades do ar úmido podem ser obtidas por um dos métodos já discutidos neste livro (veja a Seção 2.14).

A Eq. (7.3) é empírica em natureza, e certa controvérsia existe quanto ao valor correto da constante do psicrômetro A. Os valores normalmente obtidos pelos fabricantes giram em torno de 6×10^{-4} a 7×10^{-4} °C^{-1}, mas não há consenso sobre o assunto. Uma discussão mais apropriada é apresentada por Simões-Moreira (1999a). Note também que não existe qualquer compromisso entre a temperatura indicada pelo termômetro de bulbo úmido e a temperatura termodinâmica de bulbo úmido, exceto pelo fato de as duas serem bastante próximas, como amplamente discutido na Seção 5.4. Entretanto, idealmente, o psicrômetro deveria indicar a temperatura de bulbo úmido termodinâmica. Dependendo do valor da constante usada, alguns desvios entre a *TBU* e a *TBU* termodinâmica serão observados, como analisa Simões-Moreira (1999a). O autor ainda analisou a constante do psicrômetro sob o ponto de vista termodinâmico. Para o caso em que a leitura do psicrômetro é a *TBU* termodinâmica, o autor calculou aquela constante, agora chamada de *constante termodinâmica de psicrômetro*, A_θ, como função das propriedades do ar úmido, como indicado na Figura 7.7

para a pressão normal. A figura mostra que a constante termodinâmica do psicrômetro praticamente independe da temperatura de bulbo seco do ar, porém depende sensivelmente da *TBU* termodinâmica, sobretudo acima de 30 °C. Para *TBU* termodinâmica abaixo de 0 °C (ou 0,01 °C, mais apropriadamente), o valor da constante cai drasticamente. Esse efeito é facilmente explicado pela formação de gelo no bulbo úmido, cuja entalpia de vaporização é maior que o caso comum, quando a água está na forma líquida. O valor médio da constante na faixa de *TBU* termodinâmica entre 0 °C e 30 °C é de cerca de $6,45 \times 10^{-4}$ °C^{-1}, e abaixo de 0 °C, $5,68 \times 10^{-4}$ °C^{-1}. Nesse mesmo trabalho, mostrou-se também que a constante depende ligeiramente da pressão de mistura, sobretudo para *TBU* termodinâmica acima de 30 °C. O gráfico da Figura 7.7 mostra esses efeitos de dependência.

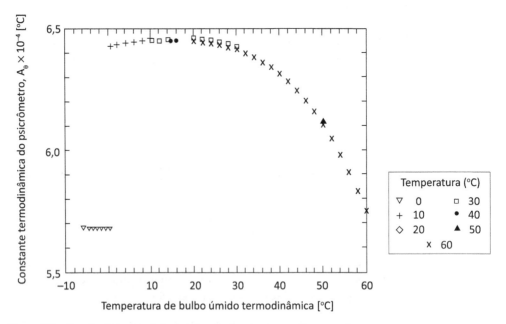

Figura 7.7 Constante termodinâmica do psicrômetro a pressão normal.

Fonte: Simões-Moreira (1999a).

Se a constante do psicrômetro diferir relativamente em torno de ±5% da constante termodinâmica do psicrômetro, A_θ, os desvios entre as duas temperaturas serão em torno de no máximo de ±0,4 °C. De uma forma mais geral, os desvios aproximados, δT, entre as duas temperaturas, *TBU-TBU* termodinâmica, são dados pela seguinte expressão aproximada para condições ambientes:

$$\delta T = \frac{(A - A_\theta)}{A_\theta} \times \frac{T - T^+}{1 + P_v^+}, \tag{7.4}$$

em que P_v^+ é dado em kPa.

Um desafio na área de desenvolvimento de psicrômetros é a construção de um psicrômetro adiabático que satisfaça o processo de saturação adiabática (Seção 2.10). No passado, psicrômetros adiabáticos foram construídos em nível laboratorial, porém ainda há espaço para o desenvolvimento de um instrumento desse tipo para fins de comercialização. Tal instrumento indicaria diretamente a *TBU* termodinâmica, e a Eq. (7.3) seria empregada com a constante dada pelo gráfico da Figura 7.7, com eventual correção em virtude de a pressão local diferir da pressão padrão.

7.3 HIGRÔMETROS DE UMIDADE RELATIVA

Observa-se que o conteúdo de umidade de diversas substâncias e materiais encontra um equilíbrio com a umidade do ambiente, sendo esse fenômeno mais rapidamente sentido em materiais hidrófilos. Quando a umidade relativa do ambiente varia, esses materiais vão ceder ou absorver umidade do ambiente até que o equilíbrio seja restaurado. Por outro lado, o conteúdo de umidade de determinados materiais fortemente influencia suas características ou propriedades, como resistividade elétrica, capacitância, tamanho, peso e cor. Nesse sentido, se as variações puderem ser medidas, então uma relação, que é a curva de calibração, entre a umidade relativa ambiente e a propriedade ou grandeza em questão será obtida. Diversos sensores de umidade relativa estão disponíveis comercialmente no mercado, e os princípios de funcionamento de alguns deles serão abordados aqui.

7.3.1 VARIAÇÃO DIMENSIONAL

Cabelo humano propriamente tratado tem sido amplamente utilizado desde o século XVIII como elemento sensor de indicação da umidade do ar. Variações dimensionais relativas ($\Delta L/L$) de 0% a 2% são alcançadas e correspondem à faixa completa de 0% a 100% de umidade relativa. Na Figura 7.8a, podem-se ver os elementos básicos de um indicador de umidade relativa. O ponteiro está pivotado em O sobre o braço que contém o ponto de ligação A e a massa de contrapeso M. A pequena massa M é suportada pelo fio de cabelo no ponto A, sendo que o tensionamento do fio se dá pelo parafuso de ajuste P. À medida que o fio de cabelo se dilata, ou encolhe, devido à sua variação de umidade, o ponteiro se movimenta solidariamente.

O cabelo humano apresenta os problemas da histerese e da não linearidade, como visto pela sua curva de operação ilustrada na Figura 7.8b. Após exposição a um ambiente de baixa umidade relativa, o instrumento segue a curva superior (seca) e poderá retornar pela curva inferior (úmida) se a umidade do ambiente for muito elevada, ou se for molhado. Fibras de materiais sintéticos também são empregadas, como náilon e poliéster, que cobrem a faixa inteira de umidade relativa. Materiais exóticos, como membrana animal e fibra de madeira, entre outros, também têm sido testados. Muitos dos aparelhos comerciais em uso também são registradores da umidade e incorporam um termômetro e, nos modelos mais sofisticados, um barômetro.

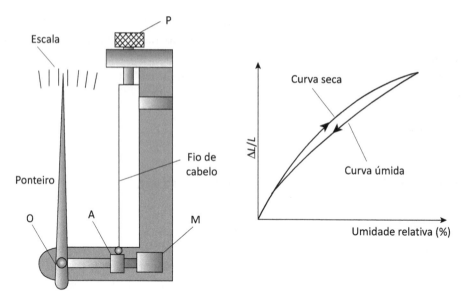

Figura 7.8 (a) Higrômetro de umidade relativa de cabelo humano elementar. (b) Curva de operação do aparelho.

Fonte: Fraade (1963).

7.3.2 VARIAÇÃO DE UMA GRANDEZA ELÉTRICA – RESISTIVIDADE ELÉTRICA

A literatura americana costuma chamar de sensor de Dunmore um tipo de sensor de umidade relativa baseado na dependência da resistividade elétrica do sal cloreto de lítio com a umidade relativa. Observa-se que a resistividade elétrica do cloreto de lítio diminui drasticamente quando a umidade relativa ambiente ultrapassa 11%. Esse limite é mais ou menos constante para temperaturas de bulbo seco acima de cerca de 20 °C até aproximadamente 60 °C e aumenta significativamente para temperaturas inferiores. Na sua versão mais sofisticada, esse sensor consiste de dois fios de metal nobre (ouro) enrolados em um tubo de plástico, igualmente e cuidadosamente espaçados. A superfície do tubo com os fios é em seguida impregnada com o sal cloreto de lítio. Os dois fios formam os eletrodos, e o sal depositado é o meio condutivo entre eles. O conjunto é instalado em um segundo tubo para dar proteção mecânica e promover o contato com a corrente de ar. Quando os fios são excitados com corrente elétrica alternada e o sensor é exposto a um fluxo de ar de umidade relativa acima de 11%, a sua temperatura vai aumentar por efeito Joule. A temperatura continua a aumentar até alcançar um valor tal que a resistência do sensor passa a aumentar rapidamente, causando uma diminuição da corrente elétrica. Por conseguinte, a temperatura diminui. O sensor se autocontrola em torno dessa temperatura, a qual é medida por um meio convencional e pode ser relacionada com a *TBU* e a umidade relativa do fluxo de ar. Esses sensores são notadamente não lineares, e diversos elementos são necessários para cobrir ampla faixa de umidade relativa, sendo que um sensor é geralmente adequado para uma faixa de ± 10%.

Diversos outros tipos de sensores de resistividade (ou condutividade) elétrica e de impedância, de uma forma mais ampla, estão disponíveis no mercado. Polímeros, soluções eletrolíticas, óxidos metálicos e outros materiais absorventes de umidade formam o coração do sensor, e condições de equilíbrio de pressão de vapor ditam o conteúdo do vapor do elemento. Existem no mercado sensores que fornecem ampla faixa de umidade relativa e temperatura. Eles também possuem circuitos internos de compensação em virtude dos efeitos de temperatura. A versatilidade desses instrumentos decorre de sua natureza elétrica, que permite integrá-los facilmente com circuitos de controle, aquisição e registro da umidade.

7.3.3 VARIAÇÃO DE COLORAÇÃO

Muitos sais exibem cores diversas quando expostos a níveis distintos de umidade relativa e servem mais como elementos de alerta de condições extremas de umidade que indicadores precisos da umidade. Como exemplo, o cloreto de cobalto em sílica gel é azul quando exposto ao ar seco e muda para uma tonalidade rosa quando em umidade relativa elevada. Esses sais são usados como elementos decorativos e também adequados para indicar o teor de umidade em sistemas de refrigeração, como o brometo de cobalto em linhas de refrigerantes.

7.3.4 VARIAÇÃO DE MASSA E PESO

Há muito tempo se conhece o efeito de absorção da umidade por materiais higroscópicos. Gideão, como é relatado no "Livro dos Juízes", sétimo livro do Antigo Testamento, testou a revelação divina por meio de um novelo de lã exposto ao relento para que absorvesse ou não a umidade do ar de acordo com seus pedidos. Leonardo da Vinci engenhou uma balança para medir o peso da umidade absorvida por um novelo de lã e, durante muito tempo, seu projeto permaneceu inalterado. Cristais piezoelétricos também têm sido usados para esse fim. Um filme de material absorvente é depositado sobre o cristal e, conforme ele absorve mais ou menos umidade, diminutas variações de pressão são sentidas pelo cristal, as quais podem ser percebidas por uma mudança na sua frequência de ressonância.

Na Seção 7.6 sobre calibração será mencionado um dispositivo bastante preciso de medição de massa que serve como padrão primário de calibração.

7.4 HIGRÔMETRO DE TEMPERATURA DE ORVALHO

O objetivo deste tipo de higrômetro é estabelecer a temperatura de início de condensação ou congelamento (ponto de orvalho) do vapor de água presente num dado fluxo de ar. Para isso, o fluxo de ar é direcionado sobre uma superfície metálica polida (espelho) resfriada (Figura 7.9), cuja temperatura é controlada dentro de limites estreitos. Normalmente, o espelho é resfriado por efeito Peltier. Em se rebaixando a temperatura do espelho, o ponto de formação de condensação (congelamento) poderá ser visivelmente observado pelo embaçamento da superfície. Os dispositivos comerciais usam um sistema de detecção automática do ponto de orvalho usando um método ótico. Um feixe de luz é refletido da superfície espelhada e detectado por um elemento fotossensor enquanto sua temperatura estiver acima da temperatura de orvalho. Quando se dá o início do embaçamento, a intensidade do feixe de luz que chega ao fotoelemento diminui sensivelmente e, por meio de um sistema de realimentação, a temperatura da superfície é mantida no ponto de início do fenômeno. Materiais estranhos na superfície do espelho fornecem os necessários pontos de nucleação. Uma precisão de ± 0,1 °C a 1,0 °C pode ser alcançada com esse dispositivo para uma faixa de temperaturas entre –70 °C e 90 °C.

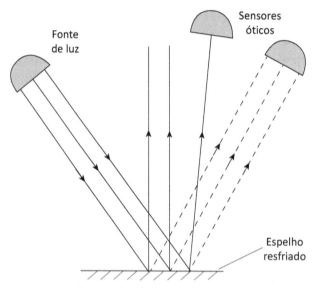

Figura 7.9 Ilustração de higrômetro de temperatura de orvalho.

7.5 OUTROS TIPOS DE HIGRÔMETROS

Diversos outros tipos de sensores de umidade estão disponíveis comercialmente. Existem sensores que detectam (1) o nível de radiação infravermelha absorvida pelo vapor de água; (2) o nível de radiação ultravioleta absorvido pelo vapor de água; (3) o ponto de início de condensação de um fluxo de ar expandindo em um bocal; (4) a resistividade elétrica de soluções eletrolíticas; (5) a capacitância elétrica; (6) a condutividade elétrica.

7.6 NOTA SOBRE CALIBRAÇÃO

A calibração dos instrumentos de umidade pode ser realizada pela exposição do instrumento em um ambiente de temperatura e umidade conhecidas e controladas. Câmaras de calibração existem para esse fim. Entretanto, um método menos custoso e que pode ser satisfatório para muitas situações consiste em expor o instrumento em uma câmara fechada, cujo ar é mantido em equilíbrio com uma solução aquosa saturada de diversos sais, como ilustrado na Figura 7.10. O movimento do agitador garante que o ar da câmara estará saturado de vapor de água em equilíbrio com a solução saturada de sal. Diversos sais podem ser empregados para cobrir uma faixa ampla de umidade. O equilíbrio do ar com algumas soluções é mais ou menos insensível à temperatura, o que é bastante afortunado do ponto de vista laboratorial e experimental. A Tabela 7.2 ilustra a umidade relativa para sais selecionados em solução aquosa saturada.

Tabela 7.2 Umidade relativa para diversas soluções aquosas saturadas

Temperatura (°C)	Cloreto de lítio (%)	Cloreto de magnésio (%)	Dicromato de sódio (%)	Cloreto de sódio (%)	Cromato de potássio (%)	Fosfato de amônia (%)	Sulfato de potássio (%)
15	–	34	56	76	–	–	97
20	11	34	55	76	87	93	97
25	11	33	54	75	86	93	97
30	11	33	52	75	86	92	97
35	11	33	51	75	86	92	96

Fonte: Holman (1994).

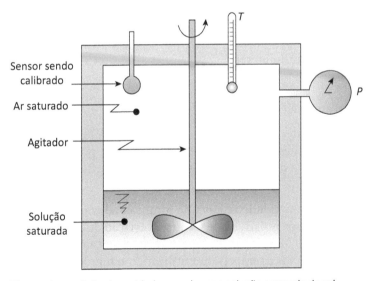

Figura 7.10 Câmara de medição da umidade usando uma solução saturada de sal.

Outro método de calibração extremamente preciso e de uso estritamente laboratorial consiste em medir diretamente a massa contida numa amostra de ar. Para isso, o ar passa através de materiais químicos absorventes que são pesados antes e depois do processo. A diferença em peso e, portanto, em massa serve para indicar diretamente a umidade absoluta da amostra. Nota-se que esse é um método primário de calibração e serve como padrão para a calibração dos demais instrumentos de medição da umidade do ar. Esse método é também conhecido como gravimétrico e é o padrão de referência em muitos países.

7.7 SISTEMAS DE MEDIÇÃO A DISTÂNCIA E AUTOMATIZADOS

Os avanços nas áreas de eletrônica, processadores e materiais permitem que hoje diversos sistemas possam ser monitorados e controlados em áreas muitas vezes distantes do local onde o sistema se encontra. Para tanto, lança-se mão de sistema de sensores para medição e transmissão de dados (CIBSE, 2000). O termo sensor usado em sistemas de medição e controle incorpora usualmente três funções principais:

a) Elemento de detecção ou medição: responsável pela avaliação de mudanças mensuráveis na variável a ser medida.

b) Transdutor: elemento que produz um sinal elétrico em função das mudanças detectadas pelo elemento de medição.

c) Transmissor: produz um sinal elétrico que é função das mudanças detectadas e pode ser usado como sinal de entrada em um sistema de controle.

Em muitos sensores, as funções de transdutor e transmissor são combinadas e, com o auxílio de circuitos eletrônicos, podem aplicar ao sinal medido filtros, médias temporais e linearizações. No caso de processos que envolvem fluxos de ar úmido, os principais parâmetros medidos e/ou controlados são:

a) temperatura de bulbo seco;

b) umidade relativa; e

c) pressão atmosférica.

No caso da medição da temperatura de bulbo seco já foram citados: termopares, termorresistores, lâminas bimetálicas e termômetros de pressão de gás. No caso de sistemas de mediação a distância, termopares e termorresistores são os mais utilizados (ASHRAE, 2009).

Para a medição de umidade relativa, já foram citados os sensores com variação dimensional, variação da resistividade térmica, variação de coloração, havendo ainda os sensores associados à variação da capacitância elétrica. Outra forma de medir a umidade relativa é avaliar a temperatura utilizando o higrômetro de temperatura de orvalho, além de sensores de radiação infravermelha, radiação ultravioleta, entre outros (itens 7.4 e 7.5). Já para a pressão atmosférica teremos transdutores de diafragma e piezoelétricos, sendo que ambos podem também ser usados para a medição de variações de pressão em pontos de uma instalação.

Uma aplicação do uso de sistema de sensores para medição, controle e transmissão de dados pode ser avaliada na Figura 7.11. Nesse exemplo, temos três equipamentos que permitem mudar as condições termo-higrométricas do ar que será insuflado em um ambiente climatizado, de forma a controlar os seus níveis de temperatura de bulbo seco e umidade relativa:

- Serpentina de resfriamento: promove processos de resfriamento e desumidificação.
- Umidificador: realiza um processo de umidificação.
- Resistência elétrica: auxilia no controle da temperatura por meio de aquecimento sensível.

Temos dois sensores que avaliam as condições termo-higrométricas do ambiente climatizado localizados no retorno do ar: um sensor de temperatura de bulbo seco e outro de umidade relativa. Este está ligado ao controlador C1, que, por meio de atuador, controla a alimentação da bomba do umidificador, permitindo a alteração da quantidade de vapor de água na vazão de insuflamento, de forma a controlar a umidade relativa no ambiente climatizado. Já o controlador C2 atua na abertura/fechamento da válvula de três vias que controla a vazão de água gelada para a serpentina de resfriamento, permitindo o controle da temperatura de bulbo seco e da umidade relativa do ambiente climatizado. No caso da temperatura de bulbo seco, há a necessidade de um intertravamento nos atuadores para garantir que mudanças na válvula da água gelada não interfiram no controle da resistência elétrica e vice-versa. Esse intertravamento pode ser conseguido por meio de uma correta lógica de controle do sistema de automação da instalação.

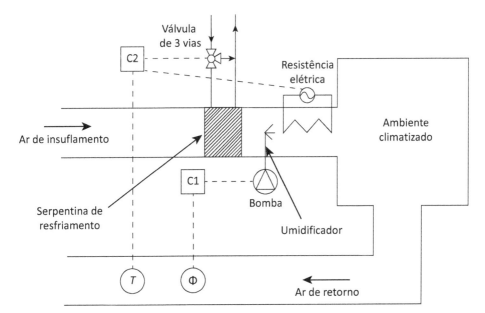

Figura 7.11 Esquema simplificado de um sistema de climatização com controle de temperatura de bulbo seco e umidade relativa.

CAPÍTULO 8
Tópicos adicionais

Este capítulo apresenta tópicos adicionais de aplicação da psicrometria. A teoria da mistura de ar seco e vapor de água é retomada para que se possam calcular os parâmetros psicrométricos de um gás úmido genérico. Na sequência, discute-se brevemente a psicrometria de alta temperatura, tendo como principal preocupação a dependência do calor específico com a temperatura. O assunto da psicrometria da combustão é também contemplado na Seção 8.3, e uma análise da recuperação do conteúdo de vapor dos gases de combustão é abordada na seção seguinte. Finalmente, o capítulo se encerra com um estudo da psicrometria da neblina, que é um fenômeno intrigante, já que pequenas gotículas de água podem permanecer em suspensão no ar em condições muito além do que o equilíbrio termodinâmico poderia prever, ou seja, em metaestabilidade.

8.1 MISTURA DE GASES NÃO CONDENSÁVEIS E VAPOR DE ÁGUA

Até o Capítulo 6, o foco deste livro esteve voltado para a mistura ar seco e vapor de água. Entretanto, a teoria desenvolvida pode também ser aplicada para outras misturas gasosas, envolvendo gases não condensáveis e vapor de água. Entende-se por *gases não condensáveis* a mistura gasosa de gases superaquecidos a temperaturas acima das suas temperaturas críticas, de forma que esses gases não experimentarão mudança de fase durante os processos normais de interesse. A única substância que vai efetivamente mudar de fase é a água. Exemplos de misturas de gases não condensáveis são os produtos de combustão de hidrocarbonetos em que CO, CO_2, N_2, O_2 estão normalmente presentes em equilíbrio com vapor de água. Aqui também é necessário que se defina o *gás seco* como a mistura gasosa da qual se extrai todo o vapor de água. Analogamente, *gás úmido* é a mistura gasosa incluindo o vapor de água.

Usando a abordagem da teoria da mistura de gases perfeitos, o problema da determinação da umidade e sua caracterização, bem como a obtenção das propriedades termodinâmicas do gás úmido, podem ser resolvidos de forma muito similar aos métodos apresentados neste livro para o ar úmido. A questão central é a determinação da constante particular do gás seco, R_G. Entretanto, R_G está intimamente ligado à *massa molecular média da mistura gasosa seca*, M_G. Mais apropriadamente, a definição de R_G é dada por:

$$R_G = \frac{\Re}{M_G}, \qquad (8.1)$$

em que $\Re$ é a constante universal dos gases perfeitos já definida na Seção 1.9. A massa molecular média da mistura gasosa, ou simplesmente *massa molecular do gás seco*, é obtida pela ponderação das frações molares, x_i, dos N gases presentes, ou seja:

$$M_G = \sum_{i=1}^{N} x_i M_i, \qquad (8.2)$$

em que x_i é a *fração molar do i-ésimo gás* presente na mistura e M_i é a massa molecular correspondente. Finalmente, substituindo a equação anterior na Eq. (8.1), tem-se

$$R_G = \frac{\Re}{\sum_{i=1}^{N} x_i M_i} = \frac{1}{\sum_{i=1}^{N} \frac{x_i}{R_i}}, \qquad (8.3)$$

em que R_i é a *constante particular do gás* participante na mistura. A Tabela 8.1 indica valores de massas moleculares e constantes particulares para diversos gases selecionados, bem como os respectivos calores específicos a pressão constante.

Tabela 8.1 Massa molecular, constante particular e calor específico a baixa pressão para diversos gases

Substância	Fórmula química	Massa molecular (kg/kmol)	Constante particular (kJ/kg K)	Calor específico (kJ/kg °C)
Ar seco*	–	28,9645	0,2870	1,006
Argônio	Ar	39,948	0,2081	0,520
Dióxido de carbono	CO_2	44,01	0,1889	0,842
Hélio	He	4,003	2,0769	5,193
Hidrogênio	H_2	2,016	4,1240	14,209
Monóxido de carbono	CO	28,01	0,2968	1,041
Nitrogênio	N_2	28,013	0,2968	1,042
Oxigênio	O_2	31,999	0,2598	0,923
Vapor de água	H_2O	18,01534	0,4615	1,805

* Ar seco é uma mistura de diversos gases (veja a Seção 1.7).
Fonte: Van Wiley e Sonntag (1991).

Exemplo 8.1 Constante particular de um gás

O ar seco é formado por dois componentes gasosos principais, quais sejam, o nitrogênio e o oxigênio, na proporção volumétrica aproximada de 79% para 21%. Na verdade, o nitrogênio sozinho perfaz cerca de 78%, mas é costume incluir todos os demais gases junto com o nitrogênio e simplesmente chamá-los de *nitrogênio atmosférico* na maior proporção. Em alguns processos de combustão, o ar atmosférico é enriquecido com o gás oxigênio puro, a fim de obterem-se maiores temperaturas de combustão. Assim, considere a análise de uma amostra de ar atmosférico enriquecido em termos de participação volumétrica, como indicado a seguir:

Componente	Porcentagem volumétrica
N_2	40
O_2	60

Calcule a massa molecular média desse gás. Nota: para uma mistura de gases perfeitos, a fração molar do gás é igual à sua fração volumétrica.

Solução

Da Eq. (8.3) e com os valores das constantes particulares dos gases da Tabela 8.1, tem-se:

$$R_G = \cfrac{1}{\cfrac{0,4}{0,2968} + \cfrac{0,6}{0,2598}} = 0,2734 \text{ kJ/kg K}.$$

Uma forma alternativa de obter o mesmo resultado consiste em primeiro calcular a massa molecular da mistura, M_G, de acordo com a Eq. (8.2), e depois a constante particular (Eq. 8.1). Nesse caso, M_G = 30,4096 kg/kmol. O mesmo valor será obtido se a constante particular agora for calculada usando a Eq. (8.1).

Uma vez obtida a massa molecular do gás seco, M_G, todos os demais parâmetros psicrométricos podem ser calculados. Assim, a umidade absoluta, ω, definida na Seção 2.1, pode ser generalizada por:

$$\omega = \frac{M_v}{M_G} \frac{P_v}{P - P_v} \left[\frac{\text{kg vapor}}{\text{kg gás seco}} \right]. \tag{8.4}$$

Note a similaridade entre essa equação e a Eq. (2.1).

Em todos esses cálculos, ainda se admite a validade da lei de mistura de gases perfeitos de Dalton, da forma apresentada na Seção 1.10. Revisando brevemente: essa lei estabelece que a pressão total da mistura é dada pela soma das *pressões parciais* dos gases presentes. Nesse caso, os gases aqui são o vapor de água, por um lado, e o pseudogás seco, por outro. Claro está que a *pressão parcial do gás seco* representa o efeito de todos os demais gases não condensáveis presentes, caracterizados pela massa molecular média M_G. Assim:

$$P = P_G + P_v. \tag{8.5}$$

8.1.1 UMIDADE ABSOLUTA, UMIDADE RELATIVA E GRAU DE SATURAÇÃO

A umidade relativa, ϕ, e o grau de saturação, μ, são empregados exatamente da forma como definidos no Capítulo 2. Isso será mais bem ilustrado por meio do exemplo 8.2 a seguir.

Exemplo 8.2 Parâmetros psicrométricos

Sabe-se que o ar enriquecido do Exemplo 8.1 contém 0,02 kg de vapor por kg de gás seco. Pede-se calcular:

a) A umidade absoluta.

b) A umidade relativa.

c) O grau de saturação.

A pressão normal e vale 101,325 kPa e a temperatura é de 30 °C.

Solução

A umidade absoluta já está dada no enunciado do problema, ou seja, $\omega = 0{,}02$ kg vapor/kg gás seco.

Para calcular a umidade relativa, primeiramente deve-se obter a pressão parcial do vapor de água na mistura. Isso é prontamente obtido a partir da Eq. (8.4), com o emprego de $M_G = 30{,}4096$ kg/kmol. Isolando a pressão parcial do vapor de água, tem-se:

$$P_v = \frac{\omega P \dfrac{M_G}{M_v}}{1+\omega \dfrac{M_G}{M_v}} = \frac{0{,}2 \times 101{,}325 \times 1{,}6880}{1+0{,}02 \times 1{,}6880} = 3{,}309 \text{ kPa}.$$

Note que a razão M_v/M_G vale o recíproco de 1,6880 para esse caso. O passo seguinte consiste em obter a pressão parcial do vapor de água saturado a 30 °C. Da Tabela B.1 (Apêndice B), tem-se $P_{vs} = 4{,}246$ kPa. Portanto, usando a Eq. (2.2), a umidade relativa vale:

$$\phi = \frac{3{,}309}{4{,}246} \times 100 = 77{,}9\%.$$

Para calcular o grau de saturação, primeiramente deve-se obter a umidade absoluta à temperatura de mistura (30 °C), do que resulta:

$$\omega_s = \frac{1}{1{,}6880} \times \frac{4{,}246}{101{,}325-4{,}246} = 0{,}0259 \text{ kg vapor/kg gás seco}.$$

Em seguida, basta empregar a definição do grau de saturação, Eq.(2.3a), do que vem:

$$\mu = \frac{0{,}020}{0{,}0259} \times 100 = 77{,}2\%.$$

8.1.2 TEMPERATURAS DE ORVALHO E DE BULBO ÚMIDO TERMODINÂMICA

A temperatura de orvalho é definida da mesma forma como apresentado na Seção 2.9. O próximo exemplo ilustra seu cálculo.

Exemplo 8.3 Temperatura de orvalho

Calcule a temperatura de orvalho para os dados do exemplo anterior.

Solução

É uma questão de simplesmente consultar as tabelas do Apêndice B. Assim, para P_v = 3,309 kPa, a Tabela B.2 fornece T_o = 25,6 °C (após interpolação).

A temperatura de bulbo úmido termodinâmica é definida da mesma forma como apresentado na Seção 2.10, usando o chamado processo de saturação adiabática. O cuidado que se deve tomar é com relação ao emprego da razão entre as constantes particulares dos gases no cálculo das umidades absolutas. De resto, a definição é exatamente análoga.

8.1.3 VOLUME ESPECÍFICO

O volume específico, como as demais propriedades específicas, é referido à base de gás seco. Usando a lei de mistura de Dalton e a equação dos gases perfeitos, diversas formas de apresentar o volume específico do gás úmido podem ser escritas (veja a Seção 2.5).

$$v = R_G \frac{T}{P - P_v} \left[\frac{m^3}{kg\ gás\ seco} \right] \tag{8.6a}$$

De forma análoga, o volume específico pode ser lançado na forma que envolve a umidade absoluta, de acordo com:

$$v = R_G \frac{T}{P} \left(1 + \frac{M_G}{M_v} \omega \right) \left[\frac{m^3}{kg\ gás\ seco} \right] \tag{8.6b}$$

Observe que o volume específico da mistura referido à massa de gás úmido (v_m) é dado por:

$$v_m = \frac{v}{1 + \omega} \quad \left[\frac{m^3}{kg\ gás\ úmido} \right]. \tag{8.6c}$$

8.1.4 CALOR ESPECÍFICO A PRESSÃO CONSTANTE E ENTALPIA ESPECÍFICA

Antes de calcular a entalpia específica do gás úmido, deve-se primeiramente estabelecer uma lei de mistura para calcular a entalpia específica do gás seco. Novamente, empregando a hipótese de que a mistura se comporta como mistura de gases perfeitos, tem-se que a entalpia específica da mistura seca é dada pela soma das entalpias ponderadas pelas frações mássicas, de acordo com:

$$h_G = \frac{1}{M_G}\sum_{i=1}^{N} x_i M_i h_i = \sum_{i=1}^{N} \frac{m_i}{m_G} h_i, \tag{8.7}$$

em que m_G é a massa total de gás seco e m_i, M_i, h_i são a massa, a massa molecular e a entalpia específica do i-ésimo componente.

Após determinar a *entalpia específica do gás seco*, a entalpia específica referida à base seca do *gás úmido* é dada por:

$$h = h_G + \omega h_v \left[\frac{kJ}{kg\ gás\ seco}\right]. \tag{8.8}$$

O *calor específico a pressão constante do gás seco* é obtido de forma totalmente análoga, ou seja:

$$C_{pG} = \frac{1}{M_G}\sum_{i=1}^{N} x_i M_i C_{pi} = \sum_{i=1}^{N} \frac{m_i}{m_G} C_{pi} \left[\frac{hJ}{kg\ gás\ °C}\right]. \tag{8.9}$$

Finalmente, o *calor específico do gás úmido* é dado por

$$C_p = C_{pG} + \omega C_{pv} \left[\frac{kJ}{kg\ gás\ seco\ °C}\right]. \tag{8.10}$$

Exemplo 8.4 Calor específico e entalpia específica

Calcule o calor específico do gás seco e do gás úmido para o problema do Exemplo 8.3. Qual deve ser o fluxo de calor necessário para aquecer gás úmido de 30 °C para 35 °C quando este está escoando numa tubulação a uma taxa de 3,5 kg gás seco/min?

Solução

O calor específico será calculado primeiramente usando a umidade absoluta de 0,020 kg vapor/kg gás seco e os dados dos calores específicos da Tabela 8.1. Assim, o calor específico do gás seco é dado por:

$$C_{pG} = \frac{1}{M_G}\sum_{i=1}^{N} x_i M_i C_{pi} = \sum_{i=1}^{N} \frac{m_i}{m_G} C_{pi} = \frac{1}{30,4096}(0,4 \times 28,013 \times 1,042 \times 0,6 \times 31,999 \times 0,923) =$$

$= 0,9855$ kJ/kg gás seco.

Agora, pode-se calcular o calor específico do ar úmido (Eq. 8.7), ou seja:

$C_p = 0,9855 + 0,020 \times 1,805 = 1,0216$ kJ/kg gás seco °C.

Finalmente, o fluxo de calor necessário para aquecer aquela massa de gás úmido é dado pela primeira lei da termodinâmica (Seção 1.16, Eq. 1.24), que se reduz a:

$\dot{Q} = \dot{m}_{gs}\Delta h = \dot{m}_{gs} C_p \Delta T = 3,5 \times 1,0216 \times 5 = 17,878$ kJ/min $= 0,298$ kW.

8.2 PSICROMETRIA DE ALTA TEMPERATURA

Certos problemas ocorrem quando se está trabalhando em *alta temperatura*. O primeiro problema refere-se ao fato de que os calores específicos não são mais constantes, mas dependem da temperatura. Assim, se variações muito grandes de temperatura estiverem envolvidas, deve-se proceder a um cálculo mais acurado do calor específico, por exemplo, usando o *calor específico médio a pressão constante* na faixa de temperatura. Essa última grandeza é simplesmente dada pela definição de média, ou seja:

$$\bar{C}_p = \frac{1}{T_2 - T_1} \int_{T_1}^{T_2} C_p dT. \tag{8.11}$$

Os calores específicos podem ser aproximados por polinômios. Reid, Prausnitz e Sherwood (1987) apresentam os calores específicos de diversas substâncias aproximados por um polinômio do terceiro grau, genericamente dado pela equação a seguir:

$$C_p = a + bT + CT^2 + dT^3, \tag{8.12}$$

em que a temperatura T é dada em kelvin e as constantes de a até d são dadas na Tabela 8.2 para alguns gases de interesse. A unidade do calor específico está dada em kJ/kmol K. Normalmente, prefere-se utilizar a unidade específica na massa. Para isso basta dividir C_p em kJ/Kmol K pela massa molecular do gás para obter o C_p na unidade de kJ/kg K. Note que, em termos práticos, é indiferente escrever kJ/kg K ou kJ/kg °C.

Tabela 8.2 Coeficientes para cálculo do calor específico a pressão constante como função da temperatura

Substância	Massa molecular	a	b	c	d
Argônio	39,948	20,8002	$-3,211 \times 10^{-5}$	$5,166 \times 10^{-8}$	0
Dióxido de carbono	28,01	30,8634	$-1,285 \times 10^{-2}$	$2,789 \times 10^{-5}$	$-1,271 \times 10^{-8}$
Hidrogênio	44,01	19,7914	$7,342 \times 10^{-2}$	$-5,601 \times 10^{-5}$	$1,715 \times 10^{-8}$
Monóxido de carbono	2,016	27,1378	$9,272 \times 10^{-3}$	$-1,381 \times 10^{-5}$	$7,644 \times 10^{-9}$
Nitrogênio	28,013	31,1438	$-1,356 \times 10^{-2}$	$2,679 \times 10^{-5}$	$-1,168 \times 10^{-8}$
Oxigênio	31,999	28,1006	$-3,679 \times 10^{-6}$	$1,746 \times 10^{-5}$	$-1,065 \times 10^{-8}$
Vapor de água	18,01534	32,2364	$1,923 \times 10^{-3}$	$1,055 \times 10^{-5}$	$-3,596 \times 10^{-9}$

Fonte: Reid, Prausnitz e Sherwood (1987).

Perceba que não foi dado o calor específico do ar seco como função da temperatura na Tabela 8.2. Usando como referência a composição volumétrica (ou molar) da Tabela 1.1 e os dados da Tabela 8.2, é possível obter uma expressão polinomial semelhante para o calor específico do ar seco. O método de ponderação do calor específico para uma mistura gasosa é dado pela Eq. (8.9). Assim:

$$C_{pa} = \frac{1}{M_a}\sum_{i=1}^{N} x_i M_i C_{pi} = \frac{1}{28,9646}\left(0,7809 \times 28,013 \times C_{pN_2} + 0,2095 \times 31,999 \times C_{pO_2} + \right.$$
$$\left. + 0,0093 \times 39,948 \times C_{pAr} + 0,0003 \times 44,01 \times C_{pCO_2}\right) \Rightarrow$$
$$\Rightarrow C_{pa} = 0,7552 \times C_{pN_2} + 0,2315 \times C_{pO_2} + 0,0128 \times C_{pAr} + 0,0005 \times C_{pCO_2}.$$

Agora, deve-se observar que essa expressão nada mais é que uma ponderação dos calores específicos dos gases que constituem o ar seco. Nessa derivação, a composição do nitrogênio foi alterada dos originais 78,08% para 78,09% para acomodar os gases não contabilizados, que contam com 0,01%. Na sequência, as constantes da Tabela 8.2 de cada gás envolvido são multiplicadas pelas constantes de ponderação da equação anterior para obter a forma final do calor específico do ar seco. A relação final é:

$$C_{pa} = 30,3013 - 1,021 \times 10^{-2} T + 2,425 \times 10^{-5} T^2 - 1,128 \times 10^{-8} T^3 \quad (8.13a)$$

Para obter o calor específico do ar seco em base mássica, deve-se dividir o valor obtido na Equação (8.13a) pela massa molecular do ar seco. Isso resulta na seguinte expressão:

$$C_{pa} = 1,04615 - 3,525 \times 10^{-4} T + 8,372 \times 10^{-7} T^2 - 3,894 \times 10^{-10} T^3. \tag{8.13b}$$

Exemplo 8.5 Calor específico médio

Calcule o calor específico médio e a variação de entalpia do ar úmido (ω = 0,020 kg vapor/kg ar seco) quando este é aquecido de 30 °C para 500 °C.

Solução

Basta aplicar as definições de média, dada pela Eq. (8.11), e do ar úmido:

$$C_{pu} = \frac{1}{T_2 - T_1} \times \int_{T_1}^{T_2} \left(C_{pa} + \omega C_{pv} \right) dT = \frac{1}{T_2 - T_1} \times \left[\int_{T_1}^{T_2} C_{pa} dT + \omega \int_{T_1}^{T_2} C_{pv} dT \right].$$

De uma forma genérica, a integral de um polinômio do terceiro grau vale:

$$\int_{T_1}^{T_2} \left(a + bT + cT^2 + dT^3 \right) dT = \left[aT + \frac{b}{2} T^2 + \frac{c}{3} T^3 + \frac{d}{4} T^4 \right]_{T_1}^{T_2}.$$

Assim, o calor específico do ar seco médio na faixa de temperatura indicada vale:

$$C_{pa} = \left[1,04615 \times (470) - 1,7625 \times 10^{-4} \times \left(773,15^2 - 303,25^2 \right) + 2,7907 \times 10^{-7} \times \right.$$

$$\left. \times \left(773,15^3 - 303,25^3 \right) - 9,735 \times 10^{-11} \times \left(773,15^4 - 303,25^4 \right) \right] / 470 = 1,0421 \text{ kJ/kg K}.$$

O calor específico médio do vapor de água vale:

$$C_{pv} = \left[32,2364 \times (470) + 9,615 \times 10^{-4} \times \left(773,15^2 - 303,25^2 \right) + 3,517 \times 10^{-6} \times \right.$$

$$\left. \times \left(773,15^3 - 303,25^3 \right) - 8,990 \times 10^{-10} \times \left(773,15^4 - 303,25^4 \right) \right] / 470 =$$

$$= 35,854 \text{ kJ/kmol K} = 1,990 \text{ kJ/kmol K},$$

logo,

$$\bar{C}_{pu} = 1,0421 + 0,02 \times 1,990 = 1,082 \text{ kJ/kg ar seco K}.$$

$$\Delta h = \bar{C}_{pu} \Delta T = 1,082 \times (500 - 30) = 508,54 \text{ kJ/kg ar seco}.$$

Outro problema que ocorre em psicrometria de alta temperatura é que a umidade relativa e o grau de saturação não podem ser usados. Em temperaturas acima de 100 °C (pressão normal) não se definem a umidade relativa e o grau de saturação. As aplicações da psicrometria de alta temperatura estão voltadas para processos de secagem industrial, produção de produtos alimentícios desidratados, entre outras.

8.3 PSICROMETRIA DA COMBUSTÃO

A *combustão* completa de hidrocarbonetos com oxigênio puro produz dióxido de carbono e vapor de água. Isso, claro, se o combustível for formado apenas por átomos de carbono e hidrogênio. Em geral, isso é verdade para combustíveis gasosos. Mas, em se tratando de óleo combustível, também existe a presença de outros elementos químicos, na forma de contaminantes, como é o caso do enxofre. Combustíveis orgânicos sólidos como carvão, madeira, resíduos agrícolas etc. também possuem importantes teores de enxofre, nitrogênio, sais minerais, entre outros. Finalmente, os combustíveis também podem ter umidade.

Do ponto de vista do processo de combustão, este pode não ser completo, e monóxido de carbono também poderá estar presente nos produtos de combustão, além do dióxido de carbono e do vapor de água. Há de se considerar ainda que em alta temperatura também ocorre dissociação do vapor de água, produzindo o gás hidrogênio; dissociação do nitrogênio e do dióxido de carbono; e reações químicas envolvendo o nitrogênio com oxigênio nos *produtos de combustão*. Do lado do comburente, este é, em geral, o ar atmosférico, e não o oxigênio puro, de forma que o gás nitrogênio também estará presente nos produtos de combustão. Evidentemente, um estudo mais completo dos processos de combustão foge completamente do escopo deste livro, e somente o aspecto fundamental será abordado com a finalidade de estudar a psicrometria da combustão. Dessa maneira, a simples *equação estequiométrica da combustão* completa de um hidrocarboneto genérico C_nH_m com ar atmosférico em excesso é analisada. A forma geral dessa equação está indicada a seguir para 1 mol de combustível:

$$C_nH_m + (1+\lambda)\left(n + \frac{m}{4}\right)(O_2 + 3{,}76\,N_2) \rightarrow$$
$$nCO_2 + \frac{m}{2}H_2O + 3{,}76 \times (1+\lambda)\left(n + \frac{m}{4}\right)N_2 + \lambda\left(n + \frac{m}{4}\right)O_2.$$

(8.14)

Em princípio, essa forma geral da equação da combustão com ar atmosférico parece complicada, mas não o é se um termo por vez for analisado. O lado esquerdo da seta indica os reagentes, ou seja, o combustível, C_nH_m, e o comburente, o ar atmosférico. Note que cada mol de O_2 do ar "carrega" consigo cerca de 3,76 moles de N_2, que é a razão molar (ou volumétrica) aproximada desses dois gases no ar atmosférico (confira na Tabela 1.1). Claro está que o ar atmosférico é aproximado por uma mistura de apenas oxigênio e nitrogênio (atmosférico), como costumeiro no campo da combustão. Também não se está considerando nenhuma umidade do ar. Na forma geral, n é o número de átomos de carbono, e m, o número de átomos de hidrogênio do hidrocarboneto. O balanço estequiométrico já está realizado, como indicado pelo coeficiente do ar, $n + m/4$. Para garantir que ocorra a combustão completa, um certo *excesso de ar* é geralmente fornecido, que é contabilizado pelo coeficiente λ. Assim, ar em excesso de 50% ($\lambda = 0,5$) significa que 50% a mais de ar está sendo utilizado além do *ar teórico* necessário. Ar teórico é a quantidade de ar que resultaria na *combustão completa* estequiométrica, e não haveria oxigênio nos produtos de combustão. Deficiência de oxigênio resulta em *combustão incompleta*, caracterizada pelo surgimento de monóxido de carbono nos produtos de combustão, embora esse tipo de processo não seja analisado aqui.

O lado direito da seta da Eq. (8.14) indica os produtos de combustão, ou seja, os gases resultantes do processo de combustão. Estão presentes o dióxido de carbono e o vapor de água, bem como o nitrogênio, que passou inerte pelo processo de combustão, e o excesso de oxigênio. Note que se o excesso de ar for zero ($\lambda = 0$), então não haverá a presença de oxigênio nos produtos de combustão.

A fim de determinar a pressão parcial do vapor de água nos produtos de combustão, deve-se primeiramente calcular a fração molar do vapor de água. Isso é obtido por meio da definição de fração molar, qual seja:

$$x_v = \frac{n_v}{n_{total}} = \frac{m/2}{n + \frac{m}{2} + 3,76 \times (1+\lambda)\left(n + \frac{m}{4}\right) + \lambda(1+\lambda)\left(n + \frac{m}{4}\right)} =$$
$$= \frac{1}{9,52 \times (1+\lambda)n/m + 2,38\lambda + 2,88}.$$
(8.15)

Conhecida a fração molar do vapor de água, x_v, então sua pressão parcial pode ser calculada:

$$P_v = x_v P = \frac{P}{9,52 \times (1+\lambda)n/m + 2,38\lambda + 2,88}.$$
(8.16)

Para calcular a umidade absoluta dos produtos de combustão, primeiramente deve-se determinar a massa molecular dos produtos de combustão secos, M_G. Para isso, devem-se determinar as frações molares do O_2, do N_2 e do CO_2, sem a presença do vapor de água. Basta excluir o vapor de água do cômputo geral, ou seja:

$$x_{O_2} = \frac{\lambda(n + \frac{m}{4})}{n + (3,76 + 4,76\lambda)(n + \frac{m}{4})}, \quad x_{N_2} = \frac{3,76 \times (1+\lambda)(n + m/4)}{n + (3,76 + 4,76\lambda)(n + m/4)}, \text{ e}$$

$$x_{CO_2} = \frac{n}{n + (3,76 + 4,76\lambda)(n + m/4)}.$$
(8.17)

Na sequência, deve-se empregar a Eq. (8.2) para obter a forma final da massa molecular dos produtos de combustão secos:

$$M_G = x_{O_2} M_{O_2} + x_{N_2} M_{N_2} + x_{CO_2} M_{CO_2} = \frac{\lambda(n+\frac{m}{4})}{n+(3,76+4,76\lambda)(n+m/4)} M_{O_2} + \\ + \frac{3,76 \times (1+\lambda)(n+m/4)}{n+(3,76+4,76\lambda)(n+m/4)} M_{N_2} + \frac{n}{n+(3,76+4,76\lambda)(n+m/4)} M_{CO_2}. \quad (8.18)$$

Finalmente, a umidade absoluta pode ser calculada via Eq. (8.4). Não é demais reafirmar que as frações molares calculadas aqui são do gás seco. Um cuidado adicional deve ser tomado quando se estiver calculando a pressão parcial do vapor de água. Nesse caso, é preciso verificar se não houve condensação, como ilustrado no exemplo seguinte.

Exemplo 8.6 Psicrometria da combustão

Considere a combustão de propano, C_3H_8, com 20% em excesso de ar atmosférico. Suponha que os produtos de combustão estejam inicialmente a 600 °C. Os gases então escoam por um tubo que está exposto ao ambiente e, como consequência, vão se resfriar. Pede-se:

a) A massa de vapor de água presente nos produtos de combustão por kg de gases de combustão (isto é, a umidade absoluta dos produtos de combustão) à temperatura indicada.

b) A menor temperatura a que os gases poderão ser resfriados sem que ocorra condensação do vapor de água. Admita pressão normal.

Solução

Primeiramente, a massa molecular dos produtos de combustão será calculada. Note que, para a molécula de propano, $n = 3$ e $m = 8$. O excesso de ar vale $\lambda = 0,2$. As frações molares do oxigênio, do nitrogênio e do dióxido de carbono do gás seco são obtidas pelo emprego da Eq. (8.17), do que resulta:

$x_{O_2} = 0,03765, \quad x_{N_2} = 0,84940 \quad e \quad x_{CO_2} = 0,11295$

Assim, com os dados da Tabela 8.1, vem:

$M_G = 0,03765 \times 31,999 + 0,84940 \times 28,013 + 0,11295 \times 44,01 = 29,97 \text{ kg/kmol}.$

Em seguida, deve-se calcular a pressão parcial do vapor de água nos produtos de combustão, Eq. (8.16):

$$P_v = \frac{101,325}{9,52 \times (1+0,2) \times 3/8 + 2,38 \times 0,2 + 2,88} = 13,262 \text{ kPa}.$$

Finalmente, a umidade absoluta pode ser calculada via Eq. (8.4), ou seja:

$$\omega = \frac{18{,}01534}{29{,}97} \frac{13{,}262}{101{,}325 - 13{,}262} = 0{,}0905 \text{ kg vapor/kg gás seco.}$$

Isso responde à pergunta do item (a). No caso do item (b), é evidente que a menor temperatura que os produtos de combustão podem atingir sem que ocorra a condensação é a temperatura de orvalho. Como já é conhecida a pressão parcial do vapor de água, $P_v = 13{,}262$ kPa, basta que se consulte a Tabela B.2 (Apêndice B) para obter $T_o \cong 51$ °C, após interpolação.

Como na combustão variações muito grandes de temperatura estão envolvidas, as propriedades termodinâmicas afetadas pela temperatura deverão ser corrigidas, como indicado na Seção 8.2.

8.4 RECUPERAÇÃO DE ÁGUA DE PRODUTOS DE COMBUSTÃO

A quantidade de vapor de água presente nos produtos de combustão possui acentuada dependência do tipo de combustível empregado, como se pode depreender da análise da Eq. (8.14). A título de exemplo, na combustão do gás natural, a massa de água produzida é superior ao dobro da massa de combustível queimada. As umidades do combustível e do ar de combustão também contribuem para a elevação da quantidade de vapor de água nos gases de exaustão. Nesse sentido, um dos estudos realizados por Prata e Simões-Moreira (2017) estimou a quantidade de água que poderia ser recuperada a partir dos produtos de combustão em unidades termoelétricas alimentadas com diferentes tipos de combustíveis, incluindo carvão mineral, óleo combustível e combustíveis gasosos. Os resultados revelaram que unidades movidas a carvão mineral produzem volumes de água que variam entre 0,073 m³ e 0,314 m³ por MWh de energia elétrica gerada. Já as plantas que utilizam combustíveis líquidos, como querosene e óleo combustível, produzem de 0,204 m³ a 0,236 m³ de água por MWh de energia elétrica. As centrais termoelétricas de ciclo combinado movidas a combustíveis gasosos produzem de 0,277 m³ a 0,289 m³ por MWh de energia elétrica produzida. A recuperação da parcela de água gerada pela combustão, por si só, não é capaz de suprir por completo o volume de água de reposição demandado. Pode, porém, de forma subsidiária a outras alternativas, contribuir para a utilização racional de água e, assim, mitigar as perdas que invariavelmente ocorrem.

As tecnologias viáveis de recuperação da parcela de água se baseiam no processo de condensação do conteúdo de vapor de água presente nos produtos de combustão, formados por CO_2, N_2, O_2 e SO_2 (se houver enxofre no combustível). A presença desses gases não condensáveis (GNC) impõe severa limitação ao processo de condensação, uma vez que reduz a pressão parcial do vapor de água na mistura, fazendo com que a temperatura de orvalho seja diminuída. Outro fator que representa grande limitação à eficiência do processo de recuperação nessas condições é a redução acentuada dos valores dos coeficientes de transferência de calor e de massa provocada pela camada de GNC que se localiza na adjacência da superfície de resfriamento. Desse modo, tais particularidades exigem que o condensador empregue elevadas áreas de troca de calor para obtenção de rendimentos de recuperação satisfatórios. Diversos pesquisadores avaliaram experimentalmente o processo de condensação de vapor de água na presença de diferentes tipos de gases, como nitrogênio, argônio, neônio e hidrogênio em superfícies horizontais ou verticais sob convecção forçada ou natural. Os resultados de todos esses estudos demonstraram que qualquer quantidade de GNC, por menor que seja, causa considerável resistência ao processo de condensação do vapor de água.

Um dos estudos experimentais mais relevantes e completos acerca da temática específica de recuperação de água em termoelétricas foi o desenvolvido por Levy et al. (2011). Nesse trabalho, os autores avaliaram experimentalmente o processo de condensação e o desenvolvimento da tecnologia de troca de calor para recuperação de água presente nos produtos de combustão em plantas movidas a carvão mineral. Os resultados do trabalho demonstraram forte dependência da quantidade total de calor transferida e da eficiência na captura de vapor de água com a vazão da água de resfriamento. A temperatura de entrada da água de resfriamento também teve forte impacto na eficiência da condensação do vapor de água. Para uma razão de 2,0 entre a vazão da água de resfriamento e a vazão dos produtos de combustão, foi observado que a eficiência aumentou de 44% para 71% quando a temperatura da água de resfriamento foi reduzida de 38 °C para 24 °C.

Finalmente, existem outras alternativas de recuperação do vapor de água baseadas em membranas permeáveis seletivas.

8.5 NEBLINA

Neblina é uma mistura de ar saturado e gotículas de água a uma mesma temperatura. As gotículas de água são aproximadamente esféricas, com diâmetros variando entre 2 μm e 50 μm. Em cada centímetro cúbico de neblina existe uma concentração de cerca de 20 a 500 gotículas de água. Em virtude do diminuto tamanho das gotículas, elas podem encerrar água na fase líquida a temperaturas bem acima da saturação.

A neblina é um fenômeno um tanto intrigante. A água na fase líquida é cerca de 800 vezes mais densa que o ar. Portanto, é de se estranhar que a neblina não se dissipe rapidamente pela queda das gotículas no solo. Myers (1968) estima que, ainda considerando a resistência do ar, uma gotícula de água de 10 μm deve cair a uma velocidade de 0,3 m/s, e uma de 20 μm cai a 1,3 m/s. A sustentação da neblina pode ser explicada pelo fato de as gotículas serem mantidas por correntes convectivas ascendentes de ar, ou por serem continuamente substituídas por novas gotículas.

A poluição do ar atmosférico pode contribuir para a formação de neblina em condições de umidade bem abaixo da saturação, às vezes em umidades tão baixas quanto

65%. A mistura de neblina e gases poluentes forma o termo em inglês *smog*, isto é, *smoke* + *fog*, que tem sido responsabilizado por acidentes catastróficos, como o que ocorreu em 1952 em Londres, quando morreram cerca de 4 mil pessoas. O fenômeno tem, portanto, grande interesse em termos de segurança e saúde das populações. Na área de ar-condicionado e refrigeração, o fenômeno pode ocorrer mais comumente do que se imagina. Nos equipamentos evaporativos, esse é um problema que também deve ser levado em consideração, já que grandes quantidades de vapor de água saturado estão sendo lançadas na atmosfera, aumentando a possibilidade de formação de neblina. Um estudo mais amplo sobre o assunto é encontrado em Myers (1968), e um breve resumo com referências adicionais, em Ashrae (1996).

Referências

AGÊNCIA Nacional de Vigilância Sanitária (Anvisa). Resolução-RE n. 9, 16 jan. 2003.

AMERICAN Society of Heating, Refrigerating and Air-Conditioning Engineers (Ashrae). *Psycrometrics*: theory and practice. Ashrae, 1996.

_____. *Fundamentals of HVAC Systems*. Elsevier Science, 2009.

_____. *Handbook of Fundamentals*. Ashrae, 2017.

ASSOCIAÇÃO Brasileira de Normas Técnicas (ABNT). *NBR 16401-3*: Instalações de ar-condicionado – Sistemas centrais e unitários – Parte 2: Parâmetros de conforto térmico. 2008a.

_____. *NBR 16401-3*: Instalações de ar-condicionado – Sistemas centrais e unitários – Parte 3: Qualidade do ar interior. 2008b.

BAKER, D. R.; SHRYOCK, H. A. A comprehensive approach to the analysis of cooling tower performance. *Asme Transactions, Journal of Heat Transfer,* ago. 1961.

BELL, I. H.; WRONSKI, J.; QUOILIN, S.; LEMORT, V. Pure and Pseudo-Pure Fluid Thermophysical Property Evaluation and the Open-Source Thermophysical Property Library CoolProp. *Industrial & Engineering Chemistry Research*, v. 53, n. 6, 2014.

BELIZÁRIO, A. C. *Avaliação energética e financeira para utilização de sistemas de ar--condicionado por energia solar em ambientes de missão crítica para diferentes regiões climáticas*. Tese (Doutorado) – Departamento de Engenharia Mecânica, Escola Politécnica da Universidade de São Paulo, 2018.

CHARTERED Institution of Building Services Engineers (CIBSE). *CIBSE Guide H*: Building control systems. Oxford: Butterworth-Heinemann, 2000.

CHEN, Z.; LU, C. Humidity sensors: a review of materials and mechanisms. *Sensor letters*, v. 3, p. 274-295, 2005.

DOEBELIN, E. O. *Measurement systems*: application and design. 4. ed. New York: McGraw-Hill, 1990.

ENERGY Plus. *Engineering reference*. United States Department of Energy, 2016.

FANGER, P. O. *Thermal comfort analysis and applications in environmental engineering*. New York: McGraw-Hill Book Company, 1972.

FRAADE, D. J. Measuring moist in gases. *Instruments & Control Systems*, v. 36, 1963.

GOFF, J. A.; GRATCH, S. Thermodynamic properties of moist air. *ASHVE Transactions*, v. 51, 1945.

HILPERT, R. *Forsch. Geb. Ingenieurwes.*, v. 4, 1933.

HOMAN, J. P. *Experimental methods for engineers*. 6. ed. New York: McGraw-Hill, 1993.

HYLAND, R. W.; WEXLER, A. Formulations for the thermodynamic properties of dry air from 173.15 K to 473.15 K, and of saturated moist air from 173.15 K to 372.15 K, at pressures to 5 MPa. *Ashrae Transactions*, v. 89(2A), 1983.

INCROPERA, F. P.; DEWITT, D. P. *Fundamentos de transferência de calor*. Rio de Janeiro: LTC, 2003.

KEENAN, J. H.; KEYS, F. G.; HILL, P. G.; MOORE, J. G. *Steam tables*. New York: John Wiley and Sons, 1969.

LEVY, E.; BILIRGEN, H.; DUPONT, J. *Recovery of water from boiler flue gas using condensing heat exchangers*. Final Technical Report. Energy Research Center. Lehigh University, 2011.

MERKEL, F. Verdunstungskühlung. *VDI-Zeitchrift*, v. 70, p. 123-128, 1925.

MOLLIER, R. Ein neues diagram für Dampfluftgemische. *ZVDI*, v. 67, p. 9, 1923.

MYERS, J. N. Fog. *Scientific American*, v. 219, n. 6, p. 74-82, 1968.

POWELL, R. L. et al. *Thermocouple reference tables based on IPTS-68*. National Bureau of Standards, 1974. (NBS Monograph, v. 125)

PRATA, J. E.; SIMÕES-MOREIRA, J. R. Estimation of water recovery from thermoelectric power plants flue gases. ECOS 2017. In: *30th International Conference on Efficiency, Cost, Optimisation, Simulation and Environmental Impact of Energy Systems*, San Diego (CA), 2017.

REID, R. C.; PRAUSNITZ, J. M.; SHERWOOD, T. *The properties of gases and liquids.* 4. ed. New York: McGraw-Hill, 1987.

SIMÕES-MOREIRA, J. R. Psicrometria: conceitos e análise computacional. *Revista Abrava*, n. 102/103, 1988.

_____. Considerações teóricas e práticas de funcionamento do psicrômetro. *Controle & Instrumentação*, ano 18, n. 210, 1989.

_____. Instrumentos de medida da umidade do ar. *Revista do Frio*, n. 87, 1997a.

_____. Transferência de calor – fascículo 3. *Revista do Frio*, n. 91, 1997b.

_____. Thermodynamic formulation of the psychrometer constant. *Measurement Science and Technology*, v. 10, n. 4, 1999a.

_____. *Fundamentos e aplicações da psicrometria.* São Paulo: RPA, 1999b.

THRELKELD, J. L. *Thermal environmental engineering.* Englewood Cliffs: Prentice-Hall, 1962.

VAN WYLEN, G. J.; SONNTAG, R. E. *Introduction to thermodynamics*: classical and statistical. 3. ed. New York: John Wiley & Sons, 1991.

APÊNDICE A
Conversão de unidades

EXEMPLOS DE APLICAÇÃO

1. Um manômetro indica a pressão de 70 lbf/pol^2. Pede-se obter o valor equivalente em quilopascal (kPa).

   Solução

   Da Tabela A, obtém-se o multiplicador 6,8944. Assim, a pressão em unidades do Sistema Internacional, SI, vale 70 × 6,8944 = 482,608 kPa.

2. Um motor elétrico fornece 3 kW de potência. Qual o valor em HP?

   Solução

   Da Tabela A, obtém-se o multiplicador 0,7457. Entretanto, o objetivo é obter HP a partir de kW, o que é o oposto da direção de conversão indicada na tabela. Então, deve-se dividir o valor por aquele multiplicador, ou seja, 3/0,7457 = 4,023 HP.

   Portanto, na direção oposta de conversão, deve-se dividir pelo multiplicador.

3. Converter 15 lbf/pol² em atm.

Solução

Nesse caso, não existe uma linha de conversão direta. Então, primeiramente, converte-se lbf/pol² para kPa, seguido pela conversão de kPa para atm. Isso significa multiplicar o valor em lbf/pol² pela razão dos seguintes multiplicadores obtidos da tabela: 6,8944/101,325 = 0,06804. Logo, a pressão de 15 lbf/pol² vale 15 × 0,06804 = 1,021 atm.

Tabela A.1 Conversão de unidades de diversos sistemas para o SI

Grandeza	Para converter de	Para	Multiplique por
Comprimento	pé	cm	30,48
	pol	cm	2,54
	milha	km	1,609
Área	pé²	m²	$9{,}294 \times 10^{-2}$
	pol²	cm²	6,452
Volume	pé³	m³	$2{,}832 \times 10^{-2}$
	pol³	cm³	16,3871
Massa	lbm	kg	0,4536
Velocidade	milha/h	km/h	1,609
	pé/s	cm/s	30,48
Densidade	lbm/pé³	kg/m³	16,0186
	lbm/pol³	g/cm³	27,6802
Força	kgf	N (newton)	9,807
	lbf	N	4,448
Energia	cal	J (joule)	4,186
	Btu	kJ	1,055
	pé.lbf	J	1,356
	kWh	J	$3{,}60 \times 10^{6}$

(continua)

Tabela A.1 Conversão de unidades de diversos sistemas para o SI *(continuação)*

Grandeza	Para converter de	Para	Multiplique por
Energia específica	cal/g	J/g	4,1864
	kcal/kg	kJ/kg	4,186
	Btu/lbm	kJ/kg	2,3258
	pé.lbf/lbm	kJ/kg	2,9894
Potência	W	J/s	1
	HP	kW (kJ/s)	0,7457
	pé.lbf/s	kW (kJ/s)	$1,356 \times 10^{-3}$
	Btu/s	kW (kJ/s)	1,055
Pressão	N/m^2	Pa (pascal)	1
	atm	kPa	101,325
	mm Hg	kPa	0,13332
	pol Hg	kPa	3,3864
	lbf/pol^2	kPa	6,8944
	mca	kPa	9,8062

APÊNDICE B
Tabelas de vapor de água[1]

EXEMPLO DE APLICAÇÃO

Obtenha a pressão de saturação do vapor de água à temperatura de 37 °C.

Solução

Como é um dado de entrada de temperatura, a Tabela B.1 é a mais indicada. Entretanto, verifica-se que naquela tabela não existe uma linha de temperatura de 37 °C. Assim, costuma-se fazer uma interpolação linear entre os valores imediatamente acima e abaixo da temperatura de interesse. Nesse caso, tem-se: $T = 35$ °C $\Rightarrow P = 5{,}628$ kPa e $T = 40$ °C $\Rightarrow P = 7{,}384$ kPa. Logo,

$$\frac{P - 5{,}628}{7{,}384 - 5{,}628} = \frac{37 - 35}{40 - 35} \Rightarrow P = 6{,}330 \text{ kPa}.$$

O mesmo procedimento deve ser seguido para interpolar valores das demais propriedades.

---

[1] Tabelas adaptadas do livro: SCHMIDT, F.; HENDERSON, R.; WOLGEMUTH, C. *Introdução às ciências térmicas*: termodinâmica, mecânica dos fluidos e transferência de calor. São Paulo: Blucher, 1996 (tradução da 2ª edição americana – Introduction to Thermal Sciences: Thermodynamics, Fluid Dynamics, and Heat Tranfer – John Wyley and Sons). O livro usa as tabelas de Keenan et al. (1969).

Tabela B.1 Tabela de vapor de água saturado. Saturação líquido-vapor. Entrada em temperatura

Temperatura T (°C)	P kPa	Volume específico (m³/kg) v_L	v_{LV}	v_V	Entalpia específica (kJ/kg) h_L	h_{LV}	h_V	T (°C)
0,01	0,6113	0,00100	206,14	206,14	0,01	2501,4	2501,4	0,01
5	0,8721	0,00100	147,12	147,12	20,98	2489,6	2510,6	5
10	1,2276	0,00100	106,38	106,38	42,01	2477,8	2519,8	10
15	1,7051	0,00100	77,93	77,93	62,99	2465,9	2528,9	15
20	2,339	0,00100	57,79	57,79	83,96	2454,1	2538,1	20
25	3,169	0,00100	43,36	43,36	104,89	2442,3	2547,2	25
30	4,246	0,00100	32,89	32,89	125,79	2430,5	2556,3	30
35	5,628	0,00101	25,22	25,22	146,68	2418,6	2565,3	35
40	7,384	0,00101	19,52	19,52	167,57	2406,7	2574,3	40
45	9,593	0,00101	15,26	15,26	188,45	2394,8	2583,2	45
50	12,349	0,00101	12,03	12,03	209,33	2382,8	2592,1	50
55	15,758	0,00101	9,567	9,568	230,23	2370,7	2600,9	55
60	19,94	0,00102	7,670	7,671	251,13	2358,5	2609,6	60
65	25,03	0,00102	6,196	6,197	272,06	2346,2	2618,3	65
70	31,19	0,00102	5,041	5,042	292,98	2333,8	2626,8	70
75	38,58	0,00103	4,130	4,131	313,93	2321,4	2635,3	75
80	47,39	0,00103	3,406	3,407	334,91	2308,8	2643,7	80
85	57,83	0,00103	2,827	2,828	355,90	2296,0	2651,9	85
90	70,14	0,00104	2,360	2,361	376,92	2283,2	2660,1	90
95	84,55	0,00104	1,981	1,982	397,96	2270,1	2668,1	95
100	101,325	0,00104	1,672	1,6729	419,04	2257,1	2676,1	100
105	120,82	0,00105	1,418	1,4194	440,15	2243,7	2683,8	105
110	143,27	0,00105	1,209	1,2102	461,30	2230,2	2691,5	110
115	169,06	0,00106	1,036	1,0366	482,48	2216,5	2699,0	115
120	198,53	0,00106	0,891	0,8919	503,71	2202,6	2706,3	120
125	232,1	0,00107	0,770	0,7706	524,99	2188,5	2713,5	125
130	270,1	0,00107	0,667	0,6685	546,31	2174,2	2720,5	130
135	313,0	0,00108	0,581	0,5822	567,59	2159,7	2727,3	135
140	361,3	0,00108	0,508	0,5089	589,13	2144,8	2733,9	140
145	415,4	0,00109	0,445	0,4463	610,63	2129,7	2740,3	145
150	475,8	0,00109	0,392	0,3928	632,20	2114,3	2746,5	150
155	543,1	0,00110	0,346	0,3468	653,84	2098,6	2752,4	155
160	617,8	0,00110	0,306	0,3071	675,55	2082,6	2758,1	160
165	700,5	0,00111	0,272	0,2727	697,34	2066,2	2763,5	165
170	791,7	0,00111	0,242	0,2428	719,21	2049,5	2768,7	170
175	892,0	0,00112	0,216	0,2168	741,17	2032,4	2773,6	175
180	1002,1	0,00113	0,193	0,1941	763,22	2015,0	2778,2	180
185	1122,7	0,00113	0,173	0,1741	785,37	1997,0	2782,4	185
190	1254,4	0,00114	0,155	0,1565	807,62	1978,8	2786,4	190
195	1397,8	0,00115	0,140	0,1411	829,98	1960,0	2790,0	195
200	1553,8	0,00116	0,126	0,1274	852,45	1940,8	2793,2	200

Apêndice B 249

Tabela B.2 Tabela de vapor de água saturado. Saturação líquido-vapor. Entrada em pressão

Pressão (kPa)	Temperatura (°C)	v_L	v_{LV}	v_V	h_L	h_{LV}	h_V	P (kPa)
0,6113	0,01	0,00100	206,14	206,14	0,01	2501,4	2501,4	0,6113
1	6,98	0,00100	129,21	129,21	29,30	2484,9	2514,2	1
2	17,50	0,00100	67,00	67,00	73,48	2460,0	2533,5	2
3	24,08	0,00100	45,67	45,67	101,05	2444,2	2545,2	3
4	28,96	0,00100	34,80	34,80	121,46	2432,9	2554,4	4
5	32,88	0,00101	28,19	28,19	137,82	2423,7	2561,5	5
10	45,81	0,00101	14,67	14,67	191,83	2392,9	2584,7	10
15	53,97	0,00101	10,02	10,02	225,94	2373,2	2599,1	15
20	60,06	0,00102	7,648	7,649	251,40	2358,3	2609,7	20
30	69,10	0,00102	5,228	5,229	289,23	2336,1	2625,3	30
40	75,87	0,00103	3,992	3,993	317,58	2319,2	2636,8	40
50	81,33	0,00103	3,239	3,240	340,49	2305,4	2645,9	50
100	99,63	0,00104	1,6930	1,6940	417,46	2258,0	2675,5	100
101,325	100,00	0,00104	1,6719	1,6729	419,04	2257,1	2676,1	101,325
150	111,37	0,00105	1,1583	1,1593	467,11	2226,5	2693,6	150
200	120,23	0,00106	0,8846	0,8857	504,70	2202,0	2706,7	200
250	127,44	0,00107	0,7176	0,7187	535,37	2181,5	2716,9	250
300	133,55	0,00107	0,6047	0,6058	561,47	2163,8	2725,3	300
350	138,88	0,00108	0,5232	0,5243	584,33	2148,1	2732,4	350
400	143,63	0,00108	0,4614	0,4625	604,74	1529,1	2133,8	400
450	147,93	0,00109	0,4129	0,4140	623,25	1497,5	2120,7	450
500	151,86	0,00109	0,3738	0,3749	640,23	2108,5	2748,7	500
600	158,85	0,00110	0,3146	0,3157	670,56	2086,2	2756,8	600
700	164,97	0,00111	0,2718	0,2729	697,22	2066,3	2763,5	700
800	170,43	0,00112	0,2393	0,2404	721,11	2048,0	2769,1	800
900	175,38	0,00112	0,2139	0,2150	742,83	2031,1	2773,9	900
1000	179,91	0,00113	0,1933	0,1944	762,81	2015,3	2778,1	1000
1100	184,09	0,00113	0,1764	0,1775	781,34	2000,4	2781,7	1100
1200	187,99	0,00114	0,1622	0,1633	798,65	1986,2	2784,8	1200
1300	191,64	0,00114	0,1502	0,1513	814,93	1972,7	2787,6	1300
1400	195,07	0,00115	0,1389	0,1401	830,30	1959,7	2790,0	1400
1500	198,32	0,00115	0,1306	0,1318	844,89	1947,3	2792,2	1500
2000	212,42	0,00118	0,0984	0,0996	908,79	1890,7	2799,5	2000
2500	223,99	0,00120	0,0788	0,0800	962,11	1841,0	2803,1	2500
3000	233,90	0,00122	0,0655	0,0667	1008,42	1795,8	2804,2	3000
4000	250,40	0,00125	0,0486	0,0498	1087,31	1714,1	2801,4	4000
5000	263,99	0,00129	0,0381	0,0394	1154,23	1640,1	2794,3	5000
10000	311,06	0,00145	0,01658	0,01803	1407,56	1317,1	2724,7	10000
20000	365,81	0,002036	0,003898	0,005934	1826,3	583,4	2409,7	20000
22090	374,14	0,003155	0	0,003155	2099,3	0	2099,3	22090

APÊNDICE C
Propriedades do ar úmido saturado para cálculos reais

Veja a Seção 2.16 e os exemplos subsequentes para aplicações e uso das tabelas.

Tabela C.1 Umidade absoluta e outras propriedades relevantes do ar úmido saturado. Pressão normal (101,325 kPa)

T (°C)	Umidade absoluta, ω (kg vapor/ kg ar seco)	$v_{ar\,seco}$	Δv	$v_{ar\,sat.}$	$h_{ar\,seco}$	Δh	$h_{ar\,sat.}$	Pressão de vapor (kPa)	T (°C)
−60	0,0000067	0,6027	0,0000	0,6027	−60,351	0,016	−60,335	0,00108	−60
−59	0,0000076	0,6056	0,0000	0,6056	−59,344	0,018	−59,326	0,00124	−59
−58	0,0000087	0,6084	0,0000	0,6084	−58,338	0,021	−58,317	0,00141	−58
−57	0,0000100	0,6113	0,0000	0,6113	−57,332	0,024	−57,308	0,00161	−57
−56	0,0000114	0,6141	0,0000	0,6141	−56,326	0,027	−56,299	0,00184	−56
−55	0,0000129	0,6170	0,0000	0,6170	−55,320	0,031	−55,289	0,00209	−55
−54	0,0000147	0,6198	0,0000	0,6198	−54,313	0,035	−54,278	0,00238	−54
−53	0,0000167	0,6227	0,0000	0,6227	−53,307	0,040	−53,267	0,00271	−53
−52	0,0000190	0,6255	0,0000	0,6255	−52,301	0,046	−52,256	0,00307	−52
−51	0,0000215	0,6284	0,0000	0,6284	−51,295	0,052	−51,244	0,00348	−51
−50	0,0000243	0,6312	0,0000	0,6312	−50,289	0,059	−50,231	0,00394	−50
−49	0,0000275	0,6340	0,0000	0,6341	−49,283	0,066	−49,217	0,00445	−49
−48	0,0000311	0,6369	0,0000	0,6369	−48,277	0,075	−48,202	0,00503	−48
−47	0,0000350	0,6397	0,0000	0,6398	−47,271	0,085	−47,187	0,00568	−47
−46	0,0000395	0,6426	0,0000	0,6426	−46,265	0,095	−46,170	0,00640	−46
−45	0,0000445	0,6454	0,0001	0,6455	−45,259	0,108	−45,152	0,00721	−45
−44	0,0000500	0,6483	0,0001	0,6483	−44,253	0,121	−44,132	0,00811	−44
−43	0,0000562	0,6511	0,0001	0,6512	−43,247	0,136	−43,111	0,00911	−43
−42	0,0000631	0,6540	0,0001	0,6540	−42,241	0,153	−42,089	0,01022	−42
−41	0,0000708	0,6568	0,0001	0,6569	−41,236	0,172	−41,064	0,01147	−41
−40	0,0000793	0,6597	0,0001	0,6597	−40,230	0,192	−40,037	0,01285	−40
−39	0,0000887	0,6625	0,0001	0,6626	−39,224	0,215	−39,008	0,01438	−39
−38	0,0000992	0,6654	0,0001	0,6655	−38,218	0,241	−37,977	0,01608	−38
−37	0,0001108	0,6682	0,0001	0,6683	−37,212	0,270	−36,943	0,01796	−37
−36	0,0001237	0,6710	0,0001	0,6712	−36,206	0,301	−35,906	0,02004	−36
−35	0,0001379	0,6739	0,0002	0,6740	−35,201	0,336	−34,865	0,02235	−35
−34	0,0001536	0,6767	0,0002	0,6769	−34,195	0,374	−33,820	0,02490	−34
−33	0,0001710	0,6796	0,0002	0,6798	−33,189	0,417	−32,772	0,02771	−33
−32	0,0001902	0,6824	0,0002	0,6826	−32,183	0,464	−31,719	0,03082	−32
−31	0,0002113	0,6853	0,0002	0,6855	−31,178	0,516	−30,662	0,03424	−31
−30	0,0002345	0,6881	0,0003	0,6884	−30,172	0,573	−29,599	0,03802	−30
−29	0,0002602	0,6910	0,0003	0,6912	−29,166	0,636	−28,530	0,04217	−29

(continua)

Apêndice C

Tabela C.1 Umidade absoluta e outras propriedades relevantes do ar úmido saturado. Pressão normal (101,325 kPa) *(continuação)*

T (°C)	Umidade absoluta, ω (kg vapor/ kg ar seco)	$v_{ar\,seco}$	Δv	$v_{ar\,sat.}$	$h_{ar\,seco}$	Δh	$h_{ar\,sat.}$	Pressão de vapor (kPa)	T (°C)
−28	0,0002883	0,6938	0,0003	0,6941	−28,160	0,706	−27,455	0,04673	−28
−27	0,0003193	0,6966	0,0004	0,6970	−27,155	0,782	−26,373	0,05174	−27
−26	0,0003532	0,6995	0,0004	0,6999	−26,149	0,866	−25,283	0,05725	−26
−25	0,0003905	0,7023	0,0004	0,7028	−25,143	0,958	−24,185	0,06329	−25
−24	0,0004314	0,7052	0,0005	0,7057	−24,138	1,059	−23,078	0,06991	−24
−23	0,0004761	0,7080	0,0005	0,7086	−23,132	1,170	−21,962	0,07716	−23
−22	0,0005251	0,7109	0,0006	0,7115	−22,126	1,291	−20,835	0,08510	−22
−21	0,0005787	0,7137	0,0007	0,7144	−21,120	1,424	−19,696	0,09378	−21
−20	0,0006373	0,7165	0,0007	0,7173	−20,115	1,570	−18,545	0,10326	−20
−19	0,0007013	0,7194	0,0008	0,7202	−19,109	1,728	−17,381	0,11362	−19
−18	0,0007711	0,7222	0,0009	0,7231	−18,103	1,902	−16,201	0,12492	−18
−17	0,0008472	0,7251	0,0010	0,7261	−17,098	2,091	−15,006	0,13725	−17
−16	0,0009303	0,7279	0,0011	0,7290	−16,092	2,298	−13,794	0,15068	−16
−15	0,0010207	0,7308	0,0012	0,7320	−15,086	2,523	−12,563	0,16530	−15
−14	0,0011191	0,7336	0,0013	0,7349	−14,081	2,769	−11,312	0,18121	−14
−13	0,0012261	0,7364	0,0015	0,7379	−13,075	3,036	−10,039	0,19852	−13
−12	0,0013425	0,7393	0,0016	0,7409	−12,069	3,326	−8,743	0,21732	−12
−11	0,0014689	0,7421	0,0018	0,7439	−11,063	3,642	−7,421	0,23774	−11
−10	0,001606	0,7450	0,0019	0,7469	−10,058	3,985	−6,072	0,2599	−10
−9	0,001755	0,7478	0,0021	0,7499	−9,052	4,358	−4,694	0,2839	−9
−8	0,001917	0,7507	0,0023	0,7530	−8,046	4,763	−3,284	0,3100	−8
−7	0,002092	0,7535	0,0025	0,7560	−7,041	5,201	−1,839	0,3382	−7
−6	0,002281	0,7563	0,0028	0,7591	−6,035	5,677	−0,358	0,3687	−6
−5	0,002486	0,7592	0,0030	0,7622	−5,029	6,192	1,163	0,4018	−5
−4	0,002708	0,7620	0,0033	0,7653	−4,023	6,750	2,727	0,4375	−4
−3	0,002948	0,7649	0,0036	0,7685	−3,017	7,353	4,336	0,4761	−3
−2	0,003207	0,7677	0,0040	0,7717	−2,012	8,006	5,994	0,5177	−2
−1	0,003487	0,7706	0,0043	0,7749	−1,006	8,711	7,706	0,5627	−1
0	0,003789	0,7734	0,0047	0,7781	0,000	9,473	9,473	0,6112	0
1	0,004076	0,7762	0,0051	0,7813	1,006	10,196	11,202	0,6571	1
2	0,004381	0,7791	0,0055	0,7846	2,012	10,968	12,980	0,7060	2
3	0,004707	0,7819	0,0059	0,7878	3,018	11,792	14,810	0,7580	3

(continua)

Tabela C.1 Umidade absoluta e outras propriedades relevantes do ar úmido saturado. Pressão normal (101,325 kPa) *(continuação)*

T (°C)	Umidade absoluta, ω (kg vapor/ kg ar seco)	Volume específico (m³/kg ar seco)			Entalpia específica (kJ/kg ar seco)			Pressão de vapor (kPa)	T (°C)
		$v_{ar\,seco}$	Δv	$v_{ar\,sat.}$	$h_{ar\,seco}$	Δh	$h_{ar\,sat.}$		
4	0,005054	0,7848	0,0064	0,7911	4,023	12,671	16,694	0,8135	4
5	0,005424	0,7876	0,0069	0,7945	5,029	13,608	18,638	0,8725	5
6	0,005817	0,7904	0,0074	0,7978	6,035	14,607	20,642	0,9352	6
7	0,006236	0,7933	0,0079	0,8012	7,041	15,671	22,712	1,0020	7
8	0,006682	0,7961	0,0085	0,8047	8,047	16,804	24,851	1,0728	8
9	0,007157	0,7990	0,0092	0,8081	9,053	18,009	27,062	1,1481	9
10	0,007661	0,8018	0,0099	0,8117	10,059	19,292	29,351	1,2280	10
11	0,008197	0,8046	0,0106	0,8152	11,065	20,656	31,721	1,3127	11
12	0,008766	0,8075	0,0114	0,8188	12,071	22,106	34,177	1,4026	12
13	0,009370	0,8103	0,0122	0,8225	13,077	23,647	36,724	1,4978	13
14	0,010011	0,8132	0,0131	0,8262	14,083	25,283	39,367	1,5987	14
15	0,010691	0,8160	0,0140	0,8300	15,090	27,021	42,111	1,7054	15
16	0,011413	0,8188	0,0150	0,8338	16,096	28,866	44,961	1,8184	16
17	0,012178	0,8217	0,0160	0,8377	17,102	30,823	47,924	1,9379	17
18	0,012988	0,8245	0,0172	0,8417	18,108	32,898	51,006	2,0643	18
19	0,013847	0,8274	0,0184	0,8457	19,114	35,099	54,213	2,1978	19
20	0,014757	0,8302	0,0196	0,8498	20,121	37,432	57,553	2,3388	20
21	0,015720	0,8330	0,0210	0,8540	21,127	39,905	61,032	2,4877	21
22	0,016740	0,8359	0,0224	0,8583	22,133	42,524	64,657	2,6447	22
23	0,017819	0,8387	0,0240	0,8627	23,140	45,298	68,437	2,8104	23
24	0,018961	0,8416	0,0256	0,8671	24,146	48,235	72,381	2,9851	24
25	0,020169	0,8444	0,0273	0,8717	25,152	51,344	76,496	3,1692	25
26	0,021446	0,8473	0,0291	0,8764	26,159	54,635	80,793	3,3631	26
27	0,022797	0,8501	0,0311	0,8811	27,165	58,116	85,282	3,5673	27
28	0,024225	0,8529	0,0331	0,8860	28,172	61,800	89,972	3,7822	28
29	0,025733	0,8558	0,0353	0,8911	29,178	65,696	94,874	4,0083	29
30	0,027328	0,8586	0,0376	0,8962	30,185	69,816	100,001	4,2460	30
31	0,029012	0,8614	0,0400	0,9015	31,192	74,172	105,363	4,4959	31
32	0,030792	0,8643	0,0426	0,9069	32,198	78,777	110,976	4,7585	32
33	0,032672	0,8671	0,0454	0,9125	33,205	83,646	116,851	5,0343	33
34	0,034657	0,8700	0,0483	0,9183	34,212	88,791	123,003	5,3239	34
35	0,036754	0,8728	0,0514	0,9242	35,219	94,230	129,448	5,6278	35

(continua)

Apêndice C

Tabela C.1 Umidade absoluta e outras propriedades relevantes do ar úmido saturado. Pressão normal (101,325 kPa) *(continuação)*

T (°C)	Umidade absoluta, ω (kg vapor/ kg ar seco)	$v_{ar\,seco}$	Δv	$v_{ar\,sat.}$	$h_{ar\,seco}$	Δh	$h_{ar\,sat.}$	Pressão de vapor (kPa)	T (°C)
36	0,038969	0,8756	0,0546	0,9303	36,225	99,977	136,203	5,9466	36
37	0,041307	0,8785	0,0581	0,9366	37,232	106,051	143,283	6,2809	37
38	0,043776	0,8813	0,0618	0,9431	38,239	112,470	150,709	6,6315	38
39	0,046384	0,8842	0,0657	0,9498	39,246	119,252	158,499	6,9987	39
40	0,049138	0,8870	0,0698	0,9568	40,253	126,420	166,673	7,3834	40
41	0,052045	0,8898	0,0741	0,9640	41,260	133,995	175,255	7,7863	41
42	0,055117	0,8927	0,0788	0,9714	42,268	142,001	184,269	8,2080	42
43	0,058361	0,8955	0,0837	0,9792	43,275	150,463	193,738	8,6491	43
44	0,061788	0,8984	0,0888	0,9872	44,282	159,408	203,690	9,1106	44
45	0,065408	0,9012	0,0943	0,9955	45,289	168,865	214,155	9,5932	45
46	0,069234	0,9040	0,1002	1,0042	46,296	178,866	225,163	10,0976	46
47	0,073277	0,9069	0,1063	1,0132	47,304	189,444	236,747	10,6246	47
48	0,077552	0,9097	0,1129	1,0226	48,311	200,633	248,944	11,1751	48
49	0,082072	0,9126	0,1198	1,0323	49,319	212,472	261,791	11,7498	49
50	0,086853	0,9154	0,1272	1,0425	50,326	225,004	275,330	12,3498	50
51	0,091913	0,9182	0,1350	1,0532	51,334	238,274	289,608	12,9759	51
52	0,097268	0,9211	0,1433	1,0643	52,341	252,329	304,670	13,6289	52
53	0,102939	0,9239	0,1521	1,0760	53,349	267,223	320,572	14,3100	53
54	0,108947	0,9267	0,1614	1,0882	54,357	283,011	337,368	15,0198	54
55	0,115315	0,9296	0,1713	1,1009	55,365	299,758	355,122	15,7597	55
56	0,122069	0,9324	0,1819	1,1143	56,373	317,528	373,901	16,5304	56
57	0,129236	0,9353	0,1932	1,1284	57,380	336,397	393,777	17,3330	57
58	0,136846	0,9381	0,2051	1,1432	58,388	356,446	414,835	18,1688	58
59	0,144933	0,9409	0,2179	1,1588	59,397	377,764	437,160	19,0386	59
60	0,153532	0,9438	0,2315	1,1752	60,405	400,445	460,850	19,9437	60
61	0,162684	0,9466	0,2460	1,1926	61,413	424,601	486,014	20,8852	61
62	0,172433	0,9495	0,2614	1,2109	62,421	450,346	512,767	21,8642	62
63	0,182828	0,9523	0,2780	1,2303	63,429	477,813	541,243	22,8820	63
64	0,193923	0,9551	0,2957	1,2508	64,438	507,146	571,583	23,9397	64
65	0,205778	0,9580	0,3146	1,2726	65,446	538,507	603,953	25,0386	65
66	0,218463	0,9608	0,3350	1,2958	66,455	572,081	638,536	26,1802	66
67	0,232051	0,9636	0,3568	1,3204	67,463	608,064	675,527	27,3654	67

(continua)

Tabela C.1 Umidade absoluta e outras propriedades relevantes do ar úmido saturado. Pressão normal (101,325 kPa) *(continuação)*

T (°C)	Umidade absoluta, ω (kg vapor/ kg ar seco)	$v_{ar\,seco}$	Δv	$v_{ar\,sat.}$	$h_{ar\,seco}$	Δh	$h_{ar\,sat.}$	Pressão de vapor (kPa)	T (°C)
68	0,246628	0,9665	0,3803	1,3467	68,472	646,687	715,158	28,5958	68
69	0,262291	0,9693	0,4055	1,3748	69,481	688,210	757,691	29,8729	69
70	0,279149	0,9722	0,4328	1,4049	70,489	732,922	803,411	31,1978	70
71	0,297324	0,9750	0,4622	1,4372	71,498	781,152	852,650	32,5721	71
72	0,316958	0,9778	0,4941	1,4719	72,507	833,279	905,786	33,9971	72
73	0,338217	0,9807	0,5286	1,5093	73,516	889,747	963,263	35,4746	73
74	0,361282	0,9835	0,5662	1,5497	74,525	951,041	1025,566	37,0057	74
75	0,386375	0,9863	0,6072	1,5935	75,534	1017,754	1093,288	38,5922	75
76	0,413750	0,9892	0,6519	1,6411	76,543	1090,566	1167,109	40,2358	76
77	0,443701	0,9920	0,7010	1,6930	77,553	1170,263	1247,815	41,9377	77
78	0,476586	0,9948	0,7549	1,7498	78,562	1257,803	1336,365	43,7000	78
79	0,512816	0,9977	0,8144	1,8121	79,572	1354,286	1433,858	45,5240	79
80	0,552894	1,0005	0,8804	1,8809	80,581	1461,060	1541,641	47,4113	80
81	0,597439	1,0034	0,9538	1,9572	81,591	1579,777	1661,368	49,3643	81
82	0,647188	1,0062	1,0359	2,0421	82,601	1712,413	1795,014	51,3843	82
83	0,703060	1,0090	1,1282	2,1373	83,610	1861,423	1945,033	53,4732	83
84	0,766202	1,0119	1,2327	2,2446	84,620	2029,877	2114,497	55,6326	84
85	0,838069	1,0147	1,3518	2,3665	85,630	2221,670	2307,300	57,8644	85
86	0,920545	1,0175	1,4886	2,5061	86,640	2441,836	2528,476	60,1709	86
87	1,016065	1,0204	1,6472	2,6676	87,650	2696,897	2784,548	62,5536	87
88	1,127902	1,0232	1,8331	2,8563	88,660	2995,609	3084,270	65,0146	88
89	1,260528	1,0261	2,0538	3,0799	89,671	3349,933	3439,604	67,5561	89
90	1,420198	1,0289	2,3197	3,3486	90,681	3776,603	3867,284	70,1801	90

Tabela C.2 Umidade absoluta e outras propriedades relevantes do ar úmido saturado. Pressão: 92,6 kPa (São Paulo)

T (°C)	Umidade absoluta, ω (kg vapor/ kg ar seco)	$v_{ar\,seco}$	Δv	$v_{ar\,sat.}$	$h_{ar\,seco}$	Δh	$h_{ar\,sat.}$	Pressão de vapor kPa	T (°C)
−60	0,0000073	0,6596	0,0000	0,6596	−60,312	0,017	−60,295	0,00108	−60
−59	0,0000084	0,6627	0,0000	0,6627	−59,306	0,020	−59,286	0,00124	−59
−58	0,0000096	0,6658	0,0000	0,6659	−58,300	0,023	−58,277	0,00141	−58
−57	0,0000109	0,6690	0,0000	0,6690	−57,294	0,026	−57,268	0,00161	−57
−56	0,0000124	0,6721	0,0000	0,6721	−56,288	0,030	−56,259	0,00184	−56
−55	0,0000141	0,6752	0,0000	0,6752	−55,282	0,034	−55,248	0,00209	−55
−54	0,0000161	0,6783	0,0000	0,6783	−54,277	0,039	−54,238	0,00238	−54
−53	0,0000183	0,6814	0,0000	0,6814	−53,271	0,044	−53,227	0,00271	−53
−52	0,0000207	0,6845	0,0000	0,6846	−52,265	0,050	−52,215	0,00307	−52
−51	0,0000235	0,6877	0,0000	0,6877	−51,259	0,057	−51,203	0,00348	−51
−50	0,0000266	0,6908	0,0000	0,6908	−50,253	0,064	−50,189	0,00394	−50
−49	0,0000301	0,6939	0,0000	0,6939	−49,248	0,072	−49,175	0,00445	−49
−48	0,0000340	0,6970	0,0000	0,6970	−48,242	0,082	−48,160	0,00503	−48
−47	0,0000383	0,7001	0,0000	0,7001	−47,236	0,093	−47,144	0,00568	−47
−46	0,0000432	0,7032	0,0001	0,7033	−46,231	0,104	−46,126	0,00640	−46
−45	0,0000486	0,7063	0,0001	0,7064	−45,225	0,118	−45,107	0,00721	−45
−44	0,0000547	0,7094	0,0001	0,7095	−44,219	0,132	−44,087	0,00811	−44
−43	0,0000615	0,7126	0,0001	0,7126	−43,214	0,149	−43,065	0,00911	−43
−42	0,0000690	0,7157	0,0001	0,7158	−42,208	0,167	−42,041	0,01022	−42
−41	0,0000774	0,7188	0,0001	0,7189	−41,202	0,188	−41,015	0,01147	−41
−40	0,0000867	0,7219	0,0001	0,7220	−40,197	0,210	−39,986	0,01285	−40
−39	0,0000970	0,7250	0,0001	0,7251	−39,191	0,236	−38,956	0,01438	−39
−38	0,0001085	0,7281	0,0001	0,7282	−38,186	0,264	−37,922	0,01608	−38
−37	0,0001212	0,7312	0,0001	0,7314	−37,180	0,295	−36,885	0,01796	−37
−36	0,0001353	0,7343	0,0002	0,7345	−36,175	0,329	−35,845	0,02004	−36
−35	0,0001508	0,7375	0,0002	0,7376	−35,169	0,367	−34,802	0,02235	−35
−34	0,0001680	0,7406	0,0002	0,7408	−34,163	0,410	−33,754	0,02490	−34
−33	0,0001870	0,7437	0,0002	0,7439	−33,158	0,456	−32,702	0,02771	−33
−32	0,0002080	0,7468	0,0003	0,7470	−32,152	0,508	−31,645	0,03082	−32
−31	0,0002311	0,7499	0,0003	0,7502	−31,147	0,564	−30,582	0,03424	−31
−30	0,0002566	0,7530	0,0003	0,7533	−30,141	0,627	−29,514	0,03802	−30
−29	0,0002846	0,7561	0,0004	0,7565	−29,136	0,696	−28,440	0,04217	−29

(continua)

Tabela C.2 Umidade absoluta e outras propriedades relevantes do ar úmido saturado. Pressão: 92,6 kPa (São Paulo) *(continuação)*

T (°C)	Umidade absoluta, ω (kg vapor/ kg ar seco)	$v_{ar\,seco}$	Δv	$v_{ar\,sat.}$	$h_{ar\,seco}$	Δh	$h_{ar\,sat.}$	Pressão de vapor kPa	T (°C)
−28	0,0003154	0,7592	0,0004	0,7596	−28,130	0,772	−27,358	0,04673	−28
−27	0,0003492	0,7623	0,0004	0,7628	−27,125	0,856	−26,269	0,05174	−27
−26	0,0003864	0,7655	0,0005	0,7659	−26,119	0,947	−25,172	0,05725	−26
−25	0,0004272	0,7686	0,0005	0,7691	−25,114	1,048	−24,066	0,06329	−25
−24	0,0004719	0,7717	0,0006	0,7723	−24,109	1,159	−22,950	0,06991	−24
−23	0,0005208	0,7748	0,0007	0,7754	−23,103	1,280	−21,823	0,07716	−23
−22	0,0005744	0,7779	0,0007	0,7786	−22,098	1,413	−20,685	0,08510	−22
−21	0,0006331	0,7810	0,0008	0,7818	−21,092	1,558	−19,534	0,09378	−21
−20	0,0006971	0,7841	0,0009	0,7850	−20,087	1,717	−18,370	0,10326	−20
−19	0,0007671	0,7872	0,0010	0,7882	−19,081	1,891	−17,190	0,11362	−19
−18	0,0008435	0,7903	0,0011	0,7914	−18,076	2,081	−15,995	0,12492	−18
−17	0,0009269	0,7935	0,0012	0,7946	−17,070	2,288	−14,782	0,13725	−17
−16	0,0010177	0,7966	0,0013	0,7979	−16,065	2,514	−13,551	0,15068	−16
−15	0,0011166	0,7997	0,0014	0,8011	−15,059	2,761	−12,299	0,16530	−15
−14	0,0012243	0,8028	0,0016	0,8044	−14,054	3,029	−11,025	0,18121	−14
−13	0,0013414	0,8059	0,0017	0,8076	−13,048	3,321	−9,727	0,19852	−13
−12	0,0014688	0,8090	0,0019	0,8109	−12,043	3,639	−8,403	0,21732	−12
−11	0,0016071	0,8121	0,0021	0,8142	−11,037	3,985	−7,052	0,23774	−11
−10	0,001757	0,8152	0,0023	0,8175	−10,032	4,361	−5,671	0,2599	−10
−9	0,001920	0,8183	0,0025	0,8208	−9,026	4,769	−4,257	0,2839	−9
−8	0,002097	0,8214	0,0028	0,8242	−8,021	5,211	−2,809	0,3100	−8
−7	0,002289	0,8245	0,0030	0,8276	−7,015	5,692	−1,323	0,3382	−7
−6	0,002496	0,8277	0,0033	0,8310	−6,009	6,212	0,203	0,3687	−6
−5	0,002721	0,8308	0,0036	0,8344	−5,004	6,776	1,772	0,4018	−5
−4	0,002964	0,8339	0,0040	0,8378	−3,998	7,387	3,388	0,4375	−4
−3	0,003226	0,8370	0,0043	0,8413	−2,993	8,047	5,055	0,4761	−3
−2	0,003510	0,8401	0,0047	0,8448	−1,987	8,762	6,775	0,5177	−2
−1	0,003817	0,8432	0,0052	0,8484	−0,982	9,535	8,553	0,5627	−1
0	0,004147	0,8463	0,0056	0,8519	0,024	10,368	10,392	0,6112	0
1	0,004461	0,8494	0,0061	0,8555	1,030	11,161	12,191	0,6571	1
2	0,004796	0,8525	0,0066	0,8591	2,036	12,007	14,042	0,7060	2
3	0,005152	0,8556	0,0071	0,8627	3,041	12,909	15,950	0,7580	3

(continua)

Apêndice C

Tabela C.2 Umidade absoluta e outras propriedades relevantes do ar úmido saturado. Pressão: 92,6 kPa (São Paulo) *(continuação)*

T (°C)	Umidade absoluta, ω (kg vapor/ kg ar seco)	$v_{ar\,seco}$	Δv	$v_{ar\,sat.}$	$h_{ar\,seco}$	Δh	$h_{ar\,sat.}$	Pressão de vapor kPa	T (°C)
4	0,005533	0,8587	0,0076	0,8664	4,047	13,872	17,919	0,8135	4
5	0,005938	0,8618	0,0082	0,8701	5,053	14,899	19,951	0,8725	5
6	0,006369	0,8650	0,0088	0,8738	6,058	15,993	22,052	0,9352	6
7	0,006829	0,8681	0,0095	0,8776	7,064	17,159	24,223	1,0020	7
8	0,007317	0,8712	0,0102	0,8814	8,070	18,401	26,471	1,0728	8
9	0,007837	0,8743	0,0110	0,8853	9,076	19,723	28,798	1,1481	9
10	0,008390	0,8774	0,0118	0,8892	10,082	21,129	31,211	1,2280	10
11	0,008978	0,8805	0,0127	0,8932	11,088	22,625	33,712	1,3127	11
12	0,009602	0,8836	0,0136	0,8972	12,093	24,215	36,309	1,4026	12
13	0,010264	0,8867	0,0146	0,9013	13,099	25,905	39,005	1,4978	13
14	0,010968	0,8898	0,0157	0,9055	14,105	27,701	41,806	1,5987	14
15	0,011714	0,8929	0,0168	0,9097	15,111	29,608	44,719	1,7054	15
16	0,012506	0,8960	0,0180	0,9140	16,117	31,632	47,750	1,8184	16
17	0,013346	0,8991	0,0192	0,9184	17,123	33,781	50,904	1,9379	17
18	0,014236	0,9022	0,0206	0,9228	18,129	36,060	54,190	2,0643	18
19	0,015180	0,9054	0,0220	0,9274	19,135	38,478	57,613	2,1978	19
20	0,016179	0,9085	0,0236	0,9320	20,141	41,042	61,183	2,3388	20
21	0,017238	0,9116	0,0252	0,9368	21,148	43,759	64,906	2,4877	21
22	0,018359	0,9147	0,0269	0,9416	22,154	46,638	68,792	2,6447	22
23	0,019546	0,9178	0,0288	0,9465	23,160	49,689	72,848	2,8104	23
24	0,020802	0,9209	0,0307	0,9516	24,166	52,920	77,086	2,9851	24
25	0,022131	0,9240	0,0328	0,9568	25,172	56,341	81,514	3,1692	25
26	0,023538	0,9271	0,0350	0,9621	26,179	59,964	86,142	3,3631	26
27	0,025025	0,9302	0,0373	0,9675	27,185	63,798	90,983	3,5673	27
28	0,026598	0,9333	0,0398	0,9731	28,192	67,857	96,048	3,7822	28
29	0,028261	0,9364	0,0424	0,9788	29,198	72,151	101,349	4,0083	29
30	0,030019	0,9395	0,0452	0,9847	30,204	76,694	106,898	4,2460	30
31	0,031878	0,9426	0,0481	0,9908	31,211	81,500	112,711	4,4959	31
32	0,033843	0,9457	0,0513	0,9970	32,218	86,584	118,802	4,7585	32
33	0,035919	0,9488	0,0546	1,0034	33,224	91,961	125,185	5,0343	33
34	0,038113	0,9520	0,0581	1,0101	34,231	97,648	131,879	5,3239	34
35	0,040432	0,9551	0,0619	1,0169	35,237	103,662	138,899	5,6278	35

(continua)

Tabela C.2 Umidade absoluta e outras propriedades relevantes do ar úmido saturado. Pressão: 92,6 kPa (São Paulo) *(continuação)*

T (°C)	Umidade absoluta, ω (kg vapor/kg ar seco)	Volume específico (m³/kg ar seco) $v_{ar\,seco}$	Δv	$v_{ar\,sat.}$	Entalpia específica (kJ/kg ar seco) $h_{ar\,seco}$	Δh	$h_{ar\,sat.}$	Pressão de vapor kPa	T (°C)
36	0,042883	0,9582	0,0658	1,0240	36,244	110,022	146,266	5,9466	36
37	0,045472	0,9613	0,0700	1,0313	37,251	116,747	153,998	6,2809	37
38	0,048208	0,9644	0,0745	1,0388	38,258	123,860	162,118	6,6315	38
39	0,051100	0,9675	0,0792	1,0467	39,264	131,382	170,646	6,9987	39
40	0,054157	0,9706	0,0842	1,0548	40,271	139,337	179,608	7,3834	40
41	0,057387	0,9737	0,0895	1,0632	41,278	147,751	189,029	7,7863	41
42	0,060802	0,9768	0,0951	1,0719	42,285	156,653	198,938	8,2080	42
43	0,064412	0,9799	0,1010	1,0809	43,292	166,069	209,362	8,6491	43
44	0,068230	0,9830	0,1074	1,0904	44,299	176,034	220,334	9,1106	44
45	0,072268	0,9861	0,1141	1,1002	45,307	186,580	231,887	9,5932	45
46	0,076539	0,9892	0,1212	1,1104	46,314	197,745	244,059	10,0976	46
47	0,081060	0,9923	0,1287	1,1210	47,321	209,568	256,889	10,6246	47
48	0,085844	0,9954	0,1367	1,1322	48,328	222,091	270,419	11,1751	48
49	0,090910	0,9985	0,1452	1,1438	49,336	235,359	284,694	11,7498	49
50	0,096277	1,0017	0,1543	1,1559	50,343	249,422	299,765	12,3498	50
51	0,101963	1,0048	0,1639	1,1686	51,350	264,336	315,687	12,9759	51
52	0,107993	1,0079	0,1741	1,1819	52,358	280,157	332,515	13,6289	52
53	0,114388	1,0110	0,1849	1,1959	53,366	296,951	350,317	14,3100	53
54	0,121175	1,0141	0,1965	1,2105	54,373	314,784	369,157	15,0198	54
55	0,128384	1,0172	0,2088	1,2259	55,381	333,736	389,117	15,7597	55
56	0,136043	1,0203	0,2219	1,2421	56,389	353,886	410,275	16,5304	56
57	0,144188	1,0234	0,2358	1,2592	57,396	375,328	432,724	17,3330	57
58	0,152857	1,0265	0,2507	1,2772	58,404	398,162	456,566	18,1688	58
59	0,162091	1,0296	0,2667	1,2962	59,412	422,498	481,910	19,0386	59
60	0,171935	1,0327	0,2837	1,3164	60,420	448,457	508,878	19,9437	60
61	0,182441	1,0358	0,3019	1,3377	61,428	476,179	537,607	20,8852	61
62	0,193665	1,0389	0,3213	1,3602	62,436	505,810	568,246	21,8642	62
63	0,205669	1,0420	0,3422	1,3842	63,445	537,521	600,966	22,8820	63
64	0,218524	1,0451	0,3646	1,4098	64,453	571,497	635,950	23,9397	64
65	0,232309	1,0482	0,3887	1,4370	65,461	607,951	673,412	25,0386	65
66	0,247115	1,0513	0,4147	1,4660	66,470	647,125	713,595	26,1802	66
67	0,263038	1,0544	0,4426	1,4970	67,478	689,280	756,758	27,3654	67

(continua)

Tabela C.2 Umidade absoluta e outras propriedades relevantes do ar úmido saturado. Pressão: 92,6 kPa (São Paulo) *(continuação)*

T (°C)	Umidade absoluta, ω (kg vapor/ kg ar seco)	Volume específico (m³/kg ar seco) $v_{ar\,seco}$	Δv	$v_{ar\,sat.}$	Entalpia específica (kJ/kg ar seco) $h_{ar\,seco}$	Δh	$h_{ar\,sat.}$	Pressão de vapor kPa	T (°C)
68	0,280196	1,0575	0,4728	1,5303	68,487	734,724	803,210	28,5958	68
69	0,298720	1,0606	0,5054	1,5661	69,495	783,812	853,307	29,8729	69
70	0,318757	1,0638	0,5408	1,6046	70,504	836,934	907,438	31,1978	70
71	0,340478	1,0669	0,5792	1,6461	71,513	894,550	966,063	32,5721	71
72	0,364082	1,0700	0,6211	1,6910	72,521	957,191	1029,712	33,9971	72
73	0,389804	1,0731	0,6668	1,7398	73,530	1025,481	1099,012	35,4746	73
74	0,417907	1,0762	0,7168	1,7929	74,539	1100,126	1174,665	37,0057	74
75	0,448715	1,0793	0,7717	1,8509	75,548	1181,990	1257,539	38,5922	75
76	0,482605	1,0824	0,8322	1,9145	76,557	1272,082	1348,639	40,2358	76
77	0,520024	1,0855	0,8991	1,9845	77,567	1371,595	1449,161	41,9377	77
78	0,561523	1,0886	0,9734	2,0620	78,576	1482,002	1560,578	43,7000	78
79	0,607755	1,0917	1,0563	2,1480	79,585	1605,045	1684,630	45,5240	79
80	0,659532	1,0948	1,1493	2,2441	80,595	1742,899	1823,494	47,4113	80
81	0,717879	1,0979	1,2542	2,3521	81,604	1898,294	1979,898	49,3643	81
82	0,784058	1,1010	1,3734	2,4744	82,614	2074,608	2157,222	51,3843	82
83	0,859691	1,1041	1,5097	2,6138	83,624	2276,169	2359,793	53,4732	83
84	0,946879	1,1072	1,6671	2,7743	84,633	2508,596	2593,229	55,6326	84
85	1,048402	1,1103	1,8506	2,9609	85,643	2779,309	2864,953	57,8644	85
86	1,168020	1,1134	2,0670	3,1804	86,653	3098,358	3185,011	60,1709	86
87	1,310895	1,1165	2,3257	3,4422	87,663	3479,530	3567,193	62,5536	87
88	1,484399	1,1196	2,6401	3,7597	88,673	3942,522	4031,195	65,0146	88
89	1,699400	1,1227	3,0301	4,1528	89,683	4516,360	4606,043	67,5561	89
90	1,972561	1,1258	3,5259	4,6517	90,694	5245,566	5336,259	70,1801	90

APÊNDICE D
Diagramas psicrométricos

Os seguintes diagramas psicrométricos estão disponíveis na faixa de temperatura entre –10 °C e 50 °C:

D.1 – $P = 70$ kPa;

D.2 – $P = 75$ kPa;

D.3 – $P = 80$ kPa;

D.4 – $P = 85$ kPa;

D.5 – $P = 90$ kPa;

D.6 – $P = 92,6$ kPa;

D.7 – $P = 95$ kPa;

D.8 – $P = 101,325$ kPa.

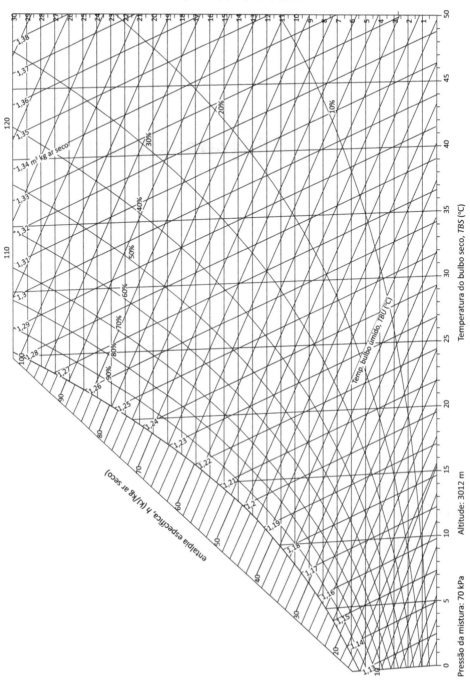

Diagrama D.1 $P = 70$ kPa.

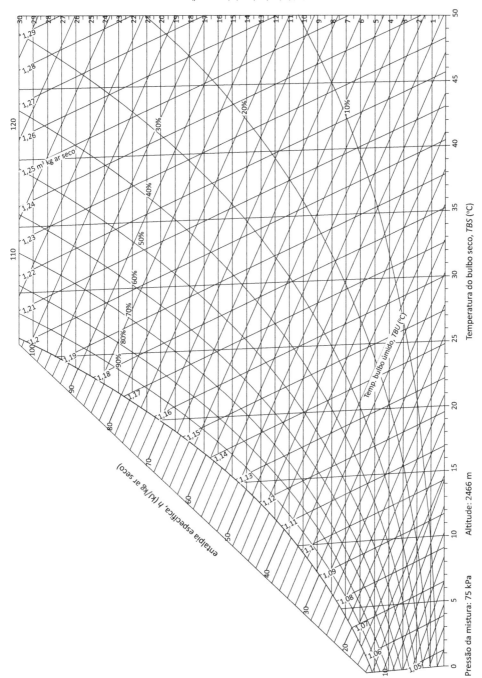

Diagrama D.2 $P = 75$ kPa.

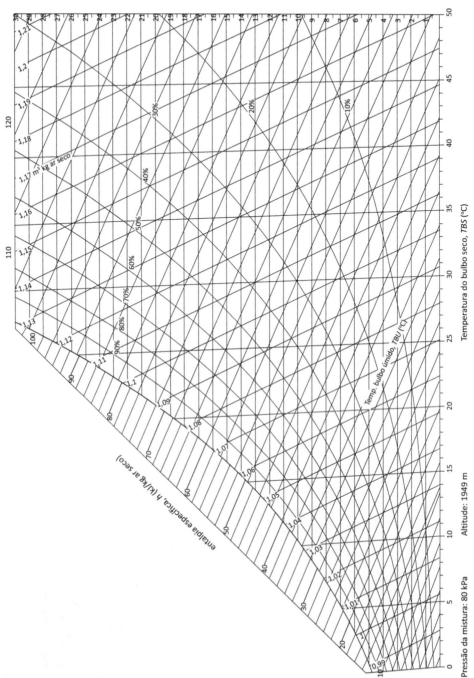

Diagrama D.3 $P = 80$ kPa.

Apêndice D

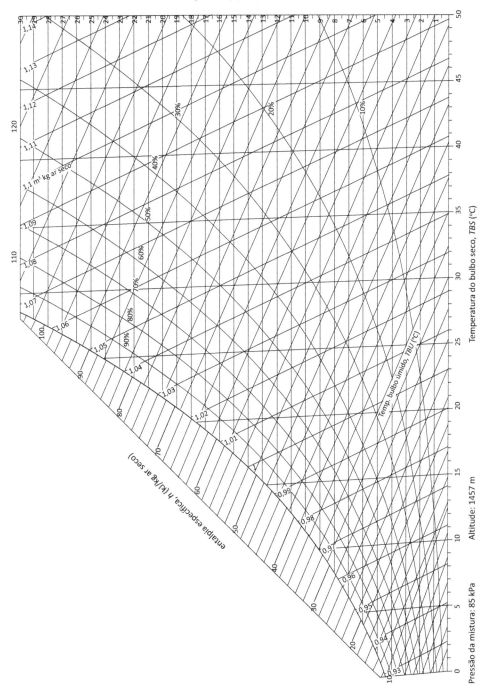

Diagrama D.4 P = 85 kPa.

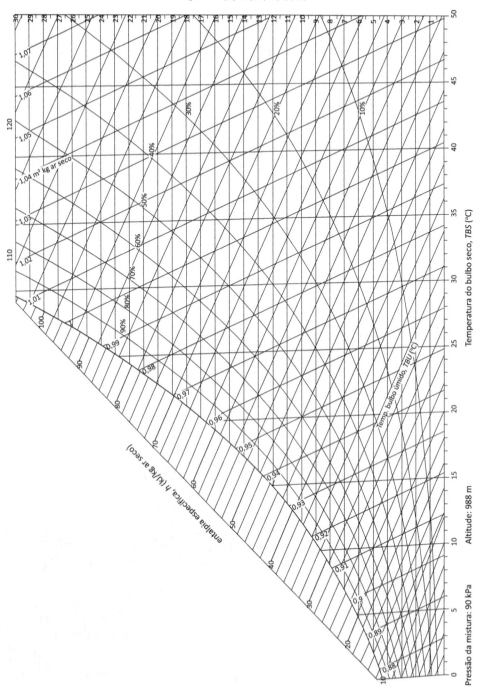

Diagrama D.5 $P = 90$ kPa.

Apêndice D

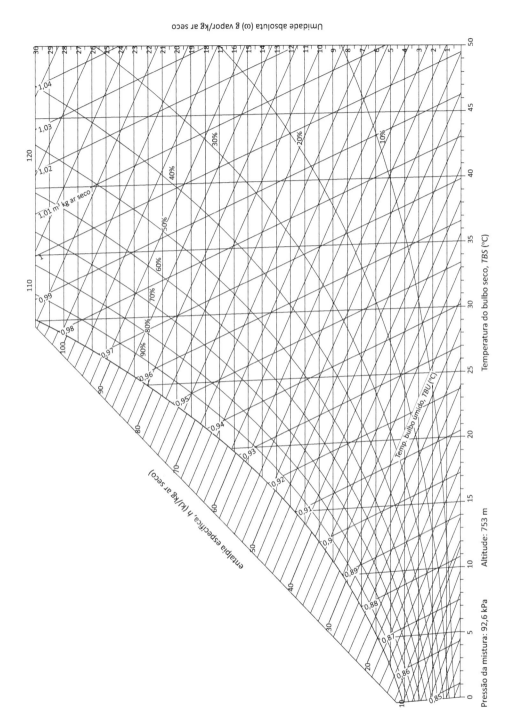

Diagrama D.6 *P* = 92,6 kPa.

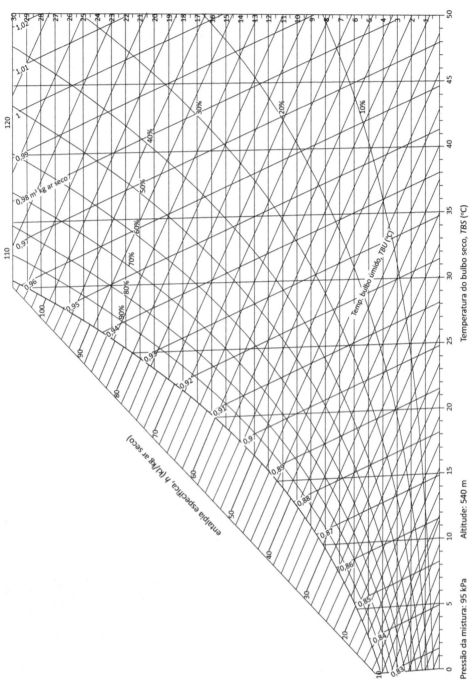

Diagrama D.7 $P = 95$ kPa.

Apêndice D

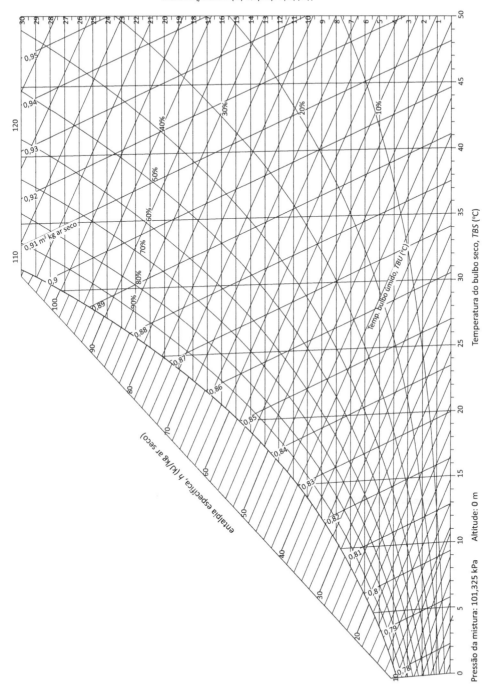

Diagrama D.8 P = 101,325 kPa.

APÊNDICE E
Instalação e uso do aplicativo PSICRO

O aplicativo PSICRO foi desenvolvido para realizar o cálculo das propriedades psicrométricas da mistura ar seco e vapor de água. As funções utilizadas nesse aplicativo foram retiradas do trabalho de Bell et al. (2014) e desenvolvidas para diversas plataformas (Excel, MatLab, R etc.). No caso deste livro, a plataforma Excel foi a escolhida para desenvolver o aplicativo.

A seguir será apresentado como instalar o aplicativo e como utilizá-lo para cálculos de propriedades psicrométricas.

E.1 INSTALAÇÃO DO APLICATIVO

Para a instalação do aplicativo, os seguintes passos devem ser seguidos:

1. Copiar a pasta PSICRO e instalar no diretório raiz do computador (C:\).
2. Em seguida, abrir o Excel.
3. Na aba Arquivo, selecionar o item Opções.
4. Selecionar o item Suplementos.
5. Clicar no botão Ir, ao lado do botão Suplementos do Excel.
6. Clicar no botão Procurar.
7. Com o Explorador de Arquivos aberto, selecionar o arquivo CoolProp.xlam.

8. Em seguida, clicar no botão OK.

9. Na caixa de Suplementos deve aparecer na lista de suplementos o CoolProp.

10. Clicar no botão OK.

Eventualmente, o computador pode perder o caminho do suplemento, então os passos 3 a 10 devem ser repetidos.

E.2 USO DO APLICATIVO

Ao abrir o arquivo PSICRO, a tela inicial se apresenta da seguinte forma:

Figura E.1 Tela inicial do aplicativo PSICRO.

Caso se saiba a pressão atmosférica para a qual os cálculos serão realizados, bastará clicar nas seis opções de pares de variáveis disponíveis. Caso se saiba a altitude do local cujas propriedades se deseja calcular, basta digitar o valor e, no campo de pressão atmosférica, será calculada a pressão atmosférica correspondente.

Após a definição da pressão atmosférica, pode-se escolher uma das seis opções:

1. Temperatura de bulbo seco/Umidade relativa

2. Temperatura de bulbo seco/Umidade absoluta

3. Temperatura de bulbo seco/Temperatura de bulbo úmido

4. Temperatura de bulbo seco/Entalpia do ar úmido

5. Temperatura de bulbo úmido/Umidade relativa

6. Temperatura de bulbo úmido/Umidade absoluta

Apêndice E

Cada opção permite o cálculo das propriedades psicrométricas com base no par escolhido. Como exemplo, será apresentada a opção com o par Temperatura de bulbo seco/Umidade relativa. Ao clicar na opção desejada, a seguinte tela é apresentada:

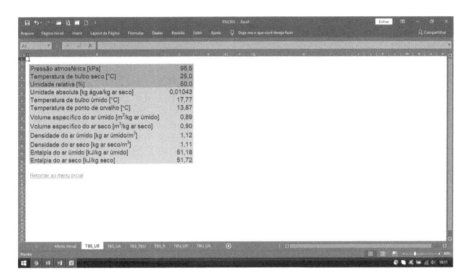

Figura E.2 Exemplo de tela do programa PSICRO.

Para realizar os cálculos, deve-se digitar a pressão atmosférica e o par de variáveis (no caso, temperatura de bulbo seco e umidade relativa) nos campos em verde. Ao digitar os dados, os campos em amarelo apresentam o resultado das demais variáveis psicrométricas.

APÊNDICE F
Respostas dos problemas propostos

CAPÍTULO 1

Exercício	Resposta
1	a) líquido; b) líquido; c) vapor superaquecido; d) líquido
2	$p_{litoral}$ = 8,7 kPa; $p_{São\ Paulo}$ = 16,7 kPa
3	$T_{ebulição,2atm}$ = 120,61 °C
4	Massa de ar = 280,4 kg
5	Assumindo variações desprezíveis de massa e volume do pneu tem-se: p_{pneu} = 204,4 kPa
6	Vazão de ar = 1,49 kg/s; vazão volumétrica (a 15 °C) = 1,83 m³/s
7	Trabalho específico = 482,31 kJ/kg; potência = 964,625 kW. A parcela de energia cinética representa 0,02% da potência total produzida e pode ser desprezada.
8	Taxa de calor retirado = 153 W
9	$T_{saída}$ = 29,7 °C; vazão mássica = 1,399 kg/s; vazão volumétrica = 1,20 m³/s
10	$T_{saída}$ = 22,5 °C
11	$T_{saída}$ = 48,9 °C
12	$T_{saída,ar}$ = 124,3 °C; $T_{saída,óleo}$ = 84,9 °C

CAPÍTULO 2

Exercício	Resposta
1	TBS = 25 °C e φ = 50% → ω = 0,01048 kg vapor/kg ar seco ω = 0,008 kg vapor/kg ar seco e TBS = 30 °C → h = 50,64 kJ/kg ar seco h = 54,0 kJ/kg e ω = 0,012 kg vapor/kg ar seco → φ = 63,1%
2	<table><tr><th>P (kPa)</th><th>ω_{simplificado} (kg vapor/kg ar seco)</th><th>ω_{exato} (kg vapor/kg ar seco)</th><th>Diferença percentual (%)</th></tr><tr><td>80</td><td>0,03222</td><td>0,03221</td><td>0,009</td></tr><tr><td>96</td><td>0,02662</td><td>0,02661</td><td>0,009</td></tr><tr><td>100</td><td>0,02551</td><td>0,02551</td><td>0,008</td></tr></table>
3	$T_{orvalho,inicial}$ = 13,23 °C; $\omega_{inicial}$ = 0,01005 kg vapor/kg ar seco ϕ_{final} = 89,1%; ω_{final} = 0,01005 kg vapor/kg ar seco; $T_{orvalho,final}$ = 13,23 °C
4	$\dot{m}_R$ – 0,1373 kg/s; TBS = 34,1 °C
5	φ = 88,9%; $T_{orvalho}$ = 37,5 °C

CAPÍTULO 3

Exercício	Resposta
01	a) ω = 0,01871 kg vapor/kg ar seco e φ = 69,4% b) ω = 0,02733 kg vapor/kg ar seco e h = 100,01 kJ/kg de ar seco
02	a) Capacidade de refrigeração = 149,1 kW b) Vazão de condensação = 0,025 kg/s
03	φ = 69,4%
04	a) ω_3 = 0,01124 kg vapor/kg ar seco b) Vazão mássica = 8 kg/s; vazão volumétrica = 6,6 m³/s
05	a) Vazão mássica na serpentina = 1,08 kg/s b) Fluxo de calor na serpentina = 30,7 kW

(continua)

Apêndice F

Exercício	Resposta
06	FCS = 60/66 = 0,91 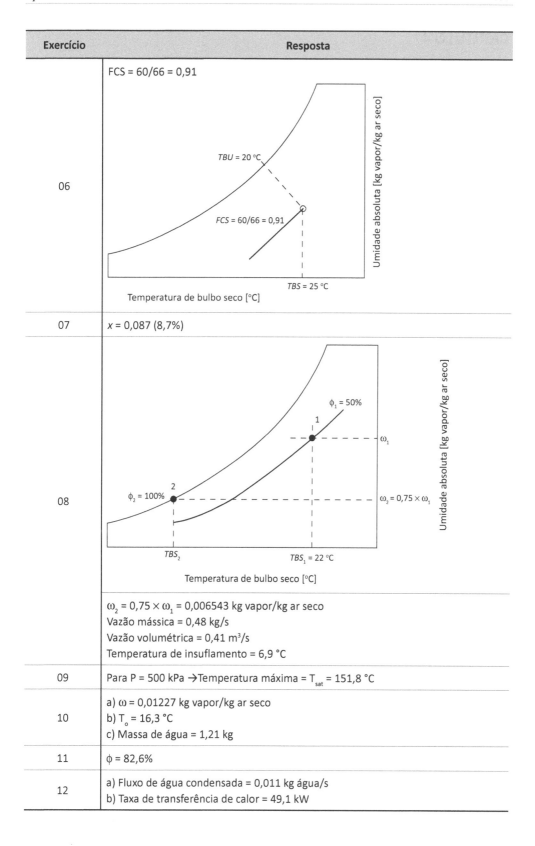
07	x = 0,087 (8,7%)
08	$\omega_2 = 0{,}75 \times \omega_1 = 0{,}006543$ kg vapor/kg ar seco Vazão mássica = 0,48 kg/s Vazão volumétrica = 0,41 m³/s Temperatura de insuflamento = 6,9 °C
09	Para P = 500 kPa → Temperatura máxima = T_{sat} = 151,8 °C
10	a) $\omega = 0{,}01227$ kg vapor/kg ar seco b) $T_o = 16{,}3$ °C c) Massa de água = 1,21 kg
11	ϕ = 82,6%
12	a) Fluxo de água condensada = 0,011 kg água/s b) Taxa de transferência de calor = 49,1 kW

CAPÍTULO 4

Exercício	Resposta			
	Cidade	TBS (°C)	ϕ (%)	Carga térmica (kW)
1	Curitiba	26,0	48,5	151,1
	Belo Horizonte	26,5	46,9	152,9
	Fortaleza	26,5	52,0	173,9
2	Potência mínima = 29778 W			
3	Carga térmica = 182,8 kW			
4	Vazão de ar externo = 2,6 kg/s			

CAPÍTULO 6

Exercício	Resposta
1	$TBS_{saída}$ = 23,8 °C; $\phi_{saída}$ = 84,1%
2	Equipamento A: $TBS_{saída}$ = 24,3 °C; $\phi_{saída}$ = 57,9% Equipamento B: $TBS_{saída}$ = 22,4 °C; $\phi_{saída}$ = 85,6% Equipamento C: $TBS_{saída}$ = 21,2 °C; $\phi_{saída}$ = 77,0% Apenas os equipamentos A e C atendem aos requisitos.
3	a) $\dot{m}_{ar}$ = 0,69 kg/s $\dot{V}_{ar}$ = 0,70 m³/s b) $\dot{m}_{ar}$ = 2,69 kg/s $\dot{V}_{ar}$ = 2,84 m³/s c) $\dot{m}_{ar}$ = 0,29 kg/s $\dot{V}_{ar}$ = 0,29 m³/s